DR. JOSEPH MURPHY

Die unendliche Quelle Ihrer Kraft

Buch

Wenn Sie in diesem Buch zu lesen beginnen, machen Sie einen entscheidenden Schritt, um Ihr Leben zu ändern. Wenn Sie dieses »Schlüsselbuch des positiven Denkens« zu Ende gelesen haben, werden Sie einen Schlüssel in der Hand haben, der Ihnen das Tor zu einem neuen, von Frieden und Freude erfüllten Leben in materiellem und geistigem Überfluß öffnet.

Autor

Joseph Murphy, Dr. theol., jur., rer. nat., verstorben im Dezember 1981, vermittelte seit mehr als einem Vierteljahrhundert durch persönliche Beratungen und in öffentlichen Vorträgen unzähligen Menschen in aller Welt das Vertrauen in die Kraft des menschlichen Geistes. Er ist Verfasser von 25 Büchern, die in mehrere Sprachen übersetzt wurden und Auflagenziffern von weit über einer Million erreichten. Sein Studium der großen Weltreligionen hat ihn davon überzeugt, daß allem Leben eine universelle Kraft innewohnt.

Die Anschrift des Dr. Joseph Murphy Freundeskreises in der Bundesrepublik lautet:

Dr. Joseph Murphy Freundeskreis e. V.
Geschäftsstelle: Kamp 37
33098 Paderborn
0 52 51/2 78 20 od. 0 52 54/1 28 27

Von Joseph Murphy sind bei Goldmann außerdem erschienen:

Die Gesetze des Denkens und Glaubens (11734)
Das Wunder Ihres Geistes (11739)
Leben in Harmonie (11751)
Die kosmische Dimension Ihrer Kraft (11755)
Das I-Ging-Orakel Ihres Unterbewußtseins (11757)
Der Weg zu innerem und äußerem Reichtum (11767)
Die Praxis des Positiven Denkens (11939)
Die Kraft Ihres inneren Friedens (11855)
Positiv leben ohne Streß (12175)
Vermächtnis (12186)

DR. JOSEPH MURPHY

Die unendliche Quelle Ihrer Kraft

Ein Schlüsselbuch des positiven Denkens

Aus dem Amerikanischen übersetzt
und bearbeitet von Helga Künzel

GOLDMANN

Dieser Band ist bereits als Goldmann Taschenbuch
Nr. 11736 erschienen.

Umwelthinweis:
Alle bedruckten Materialien dieses Taschenbuches
sind chlorfrei und umweltschonend.
Das Papier enthält Recycling-Anteile.

Der Goldmann Verlag
ist ein Unternehmen der Verlagsgruppe Bertelsmann

Vollständige Taschenbuchausgabe Februar 1997
Wilhelm Goldmann Verlag, München

Originaltitel: Infinite Power for richer Living
Umschlaggestaltung: Design Team München
Druck: Elsnerdruck, Berlin
Verlagsnummer: 13221
KF · Herstellung: sc
Made in Germany
ISBN 3-442-13221-5

1 3 5 7 9 10 8 6 4 2

Inhaltsverzeichnis

EINFÜHRUNG

Warum Sie dieses Buch brauchen

In jedem Menschen schlummert eine unendliche Kraft, die ihn, wenn er sie zu erwecken versteht, emporheben, inspirieren, führen, leiten und heilen kann, die ihm den Weg zu Glück, Freiheit, Seelenfrieden und einem wirklich erfüllten, erfolgreichen Leben öffnet.

Bei meinen Vorträgen und Seminaren stieß ich in allen Gegenden der Erde auf einen grundlegenden Unterschied zwischen den Menschen: ein Teil ist glücklich, fröhlich, erfolgreich und wohlhabend, der andere Teil dagegen unglücklich, frustriert und immer knapp bei Kasse.

Viele Menschen aus allen Gesellschaftsschichten kommen ständig weiter voran, erreichen und leisten Großes. Sie sind voll Energie, stark und gesund und tragen Wesentliches zum Wohl der Menschheit bei. Man hat den Eindruck, daß irgendeine *Urkraft* sie erfüllt, die unablässig für sie wirkt.

Andere jedoch vegetieren in stummer Verzweiflung und dumpfer Gelangweiltheit dahin oder schlagen sich mit Unannehmlichkeiten herum. Offenbar sind sie nicht fähig, die Herausforderung des Lebens selbstbewußt und zuversichtlich anzunehmen und für sich die überaus lohnenden Freuden des Daseins zu erringen.

Das vorliegende Buch zeigt Ihnen, wie Sie Enttäuschungen und Probleme überwinden können. Die einzelnen Kapitel veranschaulichen Ihnen, daß es für jedes Problem eine Lösung gibt, daß Sie sich über alle Ihre Schwierigkeiten emporschwingen können in die Morgenröte eines neuen Tages, in ein befriedigendes neues Leben.

Auf den folgenden Seiten erfahren Sie, wie Sie die unendliche Kraft in Ihrem Inneren, die die Gotteskraft oder Urkraft ist, erwecken und wirksam nutzen können. Es ist Ihr angestammtes, von Gott gegebenes Recht, diese Kraft zu Ihrem Wohl einzusetzen, sie durch Ihren Geist, Ihre Seele, Ihren Körper und alle Ihre Unternehmungen strömen zu lassen, auf daß Sie die Beglückung eines reichen, erfüllten, von Ihnen selbst beherrschten Lebens kennenlernen. Nehmen Sie Verbindung auf mit der unendlichen Kraft und lernen Sie, sich ihrer im täglichen Leben zu bedienen!

Um die großen fundamentalen, grenzenlosen Kräfte des Geistes allen Menschen zugänglich zu machen, habe ich versucht, sie in einer möglichst direkten, einfachen Sprache zu erklären.

Ich möchte Sie – zu Ihrem eigenen Vorteil – drängen, die nachfolgenden Kapitel aufmerksam zu lesen und die beschriebenen Techniken anzuwenden. Wenn Sie dies tun, werden Sie die Ihnen innewohnende unendliche Kraft für sich erschließen und Fehlschläge, Not, Elend und Depressionen ein für allemal hinter sich lassen. Die unendliche Kraft wird Sie unbeirrbar auf Ihren wirklichen Platz im Leben führen, wird Hindernisse und Schwierigkeiten beseitigen, wird Sie von Mangel und Eingeschränktheit befreien und auf den Weg zu der höheren Freude eines heiteren, wahrhaft befriedigenden Lebens bringen.

Was die unendlichen Kräfte des Geistes bewirken

Seit mehr als dreißig Jahren schreibe ich über die wunderwirkenden Kräfte des Geistes. Ich habe in meinem eigenen Land und vielen anderen Ländern der Erde miterlebt, wie Menschen sich ihrer unendlichen seelisch-geistigen Kräfte aufrichtig bedienen lernten, wie sie dadurch ihr Leben veränderten und erlangten, wonach sie sich gesehnt hatten:

- Freisein von Selbstkritik und Selbstverurteilung,
- öffentliche Anerkennung, Wertschätzung und Ehrung,
- Schutz vor Gefahren,
- Genesung von »unheilbaren« Krankheiten,
- neue Vitalität und Lebensfreude,
- ehelichen Frieden und Glück, wo Zwietracht geherrscht hatte,
- neue Freunde und ideale Lebensgefährten,
- unerschöpflichen Reichtum,

- Heiterkeit in unserer so veränderlichen Welt
- und vor allem die Freude des erhörten Gebets.

Nach meinen Beobachtungen kamen die Menschen, die ihre innere Kraft so erfolgreich nutzten, aus allen Altersgruppen, Gesellschaftsschichten und Einkommensklassen; es gab darunter Studenten, Stenotypistinnen, Taxi- und Fernfahrer, Professoren, Raumfahrtwissenschaftler, Chemiker, Apotheker, Bankkaufleute, Ärzte, Hausfrauen, Telefonistinnen, Filmleute, Schauspielerinnen . . .

Alle diese Menschen haben die geheimnisvolle, dennoch sehr wirkliche Kraft des Unendlichen entdeckt und mit deren Hilfe Fehlschläge, Elend, Not und Verzweiflung überwunden, oft in kürzester Zeit ihre Probleme gelöst oder sich aus emotionellen und finanziellen Verwicklungen befreit; sie gelangten auf den erhebenden Weg des Freiseins von frustrierenden Lasten und erschlossen sich Glück, Ruhm, Reichtum – alle die wunderbaren Möglichkeiten für ein erfülltes Leben. Gleichzeitig entdeckten diese Menschen eine geradezu magisch heilende Liebe, die ihre angeschlagenen oder gebrochenen Herzen heilte und ihre Seelen wiederherstellte und bereit machte für ein Leben in Vollkommenheit.

Wie Sie in Ihrem Leben Wunder geschehen lassen können

Das hervorstechendste Merkmal dieses Buches ist seine Nützlichkeit und praktische Anwendbarkeit im täglichen Leben. Nicht nur die unendliche Kraft Ihres Inneren werden Sie einsetzen lernen, sondern auch die Ihnen angeborene ungewöhnliche Fähigkeit, künftige Ereignisse vorherzusehen, die Teil der außersinnlichen Wahrnehmung (ASW) ist. Es wird Ihnen auch die Nutzbarmachung von außerkörperlichen Erfahrungen (AKE) und reisendem Hellsehen und anderer phantastischer Kräfte Ihres Geistes zeigen.

Die größten Wahrheiten, die auf unser Leben einwirken, sind auch die einfachsten. Und in einfachen, verständlichen Worten habe ich sie in diesem Buch geschildert, von dem Wunsch geleitet, daß Sie bald über alle Probleme triumphieren mögen, die sich

Ihnen stellen, daß Sie bald eine Führung erhalten mögen, die Ihnen die Beglückung beschert, Ihre im Gebet geäußerten Bitten erfüllt zu bekommen.

Ihr Leben wird von Tag zu Tag reicher und schöner werden, wenn Sie die hier beschriebenen Techniken zur Freisetzung der in Ihnen verborgenen unendlichen Kraft genau anwenden. Folgen Sie den Anweisungen und zapfen Sie diese unendliche Kraft an, dann werden Sie alle guten Dinge des Lebens in Hülle und Fülle auf sich ziehen!

Beginnen Sie gleich jetzt, mit Hilfe dieses Buches die gefesselten Herrlichkeiten in Ihrem Inneren zu befreien, lassen Sie alles, was gut und befriedigend ist, auf wunderbare Weise Eingang in Ihr Leben finden.

Joseph Murphy

KAPITEL 1

Unendliche Kraft für ein begeisterndes, erfülltes neues Leben

Seien Sie aufgeschlossen gegenüber der unendlichen Kraft in Ihrem Inneren, die Sie aus Krankheit, Niedergeschlagenheit, Bedrückung und Enttäuschung herausheben und auf den Weg zu Gesundheit, Glück, Wohlergehen und Sicherheit bringen kann. Überall auf der Welt habe ich phantastische Verwandlungen miterlebt, wenn Menschen die ihnen innewohnende unendliche Kraft anriefen und freisetzten.

Vor mehreren Monaten beispielsweise sprach ich in einer Klinik zwei Stunden lang mit einem völlig verzweifelten Alkoholiker. Er begann daraufhin diese Kraft zu nutzen und ist als Folge davon inzwischen stark, gesund, glücklich und Inhaber eines gutgehenden Geschäfts. Als er die unendliche Heilkraft anzapfte, trat sofort eine Wandlung ein. Die wunderwirkende Kraft durchströmte ihn, seine Probleme lösten sich auf, und Friede zog in sein gequältes Gemüt ein. Er ist jetzt wieder zu Hause bei Frau und Kindern.

Die unendliche Kraft in Ihnen wartet darauf, freigesetzt zu werden; sie kann Ihr Leben so vollständig und wunderbar verändern, daß nach ein paar kurzen Wochen oder Monaten möglicherweise sogar Ihre engsten Freunde Sie nicht wiedererkennen.

Solches widerfuhr beispielsweise einem verurteilten mehrfachen Mörder, der jetzt ein gottgefälliges Leben führt und anderen Menschen hilft, glücklich und in Frieden zu leben. Der Mann sagte zu mir: »Einen Monat, nachdem ich damit angefangen hatte, diese unendliche Kraft anzuzapfen, von der Sie mir erzählt haben, schaute ich mich im Spiegel an und begriff plötzlich, daß ich nicht mehr derselbe war. Ich kann keines meiner Verbrechen noch einmal begehen.« Nach kurzer Überlegung fügte er hinzu: »Ich frage mich überhaupt, ob ich wirklich dieser Mörder gewesen bin.«

Der Mann hatte die ihm innewohnende Kraft entdeckt, die sogar Gefängnistore öffnet, und wurde durch sie befreit. Die unendliche Heilgegenwart ließ seine Seele genesen. In der Bibel heißt es: *Er erquicket meine Seele* (Psalm 23, 3).

Wie die unendliche Kraft für Sie Wunder wirken kann

Die geheimnisvolle unendliche Kraft kann auch für Sie verblüffende Wunder wirken. Wenn Sie die folgenden Seiten aufmerksam lesen, werden Sie erkennen, daß sich der Strom dieser Kraft von Ihnen lenken läßt und Sie auf neue Ideen bringen kann, die ein Vermögen wert sind. Nötig ist dazu lediglich ein aufgeschlossener Geist und der starke Wunsch nach einem erfüllten, glücklichen, aufregenden Leben in Wohlstand.

Warum sind manche Menschen erfolgreich und zufrieden, andere dagegen arm und elend? Warum haben manche Menschen Glauben und Vertrauen und leben in freudiger Erwartung des Besten, erlangen Reichtum und steigen auf der Erfolgsleiter immer höher, wogegen andere sich mit Ängsten, Sorgen und Kummer herumplagen und zu tragischen Versagern geworden sind? Warum wohnt einer von zwei Brüdern in einem schönen Eigenheim, der andere dagegen in einer schäbigen Mietskaserne?

Die Antwort ist einfach: Glückliche, kreative Menschen *nutzen die unendliche Kraft, und das bewirkt diesen Unterschied.* Denn die Nutzung der geheimnisvollen unendlichen Kraft beschert Ihnen jedes Maß an Vitalität, Wohlstand, Freude, Erfolg und Reichtum, das Sie benötigen oder ersehnen.

Immer wieder haben im Lauf der Jahrhunderte Männer und Frauen die unendliche Kraft entdeckt und mit deren Hilfe ihre verborgenen Talente freigelegt. Sie hatten Inspirationen und empfingen wunderbares neues Wissen aus dem unendlichen Vorratsspeicher in ihrem Inneren. Auch Ihnen kann diese Kraft jene Weisheit, Macht und Dynamik geben, die Sie brauchen, um ein gewähltes Ziel zu erreichen. Dazu müssen Sie lediglich mit dieser Kraft zusammenarbeiten und sich auf sie einstellen.

Mit Hilfe der unendlichen Kraft können Sie den richtigen Geschäftspartner anziehen, die richtigen Freunde finden, den idealen Lebenspartner aufspüren. Sie können beruflich weiter vorankommen, als Sie in Ihren kühnsten Träumen zu hoffen wagten. Und Sie können die Freude erleben, daß Sie sein, tun und unternehmen dürfen, wonach Ihr Herz verlangt.

Wozu man diese außergewöhnliche Kraft nutzen kann

In den folgenden Kapiteln werden Sie nacherleben, wie Menschen aus allen Schichten auf wunderbare Weise von sogenannten unheilbaren Krankheiten genasen, wie sie Lösungen für akute geschäftliche Probleme fanden, in ihren familiären Beziehungen Harmonie herstellten, durch einfache Methoden Tragödien verhinderten und das Hellhören zur Rettung aus Lebensgefahr einsetzten; Sie werden erfahren, wie man vermittels Präkognition ein Vermögen erringt, wie man in ein gequältes Gemüt Ruhe und Heiterkeit einziehen läßt, wie man den idealen Lebensgefährten anzieht, wie man vermittels eines geistigen Kinos zu einer Million Dollar kommt und wie man Fehlschläge in Erfolge verwandelt.

Sie werden feststellen, daß die Methoden, die Sie zur Nutzung Ihrer unendlichen inneren Kraft anwenden müssen, einfach, praktisch und im täglichen Leben leicht anwendbar sind. Mit Hilfe unkomplizierter Techniken und Formeln werden Sie nicht nur Antwort auf Fragen, sondern auch Lösungen für persönliche Probleme erhalten. Zum Beispiel: Wie gewinnt man Vertrauen und innere Sicherheit; wie betet man um geschäftlichen oder beruflichen Erfolg; wie setzt man die außersinnliche Wahrnehmung (ASW) zum eigenen Segen und zum Nutzen anderer ein; wie erhält man göttliche Führung; wie soll man für einen Kranken beten; wie arbeitet man mit dem Arzt zusammen; wie kommt es, daß jemand betete und scheinbar keine Antwort erhielt; wie betet man richtig um göttliche Führung und wie erkennt man diese? Was Sie tun müssen, um diese ungeheuren Kräfte des Unendlichen wirksam einsetzen zu können, wird nachstehend klar und unzweideutig beschrieben.

Jeder Mensch wünscht sich Gesundheit, Glück, Sicherheit, Seelenfrieden und echte Selbstverwirklichung, aber nicht wenige sagen im innersten Herzen: »Es wäre zu schön, um wahr zu sein.« Nichts ist zu schön, um wahr zu sein, nichts zu wunderbar, um von Dauer zu sein; denn die Macht, die Weisheit und die Glorie Gottes sind immer und ewig gleich und stehen jedermann sofort zur Verfügung! Es liegt in Ihrer Hand, Ihr Leben völlig zu verändern. Sie werden erstaunt sein, wie einfach das geht.

Ein Hoteldiener fand den Schlüssel zu beruflichem Aufstieg

Eine meiner Vortragsreisen führte mich ins kanadische Ottawa. Nach dem Vortrag kam ein junger Mann zu mir und erzählte mir, er sei in New York zwei Jahre lang Hoteldiener gewesen, und ein Hotelgast habe ihm mein Buch *Die Macht Ihres Unterbewußtseins** gegeben. Er habe es viermal gelesen und dann entsprechend den Anweisungen darin vor dem Einschlafen immer wieder zu sich gesagt: »Beruflicher Aufstieg wird mir jetzt beschieden sein. Erfolg wird mir jetzt beschieden sein. Reichtum wird mir jetzt beschieden sein.« Jeden Abend lullte er sich mit diesen Worten in Schlaf, und nach etwa zwei Wochen beförderte man ihn plötzlich zum stellvertretenden Geschäftsführer. Neun Monate später wurde er Geschäftsführer einer ganzen Hotelkette. Er wußte, daß die Kraft, die ihn durchströmte, von Gott kam. »Denken Sie nur«, sagte er, »so viele Jahre meines Lebens begnügte ich mich damit, bloß von einem schwachen Tröpfeln dieser ungeheuren Möglichkeiten in meinem Inneren zu existieren.« Der Mann hatte gelernt, die unendliche Kraft freizusetzen, und sein Leben war von ihr in wunderbare Harmonie gebracht worden.

Eine Studentin verwandelte einen Fehlschlag in Erfolg

Vor einigen Jahren suchte mich eine Studentin auf, die ihr Vater zu mir schickte, weil sie das College nicht schaffte. Im Gespräch mit ihr stellte ich fest, daß sie einen guten Verstand und eine gute Wissensgrundlage hatte. Ich fragte sie: »Warum mögen Sie sich selber nicht?« Sie errötete und antwortete: »Ach, wissen Sie, ich bin die Blöde in der Familie. Vater sagt, mit mir sei nicht viel los, meine Brüder seien gescheit und würden ihm nachschlagen, ich dagegen sei dumm wie meine Mutter.« Darauf erwiderte ich: »Sie

---

* *Die Macht Ihres Unterbewußtseins* von Joseph Murphy, Ariston Verlag, Genf, 23. Auflage 1981.

sind ein Kind Gottes. Die unendlichen Kräfte, Eigenschaften, Qualitäten und die ganze Weisheit Gottes schlummern in Ihnen und warten darauf, freigesetzt und genutzt zu werden. Bestellen Sie Ihrem Vater von mir, daß er keine solchen negativen Behauptungen über sein Kind aufstellen darf. Er sollte Sie vielmehr ermutigen und daran erinnern, daß Sie die unendliche Intelligenz Gottes in sich tragen und daß diese reagieren wird, wenn Sie sie anrufen. Bestellen Sie ihm auch, daß Sie vermutlich mehr von ihm geerbt haben als von Ihrer Mutter.«

Ich forderte sie auf, sich jeden Morgen vor dem Aufbruch ins College und jeden Abend vor dem Einschlafen inbrünstig folgendes vorzusagen: »Ich bin ein Kind Gottes. Ich werde meine inneren Kräfte nie mehr unterschätzen und mich nie mehr in irgendeiner Weise selbst herabsetzen. Ich preise Gott in meinem Inneren. Ich weiß, daß Gott mich liebt und für mich sorgt. In der Bibel steht geschrieben: ... *er sorget für euch* (1. Petrus 5, 7). Alles, was ich lese oder lerne, nimmt mein Geist bereitwillig auf, und ich habe es sofort wieder verfügbar, wenn ich es brauche. Ich strahle gegenüber meinem Vater, meinen Brüdern und Lehrern Liebe aus, auch gegenüber meiner verstorbenen Mutter, die in der nächsten Dimension weilt, wo sie glücklich und frei ist, wie ich weiß. Die unendliche Intelligenz führt mich in meinem Studium und offenbart mir immer alles, was ich wissen muß. Ich habe eine neue und gute Einschätzung meiner selbst, denn ich weiß, daß mein wirkliches Ich Gott ist. Jedesmal, wenn ich dazu neige, mich zu kritisieren oder zu verurteilen, werde ich sofort voll Überzeugung sagen: ›Gott liebt mich und sorgt für mich. Ich bin seine Tochter.‹«

Sie praktizierte diese Gebetstechnik getreulich. Es ist mir eine Freude zu berichten, daß sie bald bessere Zensuren bekam und inzwischen ihr Studium mit *magna cum laude* abgeschlossen hat. Sie hatte die unendliche Kraft für ein Leben in Vollkommenheit freigesetzt. Negative Suggestionen ihres Vaters akzeptierte sie nicht mehr, sondern begann Gott in ihrem Inneren zu preisen. Paulus sagte: *Jeder sei untertan der Obrigkeit* (Römer 13, 1). Gott ist die einzige Obrigkeit und Gegenwart, und alle existierenden Kräfte kommen von Gott.

Wie Sie durch die unendliche Kraft Ihre Wünsche verwirklichen können

Wenn Sie die Prinzipien der unendlichen Kraft für ein vollkommenes Leben, die auf den folgenden Seiten beschrieben und erklärt werden, genau anwenden, werden Sie erleben, daß in Ihrem Dasein wunderbare, phantastische Veränderungen erfolgen. Ihre Träume, Bestrebungen, Ideen und Lebensziele sind zunächst einmal Gedanken, Vorstellungen und Bilder in Ihrem Geist. Sie müssen erkennen, daß eine Vorstellung oder ein Wunsch in Ihrem Geist genauso wirklich ist wie Ihre Hand oder Ihr Herz. In einer anderen geistigen Dimension hat Ihre Vorstellung oder Ihr Wunsch bereits Form, Gestalt und Substanz. Sie müssen nun lernen, Ihren Wunsch zu akzeptieren, ihn als etwas Wirkliches zu empfinden und die Überzeugung zu gewinnen, daß die unendliche Kraft in Ihrem Inneren ihn in göttlicher Fügung erfüllen wird. Die unendliche Kraft, die Ihnen einen Wunsch eingab, wird Ihnen auch den vollkommenen Plan für seine Verwirklichung liefern. Sie müssen lediglich daran glauben, dann wird die unendliche Intelligenz, die Sie durchströmt, Ihren Wunsch erfüllen.

Die wunderwirkende Kraft des Unendlichen bestand schon lange, bevor Sie und ich zur Welt kamen, bevor die Kirche oder auch die Erde selbst entstanden. Die großen ewigen Wahrheiten und Lebensprinzipien, die uns heilen, inspirieren, segnen und erheben, sind älter als alle Religionen. Sie und ich werden jetzt eine Reise in die tiefsten Bereiche Ihres Geistes unternehmen, werden beobachten, wie das geistige Prinzip wirkt, und die wunderbare, magische, heilende, verwandelnde Kraft kennenlernen, die alle Tränen trocknet. Wir werden sehen, wie diese Kraft die Wunden der Verzweifelten verbindet und dem angstbeherrschten, gequälten Gemüt die Freiheit verkündet. Und Sie selbst werden sich von allen selbstauferlegten Ketten der Armut, Krankheit, Enttäuschung und Beschränkheit jeglicher Art befreien.

Um dies zu bewerkstelligen, müssen Sie lediglich die einfachen wissenschaftlichen Methoden anwenden, die hier beschrieben werden, und sich geistig sowie seelisch mit dem Guten *vereinen,* das Sie erfahren wollen. Dann wird die unendliche Kraft Sie zur Erfüllung Ihres Herzenswunsches führen.

Die spirituelle Reise, auf die Sie jetzt gehen, wird das wunderbarste »Kapitel« Ihres Lebens sein, ein heilendes Erlebnis, eine Offenbarung; sie wird aufregend sein, begeisternd, Ihr lohnendstes Unternehmen! Brechen Sie auf, heute noch. Seien Sie beharrlich, bis die Morgenröte heraufsteigt und alle Schatten weichen.

Zusammenfassung

1. In Ihrem Inneren gibt es eine unendliche Kraft, die Sie von allem Negativen heilen und befreien, die Ihnen den Weg zu Glück und Wohlergehen öffnen kann.
2. Wenn Sie lernen, diese unendliche Kraft anzuzapfen und zu nutzen, werden Sie in Ihrem Leben Wunderdinge erfahren, die Ihre kühnsten Träume übersteigen. Die Grundvoraussetzungen dazu sind ein aufgeschlossener Geist und intensives Verlangen nach einem wahrhaft erfüllten Leben.
3. Viele Menschen denken, wenn sie sich etwas wünschen: »Es ist zu schön, um wahr zu sein.« Aber nichts ist zu schön, um wahr zu sein, denn Gottes Macht, Weisheit und Glorie sind ewig gleich und jedermann zugänglich.
4. Ein Hoteldiener entdeckte die ihm innewohnende Kraft, setzte sie frei und machte eine sagenhafte Karriere.
5. Eine Studentin, die lernte, sich von ihren Minderwertigkeitsgefühlen zu befreien und die negativen Suggestionen ihres Vaters nicht mehr zu akzeptieren, ging mit besten Zensuren vom College ab. Sie hatte begriffen, daß Gott die einzige Obrigkeit ist.
6. Träume, Ideen, Bestrebungen und Ziele sind Gedanken und Bilder in Ihrem Geist und genauso wirklich wie Ihre Hand. Wenn Sie solche Gedanken oder Bilder als wirklich empfinden, müssen diese sich in göttlicher Fügung verwirklichen.
7. Die wunderwirkende Kraft des Unendlichen besteht seit Urzeiten. Die ewigen Wahrheiten und Lebensprinzipien sind älter als alle Religionen und wirken zu Ihrem Segen, wenn Sie geistig und seelisch mit dem ersehnten Guten eins werden.
8. Wenden Sie die nachfolgend beschriebenen einfachen wissenschaftlichen Methoden beharrlich an, dann werden auch in Ihrem Leben Wunder geschehen.

KAPITEL 2

Erfolgsmuster für ein reicheres Leben

Sie sind dazu geboren, sämtliche Hindernisse im Leben zu überwinden und zu bezwingen. Gott wohnt, wandelt und spricht in Ihnen, er ist das Lebensprinzip in Ihnen, und Sie sind ein Kanal für das Göttliche. Sie sollen die Eigenschaften, Attribute, Kräfte und Aspekte Gottes auf dem Bildschirm des Raums sichtbar machen. So wichtig und wunderbar sind sie!

Was Gott beginnt, das vollendet er auch – sei es ein Stern, ein Baum oder ein ganzer Kosmos. Verbünden Sie sich mit der Ihnen innewohnenden kosmischen Kraft, damit Sie im Spiel des Lebens gewinnen. Wenn Sie sich gedanklich und gefühlsmäßig auf die unendliche Kraft ausrichten, werden Sie feststellen, daß diese für Sie wirksam wird und es Ihnen ermöglicht, ein erfülltes, geistig und materiell reiches Leben zu führen.

Sein neues geistiges Bild vom eigenen Ich verwirklichte sich

»Ich bin seit zehn Jahren bei meiner Firma, bin aber nie befördert worden und habe noch nie eine über die Geldentwertung hinausgehende Gehaltsaufbesserung bekommen. Mit mir muß irgend etwas nicht stimmen.« Das sagte ein Mann, den wir John nennen wollen, voll Bitterkeit, als er mich zur ersten Konsultation aufsuchte. Beim Gespräch mit ihm fand ich heraus, daß er sich in beruflichen Fragen von einem unterbewußten Versagensmuster leiten ließ.

John hatte die Gewohnheit, sich selbst ständig herabzusetzen. Er sagte zu sich: »Ich tauge nichts, ich werde immer übergangen, ich werde noch meinen Job verlieren, ich werde vom Pech verfolgt.« Er war voller Selbstkritik und Minderwertigkeitsgefühle. Ich erklärte ihm, beides gehöre zu den zerstörerischsten geistigen Giften, die ein Mensch produzieren könne; durch sie verliere er jede Vitalität, Begeisterung, Energie und auch Urteilsfähigkeit, so daß er schließlich ein geistig-seelisches wie auch ein körperliches Wrack werde. Außerdem, so sagte ich, seien diese negativen Behauptungen – »Ich tauge nichts, ich werde immer übergangen« – Befehle an sein Unterbewußtsein, das sie wörtlich nehme und folglich sein Leben mit Blockaden, Verzögerungen, Mängeln, Einschränkungen und Hindernissen aller Art behindere.

Das Unterbewußtsein ist wie der Erdboden, der Samen aller Sorten, gute und schlechte, aufnimmt und ihnen Nahrung für ihr Wachstum liefert.

John fragte: »Ist dies der Grund, warum ich bei unseren regelmäßigen geschäftlichen Konferenzen übergangen und ignoriert werde?« Ich bejahte. John hatte im Geiste ein völlig negatives Bild von sich etabliert und erwartete geradezu, übersehen und ignoriert zu werden. Das Gute blockte er tatsächlich selbst ab. Er stellte die uralte biblische Weisheit unter Beweis: *Denn was ich gefürchtet habe, ist über mich gekommen* (Hiob 3, 25).

Um John zu helfen, sich von den Mustern der Selbstablehnung, des Versagens und der Verkürztheit zu befreien, riet ich ihm, über die große Wahrheit nachzusinnen: *Ich vergesse, was da hinten ist, und strecke mich zu dem, was da vorne ist, und jage – nach dem vorgesteckten Ziel – nach dem Kleinod, welches vorhält die himmlische Berufung Gottes* . . . (Philipper 3, 13-14).

John wollte wissen: »Wie soll ich die Abfuhren, Kränkungen und Zurückweisungen vergessen? Das ist sehr schwer.«

Man kann es, aber man muß zu der klaren Entscheidung kommen, die Vergangenheit fallenzulassen, und mit dem inneren Auge beharrlich Erfolg, gute Leistung und Beförderung betrachten. Ihr Unterbewußtsein wird von dem geprägt, was Sie wirklich meinen, wenn Sie etwas denken oder sagen. Wenn Sie sich aus alter Gewohnheit wieder herabsetzen wollen, dann müssen Sie sofort Ihre Gedanken ändern und auf das Gute ausrichten.

John begriff, wie unlogisch und töricht es ist, eine geistige Last an Enttäuschungen und Fehlschlägen aus der Vergangenheit in die Zukunft mitzuschleppen. Das ist genau so, als würde man den ganzen Tag eine schwere Eisenstange auf den Schultern mitschleppen, wodurch man natürlich in einen Zustand der Ermüdung oder gar völligen Erschöpfung gerät. Wenn in John von nun an Gedanken der Selbstkritik oder Selbstverurteilung aufkamen, richtete er sich sofort auf das Gute aus, indem er sich vorsagte: »Erfolg ist mir beschieden, Harmonie ist mir beschieden, ich werde befördert.« Im Lauf der Zeit hatte er so das negative Denkmuster durch positives, konstruktives Denken ersetzt.

Ich empfahl ihm eine einfache Technik zur Prägung seines Unterbewußtseins: er solle sich seine Frau vorstellen, wie sie ihm zur Beförderung gratulierte und ihn voll Glück und Begeisterung umarmte. Diese Szene solle er sich so oft wie möglich und insbesondere immer vor dem Einschlafen vergegenwärtigen.

John machte sich ein sehr lebendiges geistiges Bild von der Szene, indem er seine Aufmerksamkeit von den Dingen des Alltags abwandte, seinen Körper entspannte und sein inneres Auge auf seine Frau richtete. Im Geiste führte er folgendes Gespräch mit ihr: »Du Liebe du! Ich bin heute befördert worden, es ist einfach großartig. Der Chef beglückwünschte mich, und ich werde im Jahr fünftausend Dollar mehr Gehalt bekommen! Ist das nicht herrlich?« Dann stellte er sich die Antwort seiner Frau vor, hörte ihre Stimme, sah ihr Lächeln und ihre Gesten.

In seinem Geist spielte sich alles ganz wirklich ab. Nach und nach sank dieses geistige Bilderleben, das in seinem Bewußtsein wie ein Film ablief, in sein Unterbewußtsein. Vor ein paar Tagen nun kam John zu mir und sagte: »Ich muß es Ihnen einfach berichten: Ich bin zum Gebietsleiter befördert worden. Das geistige Kino hat das geschafft.«

John hat an sich selbst erfahren, wie der Geist arbeitet; er hat begriffen, daß das neue Denkmuster seiner positiven geistigen Vorstellungsbilder – das geistige Kino – allmählich in die Tiefenschichten seines Unterbewußtseins eingedrungen ist, daß sein Unterbewußtsein aktiviert worden ist und alles mobilisiert hat, was er zur Verwirklichung seines sehnlichsten Wunsches brauchte.

In der Bibel heißt es: ... *Alles, was ihr bittet in eurem Gebet, glaubet nur, daß ihr's empfangen werdet, so wird's euch werden* (Markus 11, 24). In solch einfachen Worten wird Ihnen hier enthüllt, daß Sie, wenn Sie glauben und in freudiger Erwartung des Besten leben, das Erstrebte erhalten. John hatte gelernt, felsenfest zu glauben, daß er befördert, eine Gehaltserhöhung bekommen, Respekt und Ansehen erringen würde. Ihm widerfuhr, was er glaubte.

Heute ist John ein anderer, ein glücklicher Mensch. Lebensfreude und Begeisterung erfüllen ihn. Seine Augen strahlen, und seine Stimme hat einen neuen Klang, den Wohllaut, der von Selbstvertrauen und Selbstachtung kündet.

Eine Million Dollar kraft geistiger Vorstellung

In Palm Springs erzählte mir ein älterer Mann, er habe mit Vierzig ein Leben der Enttäuschungen, Fehlschläge, Niedergeschlagenheit und tiefer Hoffnungslosigkeit geführt. Dann habe er in seiner Heimatstadt San Pedro einen Vortrag über »Das Wunder des Geistes« von dem mittlerweile verstorbenen Dr. Harry Gaze gehört, der seinerzeit die ganze Welt bereist und Seminare veranstaltet hatte.

Der Mann sagte, aufgrund des Vortrags, der ihn tief beeindruckte, habe er an sich selbst und seine inneren Kräfte zu glauben begonnen. Schon immer habe er sich gewünscht, ein Kino zu besitzen; aber ihm sei stets alles schiefgegangen, und Geld habe er auch nie gehabt. Nun aber habe er beharrlich folgende positive Behauptung aufgestellt: »Ich weiß, daß ich es schaffen kann, mir wird ein Kino gehören.«

Heute besitzt er zwei Filmtheater und ist Dollarmillionär. Selbst scheinbar unüberwindliche Hindernisse hat er im Sturm genommen. Sein Unterbewußtsein verwirklichte, da er es aufrichtig meinte und wirklich erfolgreich sein wollte, seinen Wunsch.

Das Unterbewußtsein kennt Ihre innere Motivation und Ihre wirkliche Überzeugung, Sie können es nicht täuschen. Und in der Bibel heißt es: *Was du wirst vornehmen, wird er dir lassen gelingen* . . . (Hiob 22, 28).

Die Zauberformel jenes Mannes war ein geistiges Bild. Dieses Bild trug er in sich, und er blieb ihm treu, so daß es sich seinem Unterbewußtsein einprägte und dieses ihm schließlich alles beisteuerte, was er zur Verwirklichung seines Wunsches benötigte.

Eine Schauspielerin überwand Lampenfieber und Rückschläge

Eine junge Schauspielerin suchte mich auf, weil sie schrecklich unter Lampenfieber beim Vorspielen und bei Probeaufnahmen geradezu unter panischer Angst litt. Dreimal sei sie bei den Proben schon durchgefallen.

Ich erkannte sehr schnell, daß ihr wirkliches Problem ihr geistiges Bild der Panik vor der Kamera war und daß sie sich selbst zum Scheitern verurteilte wie einst Hiob: *Denn was ich gefürchtet habe, ist über mich gekommen* (Hiob 3, 25).

Ich klärte die junge Schauspielerin über den Einfluß unseres Denkens und die Funktionsweise des Bewußtseins und des Unterbewußtseins auf. Schließlich erkannte sie, daß sie, wenn sie ihre Aufmerksamkeit auf konstruktive Gedanken konzentrierte, die aus ihren Gedanken erwachsenden Segnungen automatisch in ihr Dasein würde bringen können. Sie entwarf selbst einen Plan, wie sie sich geradliniges, vertrauensvolles Denken angewöhnen würde. Sie wußte jetzt um das große Geistesgesetz, das alles, was man zu sein behauptet, Wirklichkeit werden läßt – vorausgesetzt natürlich, daß man von der Wahrheit der über sich selbst aufgestellten Behauptungen tief überzeugt ist. Je öfter man beispielsweise sich selbst gegenüber behauptet: »Ich habe Angst«, desto größere Angst wird man erzeugen. Je öfter man andererseits behauptet: »Ich bin voll Glauben und Selbstvertrauen«, desto mehr Sicherheit und Zutrauen zu sich wird man entwickeln.

Der Schauspielerin schlug ich vor, folgende erhebende Gedanken auf eine Karte zu tippen:

- Ich bin erfüllt von Frieden, Sicherheit, Ausgeglichenheit und Gemütsruhe.
- Ich fürchte nichts Böses, denn Gott ist in mir.
- Ich bin immer heiter, ruhig, entspannt und gelassen.
- Ich bin voller Glauben und vertraue auf die einzige Macht, die es gibt – Gott.
- Ich bin geboren, um das Leben zu meistern, Erfolg zu haben und zu triumphieren.
- Ich habe bei allen meinen Unternehmungen Erfolg.
- Ich bin eine großartige Schauspielerin und überaus erfolgreich.

- Ich bin liebevoll, mit mir selbst im reinen und fühle mein Einssein mit Gott.

Diese »Merkkarte« trug sie ständig bei sich. In der Eisenbahn, im Flugzeug und während der häufigen Pausen tagsüber konzentrierte sie sich auf die angeführten Wahrheiten, die sie nach wenigen Tagen auswendig wußte. Aufgrund beharrlicher Wiederholung gelang es ihr, die Wahrheiten in ihr Unterbewußtsein zu senken. Sie stellte fest, daß ihre Behauptungen, von denen eine erhebende geistige Schwingung ausging, in ihrem Unterbewußtsein die schädlichen Muster von Angst, Zweifel und Unzulänglichkeit neutralisierten. Es dauerte nicht lange, und sie wurde tatsächlich heiter, ruhig, gelassen, selbstsicher. Sie hatte die kosmische Kraft für ein erfülltes Leben entdeckt.

Etwa fünf oder sechs Minuten wandte sie morgens, nachmittags und abends eine einfache Technik an: Sie setzte sich ruhig auf einen Stuhl, entspannte ihren Körper und bildete sich ein, vor der Kamera zu stehen – gelassen, heiter, ruhig und entspannt. Sie sah sich als überaus erfolgreich und stellte sich voll Freude vor, die Glückwünsche des Drehbuchautors und ihres Agenten zu hören. Dann dramatisierte sie die Rolle, wie das eine gute Schauspielerin ja kann, machte sie in ihrem Geist wirklich und lebendig. Sie wußte, daß die unendliche Kraft, die unsere Erde bewegt, auch durch das geistige Bild in ihr strömte und sie zwingen würde, eine großartige Leistung zu bieten.

Ein paar Wochen später arrangierte ihr Agent wieder Probeaufnahmen für sie. Dieses Mal war sie so begeistert und so von der Vorstellung ihres Triumphs erfüllt, daß sie eine wunderbare Darbietung gab. Heute erringt sie einen Erfolg nach dem anderen und ist auf bestem Weg, ein Star zu werden.

Erfolgreich und wohlhabend sind Sie durch Ihr inneres Sein

In der »Kona Inn« auf Hawaii hatte ich ein interessantes Gespräch mit einem Mann, der mir eine phantastische Geschichte aus seiner Jugend erzählte. Er war gebürtiger Londoner, und seine Mutter hatte ihm in frühester Kindheit gesagt, er sei in ärmlichen Verhältnissen zur Welt gekommen, sein Vetter dagegen in einem reichen, vermögenden Haus; so gleiche Gott die Dinge aus. Später kam er darauf, daß sie damit gemeint hatte, er sei in einem früheren Leben sehr wohlhabend gewesen, jetzt rechne Gott mit ihm ab und schicke ihn auf dem Weg ausgleichender Gerechtigkeit zurück auf die Erde in ärmliche Verhältnisse.

»Ich sah dies als Unsinn an«, sagte er. »Mir war klar, daß Gott die Person nicht ansieht, sondern den Menschen *gemäß ihren Überzeugungen* gibt. So kann ein Mensch Multimillionär und dabei spirituell ausgerichtet und erleuchtet sein. Andererseits schließt materielle Armut noch lange nicht aus, daß ein Mensch böswillig, eigensüchtig, neidisch und habgierig ist.«

Als Junge hatte dieser Mann in London Zeitungen verkauft und Fenster geputzt; später hatte er Abendkurse besucht und sich durchs College gearbeitet. Heute ist er einer der namhaftesten Chirurgen Englands. Sein Lebensmotto lautet: »Man geht immer auf seine Vision zu.« Seine Vision war, Chirurg zu werden, und sein Unterbewußtsein reagierte, um das geistige Bild, das er in seinem Bewußtsein trug, im Leben zu verwirklichen.

Der Vater seines Cousins war Multimillionär und hatte den Cousin durch Privatlehrer ausbilden lassen, hatte ihm spezielle Bildungsreisen quer durch Europa ermöglicht und ihn auf die Universität Oxford geschickt. Er hatte seinen Sohn mit Dienern, Autos und reichlich Geld ausgestattet. Doch der junge Mann erwies sich trotz solcher Voraussetzungen als Versager. Er war viel zu nachsichtig behandelt worden, hatte keinerlei Selbstsicherheit und Selbstvertrauen gewinnen können. Nie hatte er selbst die Initiative ergreifen, Hindernisse überwinden oder Hürden nehmen müssen. Niemand hatte ihm je gesagt, daß alles von seinem Denken und Glauben abhängt. Er wurde schließlich zum Alkoholiker und unfähig, das Leben zu meistern.

Welcher der beiden Männer war und ist nun reich und welcher arm? Der Chirurg ist mit den Handikaps seiner Herkunft glänzend fertig geworden. Er sagte zu mir, er sein dankbar, daß er auf dem schweren Weg habe emporkommen müssen. »Gerechtigkeit ist eine Sache des Geistes, und *wenn ein Mensch damit einverstanden ist, sich für einen Penny am Tag abzuquälen, wird er nur diesen bekommen.«*

Dieser Mann hatte früh erkannt, daß Reichtum, Erfolg, Leistung und Wohlstand Errungenschaften geistiger Natur sind, denn was ein Mensch in seinem Unterbewußtsein sät, das wird er ernten.

Der magische Schlüssel zum Erfolg

Vor kurzem sagte ein Mann zu mir: »Ich hatte keine Chance im Leben. Meine Eltern waren sehr arm, wir hatten nie genug zu essen. In der Schule kam ich mit anderen Jungen zusammen, deren Väter schöne Häuser mit Swimming-pool, Autos und Geld im Überfluß besaßen. Das Leben ist einfach unfair!«

Ich erklärte ihm, daß die Härten der Armut oft Ansporn sind und einen Menschen auf den Gipfel des Erfolgs treiben können. Ein schönes Heim mit Schwimmbad, Reichtum, Ansehen, Erfolg – das alles sind Vorstellungen im menschlichen Geist, der eins ist mit dem unendlichen Geist Gottes.

Dann veranschaulichte ich ihm, wie unlogisch, irrational und unwissenschaftlich manche Menschen denken. Sie sagen beispielsweise, Helen Kellers Geburt sei eine Ungerechtigkeit, weil Helen als kleines Kind das Augenlicht und das Gehör verlor. Aber sie lernte die Reichtümer des Geistes nutzen. Sie »sah« mit ihren blauen Augen – besser vermutlich als die meisten Menschen – alle Farben einer prunkvollen Opernaufführung und »hörte« die Crescendos, Diminuendos des Orchesters, die Schönheit der Solostimmen und den vollen Klang des Gesamtorchesters, sie erfreute sich an den Koloraturen des lyrischen Soprans und bekam auch den Humor ihres im Geiste sich abspielenden Stücks voll und ganz mit.

Helen Keller leistete unendlich viel Gutes. Durch Meditation und Gebet erweckte sie das innere Auge und richtete Taube sowie Blinde auf der ganzen Erde seelisch und geistig auf. Tausenden von Invaliden und wie immer Behinderten verhalf sie zu Glauben, Selbstvertrauen, Freude und phantastischer spiritueller Erbauung. Tatsächlich erreichte und bewirkte sie weit mehr als viele Menschen, die sehen und hören. Sie fühlte sich, wie wir aus ihren Schriften und mündlichen Zeugnissen wissen, weder unglücklich noch aufgrund ihres Schicksals diskriminiert. So etwas wie Unterprivilegierte oder Überprivilegierte gibt es nicht!

Der Mann, der behauptete, im Leben keine Chance gehabt zu haben, war von Helen Kellers Geschichte zutiefst beeindruckt. Auf meinen Rat machte er sich einen Erfolgsplan und schrieb sich ein

Gebet auf, das er dreimal täglich fünfzehn Minuten lang voll Überzeugung sprechen wollte.

Es lautete wie folgt: »Ich stehe im Leben auf dem richtigen Platz und tue, was ich immer gern tun wollte. Ich bin geradezu glücklich. Ich habe ein schönes Haus, eine gütige, wunderbare Frau und einen neuen, modernen Wagen. Ich gebe meine Talente auf breiter Basis weiter, und Gott offenbart mir bessere Möglichkeiten, der Menschheit zu dienen. Ich akzeptiere ausdrücklich in gläubiger Bejahung die Tatsache, daß sich mir eine neue, herrliche Chance eröffnet. Ich weiß, daß Gott mich auf allen meinen Wegen zu höherer Selbstverwirklichung führt. Ich glaube an meinen Wohlstand, meine Sicherheit und freue mich über beides. Ich glaube, daß sich mir jetzt wunderbare Chancen bieten. Ich glaube, daß sich über mich Segnungen ergießen werden, die ich in meinen kühnsten Träumen nicht zu erhoffen wagte.«

Der Mann ließ sich diese positiven Suggestionen auf eine Karte tippen, die er ständig bei sich trug. Dreimal täglich wiederholte er sie regelmäßig und systematisch fünfzehn Minuten lang. Wenn ihn Angst oder Sorge erfaßten, zog er die Karte heraus und wiederholte die Wahrheiten mehrmals, denn er wußte, daß negative Gedanken immer durch konstruktive, erhebende Gedanken vertrieben und ausgelöscht werden.

Er hatte begriffen, daß bildhafte Vorstellungen durch Wiederholung, Glauben und Erwartung an das Unterbewußtsein weitergegeben werden und daß das Unterbewußtsein die Dinge verwirklicht, die man ihm denkend und glaubend einprägt, weil es gemäß den Denkgewohnheiten eines Menschen reagiert und gleichsam selbständig handelt.

Acht Monate später traf ein, worüber der Mann meditierte. Er ist jetzt verheiratet, hat ein schönes Haus und ein eigenes Geschäft, das seine Frau für ihn kaufte; er tut, was er schon immer gern getan hätte, und ist glücklich. Sogar Mitglied des Stadtrats ist er geworden, er unterstützt die amerikanischen Pfadfinder und verschiedene gemeinnützige Organisationen. Dieser Mann hat den magischen Schlüssel zum Erfolg gefunden und die große Chance, die jeder Mensch besitzt, sinnvoll genutzt.

Ein Vertreter brachte sich beruflich vorwärts

Der Vertreter einer pharmazeutischen Firma war in acht Jahren auf der beruflichen Erfolgsleiter keine einzige Sprosse emporgestiegen, ganz im Gegensatz zu einigen Kollegen, die viel weniger qualifiziert schienen als er. Sein Problem war, daß er an einem starken Minderwertigkeitskomplex litt und glaubte, überall zurückgewiesen und abgelehnt zu werden. Begreiflicherweise vermochte er mit dieser Einstellung seine Umsätze nicht zu steigern.

Ich gab ihm den Rat, nett zu sich selbst zu sein und sich lieber zu mögen, denn sein tiefstes Ich sei in Wirklichkeit Gott. Er sei das Haus, in dem Gott wohne, und müsse gesunden, aufrichtigen Respekt vor dem ihm innewohnenden Göttlichen haben, das ihn erschaffen, ihm das Leben gegeben und ihn mit gottgegebenen Kräften ausgestattet habe. Diese Kräfte würden es ihm ermöglichen, alle Hindernisse zu überwinden, zu Wohlstand und höchster Selbstverwirklichung zu gelangen und die Fähigkeit zu erwerben, ein erfülltes, glückliches Leben zu führen.

Der Vertreter erkannte sehr rasch, daß er mit gleichem Aufwand an geistiger Energie in Zukunft genauso gut konstruktiv wie früher destruktiv denken konnte. Er beschloß, nicht länger an die Gründe seiner Erfolglosigkeit zu denken, sondern an Glaubenstatsachen, aufgrund deren ihm Erfolg beschieden sein müsse. Seine spirituelle Formel lautete folgendermaßen:

»Von diesem Moment an gebe ich meinem Leben einen neuen Wert. Ich bin mir meines wirklichen Wertes bewußt. Ich höre auf, mich selbst abzulehnen, und werde mich nie mehr herabsetzen. Immer wenn mir ein zerstörerischer Gedanke kommt, werde ich sofort voll Nachdruck sagen: ›Ich preise Gott in meiner Mitte.‹ Ich achte und ehre mein Ich, das mit Gott eins ist. Ich hege gesunden, aufrichtigen Respekt vor der unendlichen Kraft in mir, die allwissend und allweise ist; sie ist die ewig lebendige, sich selbst erneuernde Gegenwart und Allmacht Gottes. Tag und Nacht bewege ich mich jetzt vorwärts, ich komme voran, ich wachse geistig und seelisch, und genauso wachsen meine beruflichen Erfolge.«

Dreimal täglich zog sich der Vertreter in einen stillen Winkel zurück und vergegenwärtigte sich diese Wahrheiten, wodurch er nach und nach sein ganzes Gemüt mit Ausgeglichenheit, Selbstsicherheit, Ruhe und dem Gefühl für seinen wirklichen Wert durchtränkte.

Etwa drei Monate später wurde er Verkaufsleiter für den amerikanischen mittleren Westen. Unlängst schrieb er mir: »Dank Ihnen bin ich geistig und materiell auf dem Weg nach oben.«

Diesem Mann hatte ich zusätzlich zu dem vorstehend wiedergegebenen Meditationsinhalt die uralte Spiegelbehandlung empfohlen, um es ihm zu ermöglichen, seinen wirklichen Wert und seine Bedeutung im Lebensschema als ein Mensch, der mit außergewöhnlichen, einmaligen, aber noch nicht erweckten Talenten und Fähigkeiten begabt ist, rascher zu erkennen. Er schrieb in seinem Brief darüber:

»Jeden Morgen nach dem Rasieren betrachte ich mich im Spiegel und versichere mir inbrünstig und voll Überzeugung: ›Peter, du bist objektiv herausragend, du bist ein immens erfolgreicher Mensch, du bist voll Glauben und Selbstvertrauen und steinreich. Du bist voll Liebe und Harmonie und göttlich inspiriert. Ich bin eins mit Gott, und zusammen mit Gott bildet man eine absolute Mehrheit.‹ Dieses Verfahren wende ich jeden Morgen an. Ich bin verblüfft über die vielen wunderbaren Veränderungen, die in meinem Berufsleben, meinen finanziellen Verhältnissen, in meinen Beziehungen zu Freunden und meinem häuslichen Leben stattgefunden haben. Es ist drei Monate her, daß Sie mir diese beiden Techniken erklärt haben, und jetzt hat man mich zum Verkaufsleiter für den mittleren Westen befördert.«

Der Mann hatte sich mit den Wahrheiten identifiziert, die er sich vergegenwärtigte, und so ein neues Bild von sich selbst entwickelt und sein Gemüt mit Ausgeglichenheit, Selbstsicherheit und Selbstvertrauen erfüllt. Er hatte ausdrücklich an die Macht seines Unterbewußtseins appelliert und war von der Überzeugung durchdrungen, daß es auf seine bewußte geistige Aktivität reagieren werde. Er hat die großartige psychologische Wahrheit des Bibelworts an sich erfahren: ... *Wenn du könntest glauben! Alle Dinge sind möglich dem, der da glaubt* (Markus 9, 23).

Ein Abteilungsleiter überwand schlechte Eigenschaften

Der Leiter einer Verkaufsabteilung einer großen Gesellschaft, der beruflichen Rat suchte, gestand mir, daß ihn seine Untergebenen für rechthaberisch, übermäßig kritisch und mürrisch hielten; seine Mitarbeiter wechselten ständig, und der Firmenchef hätte ihm schon Vorhaltungen wegen der vielen Kündigungen gemacht.

Ich erläuterte ihm, daß übertriebenes Pochen auf Autorität gewöhnlich ein Zeichen mangelnden Selbstvertrauens ist und den Anschein von Selbstsicherheit vermitteln soll. Ein Mensch könne sehr wohl ein ruhiges, zurückhaltendes Wesen haben und den Fehler meiden, die anderen arrogant herumzubefehlen, dabei aber dennoch überaus selbstsicher sein. Einem lärmenden, großsprecherischen Menschen dagegen fehle es meist an Aufrichtigkeit und innerer Ausgeglichenheit.

Auf meinen Vorschlag hin begann der Mann seine Leute zu loben, wenn sie gute Arbeit geleistet hatten; zu seiner anfänglichen Überraschung erhielt er fast immer eine freundliche Antwort, denn mit seinem Lob stärkte er das Selbstvertrauen der Leute. Er unterließ seine ständige Kritisiererei und Nörgelei, die das Klima in seiner Abteilung vergiftet hatten, und er setzte sich innerlich auch nicht mehr selbst ständig herab – was die eigentliche Ursache seiner Schwierigkeiten gewesen war.

Um sein mürrisches Wesen zu ändern, wandte er eine besondere Atemtechnik an. Während er tief einatmete, bekräftigte er sich selbst gegenüber: »Ich bin . . .«, und während er langsam ausatmete: ». . . heiter.« Im Laufe der Zeit gelang es ihm, zwischen dem Ein- und Ausatmen die Luft lange anzuhalten. Diese Tiefenatmung machte er anfangs fünfzig- bis hundertmal, bis seine Stimmung sich besserte. Jetzt sagt er, daß er die besten Ergebnisse erzielt, wenn er während des Einatmens »Ich bin heiter« denkt und das während des Ausatmens wiederholt. Er hat den erstaunlichen physiologischen Wert tiefen Atmens erkannt, das automatisch ein Gefühl des Wohlbehagens vermittelt und das auch die Prägung des Unterbewußtseins mit konstruktiven Gedanken begünstigt.

Zusätzlich zu den Atemübungen vollführte er mehrmals täglich eine spirituelle Übung; er sprach sich voll Überzeugung vor:

»Ab sofort unterlasse ich jede Selbstbeschuldigung. Ich weiß, daß niemand auf der Welt vollkommen ist und daß auch meine Mitarbeiter und Kollegen nicht in jeder Hinsicht perfekt sein können. Ich freue mich über ihr Selbstvertrauen, ihre Einsatzbereitschaft und ihr Interesse an guter Leistung. Ich identifiziere jeden meiner Mitarbeiter ständig mit diesen Qualitäten.

Ich bin felsenfest überzeugt, daß ich alles, was ich unternehme, gut mache, und ich gewinne täglich in anderer Richtung größeres Selbstvertrauen. Ich weiß, daß Selbstsicherheit und Selbstbewußtsein Angewohnheiten sind, die ich mir auf ähnliche Weise aneignen kann, wie ich unlängst das Rauchen aufhörte. Ich ersetze Schüchternheit durch Sicherheit und durch gläubiges Vertrauen auf die mir innewohnende unendliche Kraft, die auf meine neuen positiven Denkgewohnheiten reagieren wird. Ich rede freundlich mit meinen Untergebenen, preise das Göttliche in ihnen und wiederhole ständig: ›Durch die Kraft Gottes, die mich stärkt, kann ich alles schaffen.‹ Wenn mir Gedanken des Zweifels kommen, ersetze ich sie sofort durch die Worte: ›Ich preise Gott in meiner Mitte.‹«

Dreimal täglich wiederholte der Abteilungsleiter diese Wahrheiten je sechsmal; er vergegenwärtigte sich ihren Inhalt und sprach Wort für Wort ruhig und gefühlvoll, wobei er sich stets bewußtmachte, was er tat und warum er es tat. So entwickelte er neue, aufbauende Denkgewohnheiten.

Bereits sechs Wochen später war er ein anderer Mensch, heiter und seelisch ausgeglichen. Er stieg im Verlauf weniger Jahre bis zum Vizepräsidenten der Gesellschaft auf und hat heute ein Einkommen, das ein Vielfaches von jenem ausmacht, das er als Abteilungsleiter hatte.

Die Bibel hat recht, wenn sie sagt: *... verändert euch durch Erneuerung eures Sinnes ...* (Römer 12, 2).

Zusammenfassung

1. Der Mensch ist dazu geboren, alle Hindernisse durch die Kraft des Allmächtigen zu überwinden, die ihm innewohnt und darauf wartet, von ihm erweckt und genutzt zu werden.

2. Menschen, die in ihrem erwählten Beruf scheitern, haben gewöhnlich ihr Unterbewußtsein mit dem Versagensmuster geprägt, das sie im Bewußtsein tragen. Solche Menschen müssen das geistige Bild von sich selbst ändern und sich gute Leistung, Erfolg und das Erreichen des Lebensziels lebhaft vorstellen; dann wird ihr Unterbewußtsein reagieren und sie sozusagen zum Erfolg zwingen, denn das Gesetz, daß das Unterbewußtsein verwirklicht, was man sich bildhaft vorstellt und zutiefst wünscht, wirkt zwingend.

3. Unterlassen Sie jede Selbstverurteilung. Vergessen Sie die Vergangenheit und betrachten Sie mit Ihrem inneren Auge Dinge, die Sie voranbringen und erheben, wie gute Leistung, Triumph und Erfolg. Sie werden das erlangen, was Sie geistig anvisieren.

4. Wenn Sie versucht sind, sich herabzuwürdigen, kehren Sie sofort Ihre negativen Gedanken ins Gegenteil um und bejahen Sie mit Nachdruck das Gute in Ihnen.

5. Sie werden zu dem, was Sie zu sein behaupten – vorausgesetzt natürlich, Sie halten das für wahr, was Sie von sich behaupten. Vorstellungen werden durch Wiederholung, Glauben und Erwartung der Verwirklichung an das Unterbewußtsein weitergegeben.

6. Sagen Sie sich: »Ich weiß, daß ich Erfolg haben kann. Ich werde erreichen, was ich mir vorgenommen habe. Ich werde sein, was ich sein will. Und ich weiß, daß meine ehrliche Entscheidung und tiefe Überzeugung Folgen haben wird. Ich *weiß,* daß das Unterbewußtsein nie versagt und daß von ihm alles, was ich ihm durch mein Denken und Glauben einpräge, zum Ausdruck gebracht und in meinem Leben sichtbar gemacht wird.

7. Wenn Sie Lampenfieber haben, stellen Sie sich vor, daß Sie sehr erfolgreich seien und jemand, den Sie lieben, Ihnen zu Ihrer großartigen Leistung und Selbstsicherheit gratuliert.

8. Sie gehen immer auf Ihre Vision zu, gleichgültig ob Sie in einem Armenviertel oder einem Palast zur Welt gekommen sind. Reich ist man durch das, was man im Inneren ist. Gott sieht die Person nicht an; jedem geschieht gemäß seinem Glauben.

9. Helen Keller verlor in früher Kindheit das Augenlicht und das Gehör und vollbrachte dennoch Wunderdinge – dank des inneren kosmischen Lichts, das sie erleuchtete.

10. Eine wunderbare Erfolgsformel besteht darin, sich voll Gefühl und Nachdruck zu sagen: »Gott offenbart mir bessere Wege, der Menschheit zu dienen.«

11. Werden Sie sich Ihres wahren Wertes bewußt. Erkennen Sie *jetzt sofort,* daß Sie ein besonderer, einmaliger Brennpunkt für die Sichtbarmachung der Kraft Gottes sind.

12. Wenn Sie Minderwertigkeitsgefühle oder zuwenig Selbstvertrauen haben, prägen Sie Ihrem Unterbewußtsein die folgenden Wahrheiten ein, indem Sie sie durch Wiederholung zu Ihrer Denkgewohnheit machen: »Ich ehre und preise Gott in meiner Mitte. Ich habe aufrichtigen, großen Respekt vor dem Göttlichen in mir.« Diese Einstellung baut Selbstvertrauen und Selbstsicherheit auf.

13. Lob stärkt das Selbstvertrauen Ihrer Mitarbeiter oder Kollegen. Loben Sie jeden, wenn er gute Arbeit geleistet hat, und denken Sie daran, daß auf dieser Welt niemand vollkommen ist. Eine solche Einstellung verbannt Nörgelei und aggressive Manieren, die ein Anzeichen von Unsicherheit und Selbstverurteilung sind.

KAPITEL 3

Macht und Kontrolle über das eigene Leben

Die Briefe, die ich von überall her aus dem In- und Ausland bekomme, künden davon, daß die meisten Menschen in ihrem Schicksal und ihrer Vermögenslage starken Schwankungen ausgesetzt sind.

Viele schreiben das. Hier ein Beispiel: »Ein paar Monate lang geht es mir gesundheitlich und finanziell gut, und dann finde ich mich plötzlich im Krankenhaus wieder, oder es passiert mir ein Unfall, oder ich erleide finanzielle Einbußen.« Oder ein anderer Bericht: »Manchmal bin ich glücklich, heiter, voll Energie und Begeisterung; plötzlich dann erfaßt mich eine Welle der Depression. Ich begreife das nicht.«

Derartigen Schwankungen ist man keineswegs hilflos ausgeliefert. Anhand der nachstehenden Fallgeschichten will ich Ihnen erläutern, wie Sie Ihr Schicksal meistern und Tiefpunkte vermeiden können.

Ein vielbeschäftigter Manager lernte, sein Leben zu steuern

Ich habe eben die psychologischen Befragungsgespräche mit einem Manager abgeschlossen, der vor ein paar Monaten den »Gipfel des Erfolges« erreicht hatte, wie er sich ausdrückte, und über dem dann »das Dach eingestürzt« war. Er hatte sein Haus verloren, seine Frau hatte ihn verlassen, außerdem hatte er auf dem Aktienmarkt einen riesigen Verlust erlitten.

Er fragte mich: »Warum bin ich so hoch gestiegen und so plötzlich in den Abgrund gestürzt? Was mache ich falsch? Wie kann ich mein Leben meistern, ohne zermürbendes Auf und Ab?«

Dieser Manager wollte die Wechselfälle des Lebens verhindern und ein ausgewogenes Leben führen. Ich erklärte ihm, er könne sein Leben genauso steuern wie das Auto, mit dem er jeden Morgen in die Firma fahre – unter Einhaltung der Verkehrsvorschriften freilich. Grünes Licht: vorwärts also; man nimmt den Fuß von der Bremse und gibt Gas; bei Rot hält man, bis man weiterfahren kann; schließlich trifft man in göttlicher Fügung an seinem Bestimmungsort ein.

Ich gab dem Manager einen aufbauenden Text an die Hand und dazu die Anweisung, die darin enthaltenen Wahrheiten morgens vor dem Aufbruch in die Firma, mittags nach dem Essen und abends vor dem Einschlafen mit Nachdruck zu bekräftigen:

»Ich weiß, daß ich meine Gedanken und Vorstellungen steuern kann. Ich habe die Kontrolle über meine Gedanken und kann sie auf das konzentrieren, was ich wünsche. Ich weiß, daß es in mir eine göttliche Gegenwart und Kraft gibt, die ich jetzt erwecke und die auf meinen geistigen Anruf reagiert. Mein Geist ist vom Geist Gottes, und in ihm widerspiegle ich immer göttliche Weisheit und göttliche Kraft.

Ich bin selbstsicher, ausgeglichen, heiter und ruhig. Gottes Ideen beherrschen meinen Geist und haben die absolute Kontrolle; ich bin nicht länger gefühlsmäßigen, gesundheitlichen und finanziellen Schwankungen unterworfen. Meine Gedanken und Worte sind stets aufbauend und kreativ. Wenn ich bete, vergegenwärtige ich mir göttliche Wahrheiten voll Liebe und Gefühl; dies verleiht meinen Gedanken und Worten schöpferische Kraft. Göttliche Weisheit wirkt durch mich und offenbart mir alles, was ich wissen muß. Und mich erfüllt Seelenruhe.«

Der Manager machte sich dieses Gebet zur Gewohnheit, indem er es sich im Geiste regelmäßig und systematisch vorsprach. Dadurch erlangte er nach kurzer Zeit seelisch-geistige Sicherheit und Heiterkeit sowie innere und äußere Harmonie. Er leidet nicht mehr an dem Auf und Ab, über das er geklagt hatte, sondern führt jetzt ein ruhiges, harmonisches, kreatives Leben.

In der Bibel heißt es: *Du erhältst stets Frieden nach gewisser Zusage; denn man verläßt sich auf dich* (Jesaja 26, 3).

Eine Lehrerin überwand ihr Gefühl der Verkürzung

Mit folgenden Bemerkungen eröffnete eine Lehrerin, die bei mir Rat suchte, das psychologische Befragungsgespräch oder »Interview«: »Ich bin eine Niete. Ich bin enttäuscht und fühle mich verkürzt. In der Liebe habe ich versagt. Ich bin körperlich und seelisch krank. Ich habe Schuldgefühle und komme mir geistig unfähig vor. Henry Thoreau hatte recht mit der Feststellung, daß die meisten Menschen ein Leben der stummen Verzweiflung führen!«

Die junge Dame war sehr attraktiv, sie war auch intelligent und belesen, aber sie setzte sich wie eben vor mir ständig herab, war voller Selbstablehnung und Selbstverurteilung. Diese tödlichen geistig-seelischen Gifte raubten ihr die Vitalität, jegliche Begeisterung und Energie, machten sie zu einem psychischen und physischen Wrack.

Ich erklärte ihr, daß der Mensch so lange Höhen und Tiefen erlebe, unter Depressionen, Kummer und Krankheit leide, bis er sich entschließe, sein Leben selbst zu steuern und konstruktiv zu denken.

Wenn wir das nicht tun, unterliegen wir dem verhängnisvollen Einfluß des Massendenkens, das sich an Krankheiten, Unfälle, Pech und Unglück klammert. Kein Wunder, daß wir mit einer solchen Einstellung dann das Gefühl haben, äußeren Bedingungen sowie der Willkür unserer Umgebung ausgesetzt und Opfer unserer Herkunft, Erziehung und ererbter Anlagen zu sein. Das Gegenteil trifft zu: unser Geistes- und Gemütszustand, unsere Meinungen und Überzeugungen, durch die wir konditioniert sind, bestimmen unsere Zukunft. Ich erläuterte der Lehrerin, daß ihr augenblicklicher Zustand ganz einfach auf die Macht der Gewohnheit und die Kraft von tausend zerstörerischen Gedanken, Vorstellungsbildern und Gefühlen zurückzuführen sei, die sie sich bewußt und unbewußt zu eigen und im Lauf vieler Jahre zur Gewohnheit gemacht hatte.

»Sie sagten«, fügte ich hinzu, »daß Sie Europa, den Fernen Osten und Nordamerika mehrmals bereisten; aber in *Ihrem Inneren* sind Sie nirgendhin gereist. Sie sind wie ein Liftboy, der klagt: ›Ich fahre den ganzen Tag auf und ab, komme aber im

Leben nirgends hin.‹ Ständig wiederholen Sie dieselben unheilvollen Denkmuster und erliegen zwangsläufig deren schädlichem Einfluß in Ihrem Routineverhalten. Außerdem sind Sie andauernd in seelischer Erregung und Gefühlsauflehnung; Sie grollen Ihren Vorgesetzten sowie den Schülern und dem Schulamt.«

Die junge Frau beschloß, eine entscheidende Kehrtwendung zu machen und sich von der alten Routine zu lösen, um endlich die schönen, befriedigenden, herrlichen Seiten des Lebens an sich zu erfahren. Mehrmals täglich wiederholte sie die nachstehenden Wahrheiten, von dem Wissen erfüllt, daß alles, was sie bewußt akzeptierte, seinen Weg in ihr Unterbewußtsein finden würde und daß sie sich seelisch-geistig auf Erfolg, Glück und Lebensfreude ausrichten konnte.

»Ich werde seelisch und geistig in meinem Inneren reisen und dort in den Tiefenschichten die Schatzkammer unendlicher Kraft entdecken. Ich werde mich entschieden von dem alten Routinedenken und -handeln lösen und eine positive Richtung einschlagen. Ich werde jeden Morgen auf einem anderen Weg zur Schule fahren und auf einem anderen Weg heimkehren. Ich werde nicht länger im Stil der Zeitungsschlagzeilen denken und lasse mich auf die destruktive Ansicht, wir seien Not, Einschränkung, Krankheit, Krieg und Verbrechen ausgeliefert, nicht mehr ein. Ich weiß, daß alles, was ich im Leben tue und erfahre, aus meinem Denken – dem bewußten, das das unbewußte prägt – erwächst. Ich erkenne, daß der Massengeist, wenn ich nicht für mich selbst denke, für mich denkt und mein Unterbewußtsein beeinflußt, was höchst negative, zerstörerische Auswirkungen hat.

In meinem Geist und meiner Seele findet jetzt eine Revolution statt; ich weiß, daß mein Leben durch die Erneuerung meiner geistigen Einstellung verwandelt wird. Ich höre sofort auf, zu schimpfen, mich aufzulehnen und geistig gegen gewisse Zustände zu kämpfen, denn ich weiß, daß eine solche Haltung meine Schwierigkeiten nur vergrößert. Ich bekräftige jetzt voll Freude, daß sich Gott durch mich ausdrückt und daß Gott mich genau dort brauchen kann, wo ich bin, sonst wäre ich nicht dort. Gott wirkt in meinem Leben, was rundum Heiterkeit und Harmonie bedeutet.«

Die Wiederholung dieses Gebets wirkte Wunder im Leben der Lehrerin. Nachdem sie durch aufbauendes, vertrauensvolles Denken ihre innere Ampel von Rot auf Grün umgeschaltet hatte und nun das feste Wissen in sich trug, daß alle geistigen Samen, die sie ihrem Unterbewußtsein einpflanzte, artgetreu daraus hervorsprießen würden, trat die Liebe in ihr Leben: sie heiratete den Direktor des Colleges, an dem sie unterrichtete! Auch beruflich kam sie voran, und sie hat immer wieder beeindruckende seelische Erlebnisse. Darüber hinaus entdeckte sie, daß sie Talent zum Malen besitzt, und malt jetzt, was ihr unerschöpfliche Freuden beschert. Sie hat ihre inneren Möglichkeiten voll entfaltet und erfreut sich ihrer. Wahrlich, Gebete verändern das Leben!

Ein Apotheker baute sein Geschäft neu auf

Der Besitzer einer Apotheke vertraute mir an: »Ich bin völlig am Boden! Wie soll ich wieder auf die Beine kommen? Bei einem Einbruch wurden mir Arzneimittel im Wert von mehreren zehntausend Dollar sowie Bargeld gestohlen, und meine Versicherung deckt den Verlust nur teilweise. Außerdem habe ich auf dem Aktienmarkt ein kleines Vermögen verloren. Wie können Sie erwarten, daß ich angesichts solcher Schläge konstruktive Gedanken habe?«

»Sie können beschließen«, erwiderte ich, »über die Sache zu denken, wie es Ihnen paßt. Ihr Verlust hat nichts mit der Art zu tun, in der Sie darüber zu denken beschließen. Nicht das Leben fügt Ihnen den Verlust zu, sondern die Art, wie Sie denken und reagieren.«

Ich machte dem Apotheker klar, daß die Einbrecher und seine Verluste auf dem Aktienmarkt ihn weder um seine Tage und Nächte bringen könnten noch um seine Gesundheit, noch auch um die Sonne, den Mond und die Sterne, die das tägliche Brot der Seele genannt werden.

Des weiteren erklärte ich ihm: »Sie sind seelisch und geistig reich. Sie haben eine verständnisvolle Frau, die Sie liebt, und zwei prächtige Söhne auf dem College. Niemand kann Ihnen Ihr Wissen über Pharmazie, Medizin, Arzneimittelchemie oder Ihren geschäftlichen Scharfblick und Verstand stehlen – und dies alles sind Reichtümer des Geistes.

Die Diebe haben Ihnen auch Ihr Wissen um die Macht Ihres Unterbewußtseins oder über das Wirken der Ihnen innewohnenden unendlichen Kraft nicht genommen. Es ist unklug, daß sie beim Negativen verweilen. Preisen Sie die Schönheit des Guten! Es ist jetzt an der Zeit für Sie, die Gabe Gottes in Ihrem Inneren zu erwecken und vorwärtszugehen in seinem Licht. Verbünden Sie sich mit Gottes Allgegenwart und Allmacht, die Ihnen die Reichtümer des Lebens vielfach zurückgeben wird.

Machen Sie sich bewußt, daß Sie nichts gewinnen oder verlieren können, außer Sie gewinnen oder verlieren es geistig; geben Sie den Verlust nicht zu, sondern identifizieren Sie sich geistig und gefühlsmäßig mit den sechzigtausend Dollar, die Sie eingebüßt haben. Was Sie geistig als wahr erklären und zutiefst als wahr empfinden, das wird Ihr Unterbewußtsein verwirklichen und für Sie gültig bzw. im Leben sichtbar machen. Dies ist das Gesetz der Aktion und Reaktion, ein universelles, kosmisches Gesetz.«

Der Apotheker war, wie er sagte, guten Willens und betete von nun an täglich. Sein Gebet lautete folgendermaßen:

»Ich bin ständig auf der Hut vor negativem Denken, und sobald mir negative Gedanken kommen, verbanne ich sie energisch. Ich glaube an Gottes unendliche Gegenwart und Macht, die immer für das Gute arbeitet. Und ich glaube an die Güte und Führung Gottes. Ich öffne Geist und Herz für das Einströmen des göttlichen Geistes und verspüre ein immer stärkeres Gefühl von Weisheit, Verständnis und Kraft.

Geistig und gefühlsmäßig habe ich mich mit meinen sechzigtausend Dollar identifiziert, und ich weiß, daß ich nichts verlieren kann, außer ich akzeptiere den Verlust – was ich ganz bestimmt nicht tun werde. Ich weiß, wie mein Unterbewußtsein arbeitet. Es vergrößert immer, was ich in ihm deponiere; darum kommt das Geld zu mir zurück, es regnet reichlich auf mich nieder.

Ich weiß, daß ich nicht länger mit Höhen und Tiefen rechnen muß, sondern ein dynamisches, schöpferisches, ausgewogenes und sinnvolles Leben führen werde. Ich weiß, daß Beten die Betrachtung der Wahrheiten Gottes vom höchsten Standpunkt aus ist. Ich weiß, daß die Gedanken und Vorstellungen, bei denen ich gewohnheitsmäßig verweile, in meinem Geist vorherrschend werden, daß sie alle meine Erlebnisse beherrschen und steuern. Meine

Familie, meine Apotheke und meine sämtlichen Investitionen werden von der alles überspannenden Gegenwart Gottes überwacht, der Schutzmantel Gottes hüllt mich ein und umschließt mich. Ich bin unverwundbar wie durch einen Zauber. Ich weiß, daß äußere Wachsamkeit der Preis für Frieden, Harmonie, Erfolg und Prosperität ist. Da meine Augen unverwandt auf Gott gerichtet sind, gibt es auf meinem Weg nichts Böses.«

Der Apotheker machte es sich zur Gewohnheit, diese ewig gültigen Wahrheiten sooft wie nur möglich zu wiederholen, und sie wurden Teil seiner tiefen, unerschütterlichen Überzeugung. Nach einigen Wochen bereits rief ihn sein Makler an und eröffnete ihm erfreut, daß er dank eines sprunghaften Anstiegs der Silberkurse seine gesamten Verluste wettgemacht hatte. Am gleichen Tag bekam der Apotheker überdies ein großartiges Angebot für ein Grundstück, das er schon seit zehn Jahren besaß; er konnte es für fast sechzigtausend Dollar verkaufen, obwohl er ursprünglich nur fünftausend Dollar dafür investiert hatte.

Dieser Mann erkannte, daß er nicht unter nachteiligen Wechselfällen des Lebens zu leiden braucht, und erfuhr das wunderbare Wirken seiner im Gebet bestärkten Überzeugung.

Der Geist der Masse und die Überwindung seiner negativen Einflüsse

Mit dem »Massengeist« ist jene Mentalität gemeint, in der der Großteil aller vier Milliarden Menschen unserer Erde verharrt. Das Denken aller Menschen mündet in ein Kollektivbewußtsein ein, und man braucht nicht viel Phantasie, um sich vorzustellen, welche Gedanken, Gefühle, Überzeugungen und abergläubischen Ideen sich in diesen Ozean der Negativität ergießen.

Freilich strömen dem Massengeist von seiten von Millionen Menschen auf der ganzen Erde auch positive Gedanken und Gefühle zu – solche der Liebe und Freude, des Vertrauens und guten Willens, der Erwartung des Erfolges, des Triumphes und des Sieges über alle Probleme sowie die Ausstrahlung von Frieden und Freundlichkeit gegenüber der Allgemeinheit. Doch die Menschen mit einer solchen Einstellung des Denkens und Fühlens sind noch weit in der Minderzahl, und das vorherrschende Merkmal des Massengeistes ist tatsächlich Negativität.

Der Massengeist ist von der Erwartung von Unfällen, Krankheiten, Mißgeschicken aller Art, von Kriegen, Verbrechen und Katastrophen aller Art geprägt. Dieser Massengeist verbreitet Angst, und die Kinder der Angst sind Übelwollen, Feindseligkeit, Zorn, Haß und Krankheit.

Deshalb wird jeder, der überhaupt gewillt ist zu denken, leicht erkennen, daß er so lange den verschiedensten Heimsuchungen und Widerwärtigkeiten ausgeliefert bleibt, als er nicht lernt, positiv zu denken, seine Haltung durch das Gebet zu bestärken und dadurch eine schützende Rüstung zu erlangen. Wir alle sind dem Einfluß des Massengeistes ausgesetzt, dem unheilvollen Zauber des Negativen, der Lockung und Macht der rundum propagierten Meinungen der Majorität. Und solange wir nicht klar und eindeutig positiv denken, werden wir den Wechselfällen des Schicksals unterworfen sein, Glück und Unglück erleben, Gesundheit und Krankheit, Reichtum und Armut. Wenn wir uns weigern, für uns selbst vom Standpunkt der ewigen Prinzipien und Wahrheiten Gottes aus zu denken, sind wir nichts als Nummern in der Masse und werden unweigerlich die Extreme des Lebens an uns erfahren.

Übernehmen Sie die vollständige Kontrolle über Ihren Geist, indem Sie konstruktiv denken und sich Schönes und Gutes, Wünschenswertes und Erhebendes vorstellen; wenn Sie das tun, neutralisieren Sie die negativen Einflüsse des Massengeistes, der unablässig unser aller Geist bestürmt. In der Bibel, bei Johannes 12, 32, steht: *Und ich, wenn ich erhöht werde . . ., so will ich sie alle zu mir ziehen;* das heißt, wenn Sie Ihren Geist erhöhen, indem Sie sich mit den ewig gültigen Seinswahrheiten, mit Gesundheit, Frieden, Freude, Liebe und Vervollkommnung identifizieren und sich *diese Identifikation zu einer Gewohnheit machen,* werden Sie aufgrund des Gesetzes der Anziehung die genannten Attribute und Qualitäten Gottes in Ihr Leben bringen.

Nachstehend finden Sie ein ausgezeichnetes Gebet, das Ihnen ermöglichen wird, sich über den Massengeist zu erheben und immun zu werden gegenüber falschen Überzeugungen und zermürbenden Ängsten:

»Gott *ist,* und seine Gegenwart durchströmt mich. Ich bin der Gesundheit, des Friedens und der Freude, der Unversehrtheit, Schönheit und Liebe teilhaftig. Gott denkt, spricht und handelt durch mich. Ich habe auf allen meinen Wegen göttliche Führung. Göttliches rechtes Tun bestimmt mich in allem. Göttliches Recht und göttliche Ordnung beherrschen mein ganzes Leben. Ich bin immer unter dem Schutzschirm der ewigen Liebe Gottes, und das heilende Licht Gottes hüllt mich ein. Wenn sich mein Denken zu Furcht, Zweifel oder Sorge verirrt, weiß ich, daß in mir der Massengeist denkt. Voll Kühnheit bekräftige ich dann sofort: ›Meine Gedanken sind Gottes Gedanken, und Gottes Kraft erfüllt meine guten Gedanken.‹«

Identifizieren Sie sich mit dem Inhalt des obigen Gebets und meditieren Sie darüber, dann werden Sie sich über die Zwietracht, die Wirrnisse und Tragödien des Lebens hinweg emporschwingen. Sie werden nicht länger Höhen und Tiefen ausgeliefert sein, sondern sich eines aktiven, schöpferischen und erfüllten Lebens voller Liebe und Harmonie erfreuen können.

Wie man sich auf das Unendliche einstimmt

Vor mehreren Monaten schrieb mir eine Frau aus Nordkarolina, die Welt »gehe vor die Hunde«, unsere Moral sei auf dem Tiefstand, Korruption mache sich überall breit; Gewalttaten, Verbrechen und Skandale würden die Schlagzeilen beherrschen. Und mutlos fügte sie hinzu: »Wir können jeden Tag durch eine Atombombe ausgelöscht werden. Wie sollen wir uns inmitten all dieser Verderbtheit und Aggression, in dem Sündenpfuhl, in dem wir stecken, auf Gott einstimmen?«

In meinem Antwortbrief schrieb ich, daß sie zwar mit manchen ihrer Feststellungen recht habe, daß es aber in der Bibel heiße: *Darum gehet aus von ihnen und sondert euch ab* . . . (2. Korinther 6, 17). Sie müsse in sich die Fähigkeit und die Kraft wecken, sich über das Negative der Welt zu erheben und an dem Platz, wo sie stehe, ein erfülltes, glückliches Leben zu führen. Sie brauche nur Ausschau zu halten, dann werde sie Tausende von Menschen entdecken, die glücklich und dynamisch, heiter und frei seien, die konstruktiv leben und in vielerlei Weise zum Wohle der Menschheit beitragen würden.

Wir wissen, welche Extreme das Viktorianische Zeitalter kennzeichneten, welche sexuellen Tabus und Beschränkungen damals den Menschen auferlegt waren. Heute sind die Menschen weitgehend dem gegenteiligen Extrem verfallen, wie wir es an der verbreiteten Sittenlosigkeit und sexuellen Libertinage ablesen können. Einst gab es Fabrikhallen, in denen die Menschen – sogar Kinder – unter unvorstellbar harten Bedingungen arbeiteten, bei unzulänglicher Bezahlung, Unterbringung und Verköstigung; tatsächlich waren sie nur eine Art Leibeigene. Heute hat das Pendel in den Vereinigten Staaten und vielen westlichen Industriestaaten nach der anderen Seite ausgeschlagen. Manche Gewerkschaften sind längst nicht mehr die Vertreter des arbeitenden Volkes, sondern tyrannische Machtinstitutionen, die die Wirtschaft ganzer Städte oder gar Staaten lahmzulegen vermögen.

Ein alter hebräischer Spruch lautet: »Ewiger Wechsel ist die Wurzel aller Dinge.« Darum müssen Sie in sich einen Anker finden, damit Sie am Göttlichen »festmachen« und sich darauf ausrichten können. Stimmen Sie sich auf die unendliche Kraft in Ihrem Inneren ein und lassen Sie sich auf allen Ihren Wegen von der göttlichen Gegenwart führen und beherrschen. Sie können göttliche Weisheit in Ihrem Bewußtsein inthronisieren, indem Sie voll Überzeugung erklären, daß Gottes Weisheit Ihren Verstand salbt, eine Lampe vor Ihren Füßen und ein Licht auf Ihrem Pfad ist.

Der besorgten Frau aus Nordkarolina schrieb ich folgendes Gebet auf:

»Ich begreife, daß ich die Welt nicht ändern kann; aber ich weiß, daß ich mich selbst ändern kann. Die Welt hat viele Gesichter, und ich weiß, daß Menschen, die vom Massengeist und seinen triebhaften Instinkten und Ängsten beherrscht werden, Kummer, Unfälle, Krankheiten und das Unglück geradezu anziehen und immer wieder scheitern, bis sie lernen, sich auf die göttlichen Seinswahrheiten einzustellen, die ihre Seele heilen, inspirieren, erheben und erbauen. Mir ist klar, daß der Massengeist von Negativität geprägt ist.

Von diesem Augenblick an kämpfe ich nicht mehr gegen äußere Bedingungen oder Situationen. Ich höre auf, mich gegen Verderbtheit, Korruption und Aggression aufzulehnen. Ich schreibe keine vernichtenden Briefe mehr an Politiker, Schriftsteller, Filmproduzenten und Zeitungsredaktionen. Ich bete vielmehr um richtiges

Tun, um Frieden und Harmonie für alle Menschen. Ich bin auf das Unendliche eingestimmt. Göttliches Recht und göttliche Ordnung walten über meinem Leben. Ich werde von Gott geführt und inspiriert. Göttliche Liebe erfüllt meine Seele, und Wellen des Lichts, Wellen der Liebe, Wahrheit und Schönheit gehen als mächtige geistig-seelische Schwingungen von mir aus, zum Guten aller Menschen und erhebend. Wie es heißt: *Und ich, wenn ich erhöht werde . . ., so will ich sie alle zu mir ziehen* (Johannes 12, 32).«

Neulich rief mich die Frau an und sagte: »Ihr Brief hat mir die Augen geöffnet wie nichts zuvor. Ich bin auf ›Wolke neun‹! Ich weiß jetzt, daß niemand außer mir selber sich ändern muß. Wenn ich auf das Unendliche eingestimmt bin, dann bin ich auf die Gegenwart Gottes in den Herzen aller Männer und Frauen auf Erden eingestimmt!«

In der Bibel heißt es: *Großen Frieden haben, die dein Gesetz lieben; sie werden nicht straucheln* (Psalm 119, 165). Das Gebet, welches das Leben dieser Frau veränderte, kann auch Ihr Leben ändern!

ZUSAMMENFASSUNG

1. Sie können Ihre Gedanken, Vorstellungen, Gefühle und Ihr Handeln im Leben genauso leicht steuern, wie Sie Ihren Wagen in die gewünschte Richtung zu lenken verstehen.

2. Sie können Ihr Denken bewußt auf Ihre Wünsche, Ziele und Bestrebungen richten. Sie sind der Herr Ihrer Gedanken, und Sie schmieden deshalb Ihr Schicksal selbst.

3. Erfüllen Sie beim Beten Ihre Worte mit Überzeugung und Gefühl; dadurch werden sich Ihre Bejahungen schöpferisch verwirklichen.

4. Wir alle erleben so lange Höhen und Tiefen, bis wir entschieden die Kontrolle über unser Leben übernehmen und auf gottgefällige Weise selbst konstruktiv denken; tun wir das nicht, unterliegen wir dem Massengeist, der sich an Krankheiten, Unfälle, Mißgeschicke und Tragödien aller Art klammert.

5. Viele Menschen reisen durch die ganze Welt, gelangen aber in ihrem eigenen Inneren nirgends hin. Reisen Sie seelisch und geistig nach innen, und Sie werden dort in den Tiefenschichten des Geistes die Schätze des Himmels aufspüren.

6. Was Sie im Leben tun und erfahren, erwächst aus Ihrem bewußten Denken und dem von diesem geprägten Unterbewußtsein. Denken Sie Gutes, und Gutes wird daraus erwachsen.

7. Sie können selbst bestimmen, was Sie über irgendeinen Menschen oder eine Angelegenheit denken. Was Sie verloren oder erlitten haben, hat nichts mit der Art zu tun, wie Sie darüber zu denken beschließen.

8. Sie können nichts verlieren, es sein denn, Sie verlieren es geistig, indem Sie sich dem Gedanken an Ihren Verlust überlassen. Identifizieren Sie sich geistig und gefühlsmäßig mit dem, was Sie eingebüßt haben, dann wird Ihr Unterbewußtsein reagieren und es in Ihr Leben bringen.

9. Mit dem »Massengeist« ist jene Mentalität gemeint, in der ein Großteil der vier Milliarden Menschen auf unserem Planeten verharrt. Er ist von guten und schlechten Gedanken geprägt, vorherrschend ist im Massengeist jedoch das Negative – gekennzeichnet von Ängsten, Zweifeln und abergläubischen Vorstellungen, von Eifersucht, Neid, Feindseligkeit und Haß.

10. Sie können sich triumphierend über das Negative der Welt erheben und ein erfülltes, glückliches Leben führen, wenn Sie in Ihrem Geist

Ideen inthronisieren, die Ihre Seele heilen, inspirieren, erheben und erbauen.

11. Stimmen Sie sich auf das Unendliche ein, machen Sie sich bewußt und seien Sie tief überzeugt, daß die unendliche Gegenwart und Kraft Gottes Ihr Leben beherrscht und steuert, dann werden Sie ein ausgewogenes, schöpferisches Leben ohne ständiges Auf und Ab führen.

12. Sie können die triebhaften Instinkte und Ängste des Massengeistes abstreifen, indem Sie Gott in Ihrer Mitte preisen und erkennen, daß Gottes Liebe Ihre Seele füllt und seine Weisheit Sie führt.

KAPITEL 4

Die Freisetzung der unendlichen Kraft zum Segen in jeder Lebensphase

Auf einer meiner Vortragsreisen kam ich einmal auch in die Berge Colorados. Bei dem Essen, das dort nach meinem Vortrag stattfand, meinte mein Gastgeber, die meisten Menschen würden sich übermäßige Sorgen machen und sich durch ihre Lebensangst ein erfülltes, glückliches Leben verbauen.

Er erzählte von einem alten Mann, der in einer nahegelegenen Berghütte gelebt hatte. Den Nachbarn hatte der Mann leid getan; denn er wirkte immer müde, deprimiert, besorgt und einsam. Er hatte geflickte Kleider getragen und ein uraltes Vehikel gefahren, etwa Baujahr 1930. Dem äußeren Anschein nach hatte er weder Geld zum Leben noch Verwandte oder Freunde gehabt. Gelegentlich war er ins Lebensmittelgeschäft gegangen, wo er regelmäßig um altes Brot gebeten, dazu die billigsten Dinge gekauft und mit kleinen Münzen bezahlt hatte, die er jeweils mühselig zusammenzukratzen pflegte.

Als er schließlich mehrere Wochen nicht aufgetaucht war, hatten die Nachbarn nach ihm geschaut und ihn tot in seiner Hütte gefunden. Der Sheriff hatte die Hütte nach Hinweisen auf Verwandte oder seine wirkliche Identität durchsucht und zum Erstaunen aller mehr als hunderttausend Dollar in Bündeln von Fünfundzwanzigdollarscheinen gefunden.

Der Mann hatte offensichtlich früher viel Geld verdient und auch im Alter noch genügend besessen, es aber nicht dazu benutzt, ein schönes Leben zu führen oder irgend jemandem zu helfen. Und er hatte es auch nicht klug angelegt, so daß es ihm Zinsen oder Dividenden eingebracht hätte. Mein Gastgeber sagte, der alte Mann sei offenbar von der Angst besessen gewesen, die Leute könnten von seinem Geld erfahren und es ihm stehlen.

Dieser Mann liefert ein Beispiel für die Folgen negativen Denkens. Obwohl reich genug, blieb ihm versagt, sich und anderen ein gutes Leben zu ermöglichen. Um wieviel Freude und Glück hat er sich gebracht!

Sie haben ein Vermögen zu verteilen

Ihr Inneres birgt die Schatzkammer des Unendlichen, die eine Vielfalt an Kostbarkeiten enthält. Den Schlüssel dazu besitzen Sie – es ist Ihr Denken! Dieses kann Sie viel reicher machen, als es der angstbeherrschte alte Mann gewesen war; es kann Ihnen unbeschreibliche Schätze und in Fülle von allem einbringen, was Sie brauchen.

Sie haben den Schlüssel zur wunderbarsten, herrlichsten Kraft, die es gibt, zur Kraft des Unendlichen in Ihrem Inneren. In der Bibel heißt es: ... *Denn sehet, das Reich Gottes ist inwendig in euch* (Lukas 17, 21).

Denken Sie daran: Die Gotteskraft ist in Ihnen. Der Durchschnittsmensch nutzt diese Kraft nicht – aus Unwissenheit und wegen seinem Verhaftetsein in alten Gewohnheiten. Wenn Sie die Gottesgabe in Ihrem Inneren erwecken, verfügen Sie über Reichtümer, die sich nie erschöpfen, auch wenn Sie unablässig davon austeilen.

Sie können Liebe und Freundlichkeit verschenken, ein Lächeln oder einen fröhlichen Gruß herschenken; Sie können Ihre Mitarbeiter und Angestellten mit Lob und Komplimenten erfreuen; Sie können schöpferische Gedanken und gottgefällige Liebe mit allen Menschen Ihrer Umgebung teilen.

Sie können in Ihren Kindern Gottes Weisheit wohnen sehen und diese bewußt und voll starken Gefühls anrufen; was Sie bejahen und als wirklich und wahr empfinden, wird im Leben Ihrer Kinder erweckt werden. Sie können eine neue schöpferische Idee haben, die ein Vermögen wert ist, und sie der Welt mitteilen, sie mit der Welt teilen – vielleicht eine Erfindung, ein Musikstück, ein Schauspiel, ein Buch, irgendeine Neuerung in Ihrem Geschäft oder Beruf, die Ihnen selbst und anderen zum Segen gereicht.

Bedenken Sie, daß Sie lediglich jene Chancen haben, die Sie sich selbst schaffen. Diese Chancen aber haben Sie Ihr ganzes Leben lang! Beginnen Sie jetzt gleich damit, den unerschöpflichen, unendlichen Vorrat in Ihrem Inneren anzuzapfen, und Sie werden feststellen, daß Sie vorankommen, daß Wohlstand für Sie selbstverständlich wird und daß Sie höher steigen, Gott entgegen.

Wie Sie sich zu Ihren Wunschzielen emporschwingen können

Vor einigen Jahren erzählte während eines Seminars in Los Angeles unsere Kirchenorganistin Vera Radcliffe die ergreifende Geschichte des Klaviervirtuosen Ignac Paderewski, der auf seinem Weg zum Weltruhm zahllose Prüfungen und Widrigkeiten bestehen mußte. Namhafte Komponisten und Musikkapazitäten seiner Zeit hatten ihm erklärt, er habe als Pianist keine Zukunft und solle sich diesen Berufswunsch aus dem Kopf schlagen. Die Professoren am Warschauer Konservatorium, das er besuchte, taten ihr Möglichstes, ihn von seinem Ziel abzubringen, das er nach ihrer Meinung nicht erreichen konnte. Sie behaupteten, seine Finger seien ungünstig geformt, darum sei es gescheiter, er versuche sich als Komponist.

Paderewski beachtete die vernichtenden Kommentare nicht, sondern identifizierte sich mit seinen inneren Kräften. Aufgrund seiner inneren Wahrnehmung wußte er, daß er einen Schatz besaß, welchen er mit Menschen auf der ganzen Welt teilen konnte, nämlich die göttliche Sphärenmusik in sich und die Musik, die er dem Flügel entlockte.

Er übte täglich stundenlang voll Eifer und Begeisterung. Bei vielen seiner Konzerte quälten ihn Schmerzen, und gelegentlich sickerte, wie Frau Radcliffe berichtete, Blut aus seinen verletzten Händen. Doch er ließ nicht locker; *er wußte, daß der Schlüssel zu seinem Triumph im Kontakt mit der göttlichen Kraft in seinem Inneren lag.* Seine Beharrlichkeit machte sich bezahlt.

Im Lauf der Zeit fand Paderewskis musikalisches Genie weltweite Anerkennung; überall huldigten die Menschen diesem Mann, der sein Einssein mit dem großen inneren Musiker – und Erbauer des Universums – gespürt und als wirklich empfunden hatte.

Auch Sie haben – genau wie Paderewski – die Kraft, negative Suggestionen sogenannter Autoritäten abzuwehren, die Ihnen sagen, daß Sie nicht sein können, was Sie gern sein möchten.

Erkennen Sie gleich Paderewski, daß die Gottesgegenwart, die Ihnen Ihren Wunsch eingab und Sie mit Talent ausstattete, auch die Tür für Sie öffnen und Ihnen den perfekten Plan zur Erfüllung Ihres Wunsches enthüllen wird.

Vertrauen Sie auf Ihre innere göttliche Kraft, dann werden Sie feststellen, daß diese Sie heilt, inspiriert und auf den erhabenen Weg zu Glück, Heiterkeit und der Verwirklichung Ihrer Ideale führt.

Wie man mit Ungerechtigkeiten der Welt fertig wird

Bei meinem letzten Aufenthalt auf den Hawaii-Inseln sagte ein jüngerer leitender Angestellter zu mir: »Es gibt keine Gerechtigkeit auf der Welt. Alles ist so unfair. Wirtschaftsunternehmen sind seelenlos, sie haben kein Herz. Ich arbeite hart und bleibe nach Büroschluß oft lange in der Firma, aber befördert werden Männer, die unter mir stehen, und mich übergeht man. Das ist einfach unfair und ungerecht.«

Meine Erklärungen heilten den Mann von seinen erbitterten Gedanken. Ich pflichtete ihm darin bei, daß es auf der Welt Ungerechtigkeiten gebe und daß, wie Robert Burns sagte, »die Unmenschlichkeit des Menschen gegenüber dem Menschen vielen Tausenden Kummer bereitet«. Dann jedoch wies ich ihn darauf hin, daß die Macht des Unterbewußtseins* immer und allezeit ohne Ansehung der Person wirkt und äußerst fair ist.

Ihr Unterbewußtsein nimmt auf, was Ihr Denken, Ihr ständiges, zur Gewohnheit gewordenes Denken, ihm eingibt und einprägt; und es reagiert entsprechend. Die Art, wie Sie die Segel Ihres Lebensschiffes setzen, bestimmt, wohin Ihre Fahrt geht; nicht der Wind! Ihre Gedanken, Vorstellungen und Gefühle – mit anderen Worten: Ihre Einstellung – entscheiden über Erfolg und Aufstieg oder Verlust und Versagen. Das Unterbewußtsein reagiert absolut gerecht und in mathematisch genauer Gesetzmäßigkeit, und Ihre Erfahrungen sind die getreuliche Sichtbarwerdung Ihres gewohnheitsmäßig eingeschliffenen Denkens, Vorstellens und Glaubens.

---

* Siehe auch: *Die Macht Ihres Unterbewußtseins* von Dr. Joseph Murphy, Ariston Verlag, Genf, 23. Auflage 1981.

Ich erläuterte dem jungen Mann das bekannte Gleichnis von den Arbeitern im Weinberg, die alle als Tagelohn einen Groschen erhielten, ob sie nun den ganzen Tag gearbeitet hatten oder ob sie um die dritte, die sechste, die neunte oder gar erst um die elfte Stunde gekommen waren. Als die einen sahen, daß jene, die nur eine einzige Stunde gearbeitet hatten, den gleichen Lohn erhielten, wurden sie eifersüchtig und zornig. Doch sie erhielten auf ihr Murren zur Antwort: ... *Bist du nicht mit mir eins geworden um einen Groschen?* (Matthäus 20, 13).

Was wir tun können, wird in Matthäus 18, 19 klar gesagt: ... *Worum es ist, daß sie bitten wollen, das soll ihnen widerfahren von meinem Vater im Himmel.*

Nach diesen Erläuterungen sagte ich zu dem Mann: »Sie sind voller Groll, Kritik und Verurteilung gegenüber der Firma, die Sie beschäftigt. Diese negativen Suggestionen gelangen in Ihr Unterbewußtsein und bewirken, daß Sie nicht befördert werden und weder eine Gehaltserhöhung noch Anerkennung erhalten.«

Zum Schluß gab ich ihm nachstehende Suggestionsformel, die er jeden Abend anwenden sollte:

»Ich weiß, daß die universellen Gesetze des Geistes gerecht sind und daß alles, was ich meinem Unterbewußtsein einpräge, geradezu mathematisch genau in meiner Umwelt und meinen Lebensumständen sichtbar wird. Ich weiß, daß ich ein Geistesprinzip anwende, und ein Prinzip ist absolut unpersönlich. Vor ihm bin ich allen anderen gleich, das heißt, mir geschieht, was ich glaube. Ich weiß, daß Gerechtigkeit gleichbedeutend ist mit Fairneß, Unparteilichkeit und Rechtmäßigkeit.

Ich erkenne, daß ich voller Groll und Eifersucht gewesen bin, daß ich mich herabgesetzt und verurteilt habe. Ich habe mich seelisch verfolgt, angegriffen und gequält, und ich weiß jetzt um das Gesetz: Wie innen, so außen. Mein Chef und meine Mitarbeiter haben nur objektiv bestätigt, was ich subjektiv gedacht und gefühlt habe.

Was ich geistig voll und ganz akzeptiere, werde ich in meinem Leben erhalten, ungeachtet aller scheinbar ungünstigen Umstände und widrigen Bedingungen, die da existieren mögen. Ich wünsche mir Erfolg und Wohlergehen und Beförderungen für alle meine Mitarbeiter; ich strahle gegenüber allen Menschen Freundlichkeit und Wohlwollen aus. Die Beförderung wird mir zuteil; Erfolg wird mir zuteil; Reichtum wird mir zuteil; rechtes Handeln leitet mich. Während ich diese Wahrheiten voll Überzeugung bekräftige, ist mir bewußt, daß sie in mein Unterbewußtsein – das schöpferisch ist – sinken und daß in meinem Leben Wunder geschehen werden.

Ich stelle mir meine Frau vor, wie sie mir zu der großartigen Beförderung gratuliert. Ich empfinde geistig und gefühlsmäßig die Wirklichkeit all dessen, was ich mir vorstelle. Meine Augen sind geschlossen, ich bin schläfrig, befinde mich in einem passiven, aufnahmebereiten Geistes- und Gemütszustand, aber ich höre die Gratulation meiner Frau, spüre ihre Umarmung und sehe ihre Geste. Ich freue mich und schlafe in dieser Stimmung ein, von dem Wissen erfüllt, daß Gott mich erhören wird, *denn seinen Freunden gibt er's schlafend* (Psalm 127, 2).«

Der Mann vergegenwärtigte sich täglich den Inhalt dieses Gebetes. Auf diese Weise inthronisierte er in seinem Bewußtsein die richtigen Gedanken, Vorstellungen und Gefühle, und sein Unterbewußtsein reagierte entsprechend. Die universellen Gesetze des Geistes sind heute genauso, wie sie gestern waren und morgen sein werden.

Wenige Monate später wurde der noch junge Mann zum Direktor seiner Firma bestellt. Schöner und prompter hätte sich die von ihm erstrebte Beförderung nicht einstellen können.

Eine Frau teilte ihr Vermögen mit anderen und wurde reicher

Vor einiger Zeit führte ich mehrere interessante Gespräche mit einer Kanadierin, für die Geld und Reichtum genauso selbstverständlich sind wie die Luft, die sie atmet. Sie fühlt sich frei wie der Wind. Sie war ein Kind nicht gerade armer, doch keineswegs reicher Eltern. Dennoch sah sie sich immer reich und glücklich und sagte es sich vor: »Ich bin reich; ich bin glücklich; Gott gab und gibt mir reichlich von allen Dingen, damit ich mich an ihnen erfreue.« So lautet ihr tägliches Gebet.

Sie wurde Dollarmillionärin. Mit ihrem Geld gründete und unterstützte sie Colleges und Universitäten, sie schuf Stipendien für begabte Jungen und Mädchen, errichtete in abgelegenen Landesteilen Krankenhäuser und Schwesternschulen. Ihr macht es große Freude, das Geld klug, überlegt und konstruktiv zu verteilen, und obwohl sie soviel weggibt, wächst ihr Reichtum ständig.

Zu mir sagte sie: »Wissen Sie, der alte Spruch, daß die Reichen immer reicher und die Armen immer ärmer werden, ist leider wahr. Den Menschen, die im Bewußtsein von Überfluß und Fülle leben, fließt aufgrund des kosmischen Gesetzes der Anziehung Reichtum zu. Wer aber Armut, Entbehrung und Mangel verschiedenster Art erwartet, lebt im Bewußtsein von Armut und zieht dadurch geistig und gefühlsmäßig immer noch mehr Mangel, Elend und Entbehrung an.«

Das stimmt zweifellos. Viele Menschen, die in ärmlichen Verhältnissen leben, beneiden ihre Nachbarn um deren Reichtum und grollen ihnen deswegen; eine solche Geisteshaltung führt zu noch größerer Knappheit, Beengung und Armut. Diese Menschen blockieren – meist unwissentlich – das Gute in ihnen. Dabei könnten auch sie reich sein und ihr Vermögen mit anderen teilen, wenn sie sich geistig für die große Seinswahrheit öffneten und begriffen, daß sie den Schlüssel zu der Schatzkammer in ihrem Inneren besitzen.

Sein Vermögen lag in Reichweite, aber er sah es nicht

Der Fall, den ich nun schildere, soll Ihnen veranschaulichen, daß jeder Mensch zu einem Vermögen kommen und andere daran teilhaben lassen kann.

Ein Freund von mir, der nach Nordalaska übersiedelte, schrieb vor längerer Zeit, das Leben sei einfach unerträglich. Er glaubte, mit dem Entschluß, sein Glück in Alaska zu suchen, einen tragischen Fehler begangen zu haben. Seine Ehe war völlig zerrüttet. Die Preise in Alaska fand er horrend, überall herrschten nach seinem Eindruck Betrug und Wucher. Als er vor Gericht ging, um sich scheiden zu lassen, geriet er an einen unehrlichen Richter, der ihm ziemlich übel mitspielte. Mein Freund schloß seinen Brief mit der Bemerkung, daß es auf der Welt keine Gerechtigkeit gebe.

Das stimmt natürlich. Wir brauchen nur die Zeitung aufzuschlagen, dann lesen wir von Mord, Diebstahl, Überfällen, Vergewaltigung, Amtsmißbrauch, Korruption an höchsten Stellen, Bestechlichkeit von Richtern und Beamten ... Aber wir müssen immer bedenken, daß alle diese Dinge vom Menschen »geschaffen« wurden und daß der Herr spricht: *Darum gehet aus* [fort] *von ihnen und sondert euch ab* . . . (2. Korinther 6, 17).

Über die vom Massengeist geschürte Grausamkeit und Habgier des Menschen können Sie sich emporschwingen, indem Sie Geist und Seele auf das Prinzip rechten Handelns und absoluter Gerechtigkeit ausrichten, das Sie in sich tragen. Gott ist absolute Gerechtigkeit, absolute Harmonie, grenzenlose Liebe und Freude, unbeschreibliche Schönheit, vollkommene Weisheit und Allmacht. Wenn Sie über diese Attribute Gottes nachdenken und die Wahrheiten Gottes meditierend betrachten, werden Sie die Ungerechtigkeit und die Grausamkeiten der Welt überwinden und unerschütterliche Festigkeit gegenüber allen negativen Vorstellungen und falschen Ansichten erlangen.

Anders ausgedrückt: Sie gewinnen göttliche Immunität – eine Art spirituellen Abwehrstoff – gegen den Massengeist.

Mit dieser Erklärung leitete ich den Antwortbrief an meinen Freund ein. Ich empfahl ihm, an seinem Platz zu bleiben, und äußerte die Vermutung, daß er nur vor seinen Pflichten davonlaufen wolle und einen Fluchtweg suche. Dann schrieb ich ihm folgendes Gebet auf:

»Wo ich bin, da ist auch Gott. Gott, der mir innewohnt, braucht mich hier, wo ich jetzt bin. Die Gottesgegenwart in mir ist unendlich weit und allwissend, sie offenbart mir den nächsten Schritt und erschließt mir die Schätze des Lebens. Ich danke für die Antwort, die ich als intuitives Gefühl oder als spontan in mein Bewußtsein emporsteigende Idee erhalte.«

Der Freund befolgte meinen Rat. Er blieb in Alaska, söhnte sich mit seiner Frau aus, machte Landschaftsaufnahmen in Alaska und Nordkanada und schrieb Stories für Zeitschriften und Fernsehen. Bald hatte er damit ein kleines Vermögen verdient. Ein Jahr später schickte er mir als Weihnachtsgeschenk zweitausend Dollar und schlug vor, ich solle damit in Europa Urlaub machen. Was ich auch tat.

Dieser Mann hat seine innere Schatzkammer erschlossen und ist glücklich geworden. Er hat an sich selbst erfahren, daß für jedermann ein Vermögen in Reichweite liegt.

Ein Professor entdeckte ein Vermögen

Unlängst sprach ich mit einem College-Professor, der sich sehr darüber ärgerte, daß sein Bruder als Fernfahrer doppelt soviel verdiente wie er. Voll Bitterkeit sagte er: »Es ist alles so ungerecht, wir müssen das System ändern. Ich habe sechs Jahre lang hart gearbeitet und gebüffelt, um meinen Doktor zu machen, und mein Bruder hat nicht einmal eine höhere Schule besucht!«

Der Professor leistete auf seinem Fachgebiet Hervorragendes, aber von den Mechanismen des Geistes wußte er nichts. Ich erwiderte auf seine Klage, daß man überall auf solche Unterschiede stoße, daß beispielsweise eine einfache Kellnerin in meinem Lieblingsrestaurant mit den Trinkgeldern auf mehr als dreihundert Dollar in der Woche komme. Dann erklärte ich ihm, daß er dem Massendenken verhaftet sei und was darunter zu verstehen ist.

Der Professor begriff rasch, daß man sich vom Massengeist lösen muß und lösen kann. Auf meinen Vorschlag wendete er die »Spiegelbehandlung« an, das heißt, er stellte sich morgens vor den Spiegel und behauptete: »Ich bin reich. Ich habe Erfolg. Ich werde jetzt höhersteigen.« Jeden Morgen sprach er sich diese Behauptungen etwa fünf Minuten lang vor in dem Wissen, daß sie sich seinem Unterbewußtsein einprägen würden.

Mit jedem Tag fühlte er deutlicher, wie es sein würde, wenn sich seine Vorstellungen verwirklichten. Nach einem Monat erhielt er von einer anderen Universität ein Angebot mit einem Jahresgehalt, das um fünftausend Dollar über seinem bisherigen lag. Plötzlich erwachte in ihm auch der Drang zum Schreiben, sein Manuskript wurde inzwischen von einem namhaften Verlag veröffentlicht, und das Buch dürfte ihm bedeutende Honorare einbringen.

Der Professor hatte erkannt, daß er kein Opfer »des Systems« oder eines Gehaltsplans einer Universität war. Als er die verborgenen Kräfte in seinem Inneren freisetzte, fand er das Vermögen, das für ihn bereitlag.

Der Glauben einer Sekretärin wirkte Wunder für sie

Eine Anwaltssekretärin beklagte sich bei mir: »Ich hab einfach kein Glück. Der Chef und die Kolleginnen im Büro sind gemein und grausam zu mir. Von meinen Angehörigen und Verwandten wurde ich zeit meines Lebens schlecht behandelt. Irgendwie muß mich das Pech verfolgen. Ich tauge nichts.«

Dieser jungen Dame erklärte ich, daß sie geistig zu sich selbst grausam sei, daß ihre Selbstgeißelung und ihr Selbstmitleid auf der äußeren Lebensebene die Verwirklichung ihrer Gefühle zur Folge hätten, daß – mit anderen Worten – die Haltung und das Tun der Menschen in ihrer Umgebung lediglich ihrem Gemütszustand entsprächen und diesen bestätigten.

Die Sekretärin wurde sich ihres falschen Glaubens bewußt. Auch erkannte sie: *Glaube, wenn er nicht Werke hat, ist er tot an ihm selber* (Jakobus 2, 17).

Was ist Glaube? *Es ist aber der Glaube . . . ein Nichtzweifeln an dem, was man nicht sieht* (Hebräer 11, 1). Glaube ist ein Bild, das man sich (da man es nicht sieht) geistig macht und das zu gegebener Zeit Gestalt annehmen und im Leben sichtbar werden wird. Jedes geistige Bild, an dem man festhält, kommt zwangsläufig im Leben zum Vorschein.

Statt sich selbst zu bestrafen, visierte nun die Sekretärin das Gute an. Sie stellte sich vor, daß ihr Arbeitgeber sie zu ihrer ausgezeichneten Leistung beglückwünsche und ihr eine Gehaltszulage ankündige. Ihm und ihren Kolleginnen gegenüber strahlte sie Liebe und Freundlichkeit aus.

Nachdem sie dieses geistige Bild einige Wochen lang mehrmals täglich vor ihrem inneren Auge heraufbeschworen hatte, gratulierte ihr der Chef nicht nur zu ihrer guten Arbeit, sondern machte ihr auch – zu ihrer grenzenlosen Verblüffung – einen Heiratsantrag! In wenigen Stunden (dieses Kapitel wird dann eben zu Ende geschrieben sein) werde ich die große Freude erleben, die beiden trauen zu dürfen.

Die junge Frau hat den Schlüssel zur Schatzkammer in ihrem Inneren gefunden. Ihr Glaube war tatsächlich *ein Nichtzweifeln an dem, was man nicht sieht.*

Zusammenfassung

1. Ihr Glück beginnt bei Ihnen selbst. Ihr Denken und Ihr Fühlen gestalten Ihr Schicksal. Die unendliche Gotteskraft ist in Ihrem Unterbewußtsein beschlossen, und Sie besitzen den Schlüssel zu dieser inneren Schatzkammer: Ihr Denken und Glauben.
2. Aus Ihrem Unterbewußtsein können Sie Ideen hervorholen, die ein Vermögen wert sind. Rufen Sie die unendliche Weisheit an, die Ihnen innewohnt, und bitten Sie um schöpferische Ideen, dann werden Sie solche erhalten. *Bittet, so wird euch gegeben.*
3. Mit Ausdauer, Beharrlichkeit und Entschlossenheit können Sie Ihr höchstes Berufsziel oder Ihr Ideal im Leben erreichen. Richten Sie Ihren Blick nach oben! Vertrauen Sie der Ihnen innewohnenden Gottesmacht, die unfehlbar ist.
4. Die Art, wie Sie die Segel setzen, bestimmt die Richtung, in die Ihr Lebensschiff fährt, nicht der Wind. Ihre innersten Gedanken, Vorstellungen und Gefühle bestimmen Ihre Zukunft. Dies ist die Gerechtigkeit der universellen Gesetze des Geistes. Vergessen Sie das Unrecht und die Ungerechtigkeiten der Welt des Massengeistes.
5. Wenn Sie damit einverstanden sind, für »einen Groschen am Tag« zu arbeiten, dann wird das Leben Ihnen nur diesen Groschen bescheren.
6. Was Sie Ihrem Unterbewußtsein einprägen – ob Gutes oder Schlechtes –, wird als Form, Funktion, Erfahrung und Ereignis in Ihr Leben treten.
7. Erkennen Sie, daß Gott Ihnen reichlich von allen Dingen gab und gibt, damit Sie sich an ihnen erfreuen. Erbitten Sie diese Gaben, und es werden sich Schätze in Ihr Leben ergießen. Je mehr Sie geben, desto mehr werden Sie erhalten.
8. Auf Sie wartet genau dort, wo Sie sind, ein Vermögen. Sie können alle Beschränkungen der Welt und jede Not überwinden, indem Sie geistig und gefühlsmäßig mit den guten Dingen eins werden, die Sie ersehnen; Ihr Unterbewußtsein wird entsprechend reagieren.
9. Wenn Sie mehr Geld verdienen und ein Leben in Reichtum und Überfluß führen wollen, müssen Sie aufhören, sich mit anderen zu vergleichen und andere um ihr Vermögen oder ihre Erfolge zu beneiden.
10. Setzen Sie Ihr unerschütterliches Vertrauen darauf, daß die Vorstellung, die Sie als Bild im Geist tragen, Gestalt annehmen wird.

KAPITEL 5

Führung durch außersinnliche Wahrnehmung (ASW) und die Stimme der Intuition

Eine der verblüffendsten Gaben des Menschen ist das Vorherwissen oder die Fähigkeit, ein künftiges Ereignis vorauszusehen, bevor es auf der materiellen Ebene des Lebens geschieht. Die Parapsychologen bezeichnen dieses Phänomen der außersinnlichen Wahrnehmung (ASW) als Präkognition. Ich selbst habe schon mehrmals Ereignisse wahrgenommen, die erst Tage, Wochen oder sogar Monate später eingetroffen sind.

Im Januar 1967 beispielsweise besuchte mich ein Freund, der Geistlicher ist; er schlug vor, ich solle für Mai dieses Jahres eine gemeinsame Vortragsreise ins Heilige Land arrangieren. Ich versprach, mir die Sache zu überlegen und ihm Bescheid zu geben.

Am Abend im Bett betete ich folgendermaßen: »Die unendliche Weisheit, die mir innewohnt, ist allwissend und enthüllt mir die richtige Entscheidung in der Frage, ob wir eine Reise nach Israel, Jordanien usw. machen sollen.«

In der Nacht hatte ich einen lebhaften Traum. Ich sah Zeitungsschlagzeilen mit dem Wort Krieg und ein heftiges Panzer- und Luftgefecht zwischen den Israelis und den Arabern. Dies war zweifellos eine Vorausschau auf jenes Kriegsgeschehen, das fünf Monate später entfesselt wurde. Am Morgen rief ich meinen Freund an und erzählte ihm den Traum. Es klingt seltsam, aber er hatte einen ganz ähnlichen Traum gehabt! Auch er hatte um göttliche Führung gebetet.

Wir gaben daraufhin den Reiseplan auf. Die nachfolgenden Ereignisse – der arabisch-israelische Juni-Krieg – bewiesen die Zuverlässigkeit unserer Traumvision. Dabei war man damals (1967) an kriegerische Auseinandersetzungen im Nahen Osten nicht gewöhnt wie heute.

Ihre Zukunft ist schon jetzt in Ihrem Geist

Der Geist eines jeden Menschen ist geprägt von Erfahrungen, Meinungen, Überzeugungen, Impressionen und Vorstellungen – guten wie schlechten. Den kosmischen Gesetzen des Geistes zufolge wird sich alles, was wir geistig und gefühlsmäßig akzeptieren und glauben, das heißt für wahr halten, in unserem Leben konkretisieren.

Wäre es uns möglich, den Inhalt des Unterbewußtseins von Freunden irgendwie zu fotografieren, könnten wir deren Zukunft vorhersagen und die Ereignisse ermitteln, die im Leben eines jeden von ihnen geschehen werden. Das können wir nicht; jedoch hat Dr. J. B. Rhine von der Duke-Universität in Durham als einer der Pioniere der Parapsychologie die außersinnliche Wahrnehmung (ASW) erforscht, also Telepathie und Hellsehen, dies auch in die Zukunft (Präkognition, Vorauswissen, Zukunftsschau) und in die Vergangenheit (Retrokognition), und deren Phänomene in zahllosen Laborexperimenten bewiesen, die wissenschaftlich belegt sind.

Ein Mensch mit starker Intuition, ein guter Sensitiver, ein Medium können den Inhalt Ihres Unterbewußtseins anzapfen und die Erfahrungen und Ereignisse – gute wie schlechte –, die Ihnen im weiteren Leben bevorstehen, wahrnehmen. Der Grund dafür ist, daß alles, was Sie erleben, zuerst einmal in Ihrem Geist vorbereitet, sozusagen vorgefertigt vorhanden ist – wie bei einem Architekten, der ein neues Gebäude ja auch zuerst im Kopf errichtet.

Die außersinnliche Wahrnehmung wird gefördert durch einen entspannten, aufnahmebereiten und nach innen gekehrten Geisteszustand. In diesem Zustand vermögen sensitive Menschen am besten das Unterbewußtsein eines anderen Menschen anzuzapfen und dessen Inhalt zu enthüllen oder – anders ausgedrückt – sich auf die Ansichten, Ängste, Komplexe, Pläne und Wünsche der anderen Person einzustimmen und daraus Voraussagen über Gesundheit, Geschäfte, Liebe usw. abzuleiten – mehr oder weniger richtig. Sie müssen freilich bedenken, daß ein Medium alles, was es sieht oder fühlt, durch den Inhalt seines eigenen Bewußtseins filtert und damit färbt. Darum fallen die Ergebnisse bisweilen recht unterschiedlich aus. Verlassen Sie sich lieber auf Ihre eigene innere Wahrnehmung und auf Ihre eigenen Intuitionen.

Ein Wahrtraum bewahrte ihn vor großem finanziellen Verlust

Ein angesehener Immobilienmakler, mit dem ich befreundet bin, erzählte mir, daß er seit jeher abends vor dem Schlafengehen über Psalm 91 meditiere und um göttliche Führung, Schutz und rechtes Handeln bei allen seine Unternehmungen bitte. Anfang des Jahres 1966 hatte er eines Nachts einen lebhaften Traum, in dem er Schlagzeilen einer Lokalzeitung sah, die von einem gewaltigen Kurssturz kündeten. Danach empfand er den mächtigen, geradezu überwältigenden Drang, seine sogenannten mündelsicheren Papiere, in die er vierhunderttausend Dollar investiert hatte, zu verkaufen; es war, als befehle ihm eine innere Stimme den Verkauf.

Er gab dem Drang nach und verkaufte am nächsten Tag vor Börsenschluß diese Papiere. Nur einen Tag später fand ein ungeheurer Kurssturz statt; die verkauften Papiere erreichten bis heute den alten Stand nicht wieder, einige blieben sogar zwanzig oder dreißig Punkte darunter. Der Freund bewahrte sich vor einem riesigen Verlust. Inzwischen hat er manche der Aktien zu einem weit niedrigeren Kurs zurückgekauft und damit erneut ein kleines Vermögen gemacht.

Sein Kommentar lautete: »Ich habe ein Vermögen gerettet und ein neues Vermögen gemacht.« Er hatte das Ereignis gesehen, noch bevor es eintrat, und auf die Stimme seiner Intuition gehört. Intuition ist eine Art »Belehrung von innen«.

Das Vorherwissen einer Mutter rettete den Sohn

Während des Vietnamkriegs bat mich eine völlig erschöpfte Frau, deren Sohn als Pilot bei der Luftwaffe diente, um Rat. Sie war mit den Nerven am Ende, denn seit mehr als einer Woche hatte sie einen wiederkehrenden Traum, der sie schier verzweifeln ließ. Sie träumte, das Flugzeug ihres Sohnes brenne, er rufe nach ihr und flehe um Hilfe, stürze dann aber mit seiner Maschine ins Meer. Sie war überzeugt, ihr Sohn sei ertrunken.

Aus diesem quälenden Traum erwachte sie jeden Morgen, und tagsüber quälten sie Ängste und schlimmste Vorahnungen.

Ich erklärte der verzweifelten Mutter, daß der Traum zweifellos eine Warnung vor drohendem Unheil sei und daß sie, da sie unterbewußt auf ihren Sohn eingestimmt sei, dessen unbewußte Angst vor der Gefahr wahrgenommen habe. Das Unheil sei bestimmt noch nicht passiert, da sie ja keine offizielle Benachrichtigung erhalten habe; außerdem kehre ihr Sohn ihr im Traum Nacht für Nacht wieder, das deute doch eher darauf, daß er ankündige, was erst geschehen solle. Ich empfahl ihr, um das Unheil zu verhindern, zu beten. Sie möge die höchste, erhabenste Vorstellung von Gott und seiner Liebe in sich lebendig machen.

Sie vergegenwärtigte sich nun so oft wie möglich Gottes grenzenlose Weisheit, Allmacht und Liebe, vollkommene Harmonie und Freude. Tatsächlich überantwortete sie ihren Sohn Gottes liebender Fürsorge und war nun überzeugt, daß der junge Mann unter dem Schutz des Allmächtigen stehe. Sie stellte sich ihren Sohn vor, wie er glücklich, fröhlich und frei zu Hause eintraf, sie fühlte seine Umarmung, ihre Freude.

Beharrlich hielt sie an ihrer Überzeugung fest, und plötzlich hatte sie den Alptraum nicht mehr. Ihr Gefühl für ihren Sohn hatte sich von Furcht in gläubiges Vertrauen auf seine Unversehrtheit gewandelt, in die Überzeugung, daß er kraft göttlichen Schutzes gerettet sei.

Ein paar Wochen danach, als sie gerade das Mittagessen zubereitete, ging die Tür auf, ihr Sohn kam herein und schloß sie in die Arme. Er war aus Vietnam zurückgekehrt und hatte sie überraschen wollen. »Mutter«, sagte er, »ich weiß nicht, wieso ich noch lebe! Mein Flugzeug wurde angeschossen, stürzte ab, fing aber nicht Feuer. Etwas ganz Phantastisches passierte: ich wußte, daß die Maschine abstürzte, aber ich hatte keine Angst. Ich hörte deine Stimme ganz deutlich sagen: ›Gott wacht über dich‹, und ich spürte, daß mir keine Gefahr drohte.«

In der Bibel heißt es: *Denn er hat seinen Engeln befohlen über dir, daß sie dich behüten auf allen deinen Wegen* (Psalm 91, 11).

Eines wird aus dieser Begebenheit klar erkennbar: Die Mutter stand telepathisch mit ihrem Sohn in Verbindung, denn im Geist gibt es weder Zeit noch Raum, und sie hatte durch Beten ihr

Gemüt von Angst befreit, indem sie ihren Sohn unter den Schutz Gottes und seine Liebe stellte. Ihr Glaube und ihr Vertrauen waren dem Sohn übermittelt worden, und er hatte die Beglückung erlebt, die ein erhörtes Gebet beschert.

Das Gebet im Traum eines Vaters bewahrte den Sohn

Der New Yorker Korrespondent einer bedeutenden Zeitung schrieb mir folgenden Brief:

»Lieber Herr Dr. Murphy, es ist mir fast unmöglich zu sagen, wie unendlich dankbar ich bin. Die Lektüre der *Gesetze des Denkens und Glaubens** hat mich zutiefst beeindruckt. Ich habe die einzelnen Kapitel genau studiert und dadurch beten gelernt. Das erwies sich für mich als Offenbarung!

Einer meiner Söhne fuhr Ferntransporte zwischen New York und Chicago. Vor ein paar Wochen nun sah ich eines Nachts im Traum seinen Laster einen Berg hinauffahren, und mein Sohn schien zu schlafen. Rechts war eine steile Felswand und auf der anderen Seite ein tiefer Abgrund. Plötzlich prallte der Laster an die Felswand und kippte um. Im Traum sagte ich: ›Gott wacht über ihn, Gott sorgt für ihn, Gott liebt ihn.‹

Dann wachte ich auf, vor Angst zitterte ich am ganzen Leib. Ich schlug die Bibel auf und las laut Psalm 91, den Psalm von des Höchsten Schutz; etwa eine halbe Stunde betete ich für meinen Jungen, ich begann mit: ›*Er* sitzt unter dem Schirm des Höchsten ... *Er* bleibt unter dem Schatten des Allmächtigen ...‹ und so fort. Allmählich überkam mich ein Gefühl des Friedens.

Später in der Woche kehrte mein Sohn zurück und berichtete, er sei während des Fahrens eingeschlafen, der Laster sei umgekippt, und er sei unter dem Fahrzeug zwischen den Rädern gelegen, wie durch ein Wunder gerettet und ohne Schramme. Da erzählte ich ihm von meinem Traum und meinem Gebet in dem Traum. Er dankte mir. ›Dein Gebet hat mir das Leben gerettet!‹ Seither betet auch er.«

* Ebenfalls von Dr. Joseph Murphy; deutsch erschienen im Ariston Verlag, Genf, 7. Auflage 1980.

Beten verändert tatsächlich Dinge, das bestätigen zahllose Erfahrungen. Mit Beten meine ich die Betrachtung der Wahrheiten Gottes vom höchsten Standpunkt aus und das Meditieren über diese Wahrheiten. Durch konstruktives Denken gemäß den universellen Prinzipien können Sie alle negativen Inhalte in Ihrem Geist ändern und dann ein Leben führen, das wie durch Zauber geschützt ist. Anders ausgedrückt: Indem Sie sich mit den Wahrheiten Gottes identifizieren, können Sie alles, was den Attributen Gottes nicht ähnlich ist, neutralisieren und auslöschen. Dann sind Sie gegen unheilvolle Erfahrungen gefeit und durchströmt von einem goldenen Fluß der Harmonie und der Liebe; dann berühren Sie die Wirklichkeit – Gott –, wie es in dem vorstehend geschilderten Fall der Vater tat, als er für seinen Sohn betete.

Über Nacht löste sich sein Problem

Ein Arzt-Freund von mir, der ein Buch schrieb, benötigte dafür Angaben über eine Medizin aus dem alten Babylon. Er meinte, in einem New Yorker Museum müsse die gewünschte Information zu finden sein, aber er lebt in Los Angeles und konnte damals unmöglich nach New York fahren.

Ich empfahl ihm, abends vor dem Einschlafen in entspanntem Zustand seine Aufmerksamkeit abzuschalten und voll Überzeugung zu beten: »Die mir innewohnende unendliche Weisheit kennt die Antwort und liefert mir die Informationen, die ich für mein Buch brauche.«

Mit dem Wort »Antwort« auf den Lippen schlief er ein. Noch in derselben Nacht erhielt er im Traum die Anweisung, das Antiquariat einer bestimmten Buchhandlung aufzusuchen. Am nächsten Tag ging er dorthin, wanderte den Stellagen entlang, und das erste Buch, das er in die Hand nahm, enthielt die gesuchten Angaben.

Die innere Stimme rettete Menschenleben

Während des Vietnamkriegs sprach ich einmal bei einem Bankett. Neben mir saß ein junger Offizier, der eben aus Vietnam zurückgekommen war; er erzählte mir ein faszinierendes Erlebnis.

Er hatte den Befehl erhalten, mit dem Jeep ins Hauptquartier zu fahren und eine Nachricht zu überbringen. Begleitet wurde er von einem Unteroffizier. Während er auf der Straße dahinraste, hörte er plötzlich laut und klar die Stimme seiner Mutter: »Halt an, John! Halt! Halt!« Er trat auf die Bremse und hielt an. Sein Kamerad fragte: »Warum hältst du? Was ist los?« Er erwiderte: »Hast du nicht die Stimme ›Halt! Halt!‹ rufen hören?« Sein Kamerad hatte nichts gehört.

Die beiden stiegen aus, untersuchten den Jeep und stellten fest, daß sich ein Rad gelockert hatte. Wären sie ein paar Meter weiter gefahren, hätten sie zweifellos das Rad verloren und wären in den Abgrund neben der Straße gestürzt.

Die Mutter des Offiziers lebte in San Francisco und hatte während seines Fronteinsatzes abends, morgens und auch tagsüber regelmäßig für ihn gebetet: »Gottes Liebe und die ganze Rüstung Gottes beschützen meinen Jungen.«

Dem Offizier wurde durch unser Gespräch klar, daß die Stimme, die er »aus dem Nichts« gehört hatte, eine Warnung aus seinem eigenen Unterbewußtsein gewesen war, das ihn zu schützen versucht und zweifellos vom Gebet seiner Mutter erreicht worden war.

In Zeiten großer Gefahr können Sie erleben, daß in Ihnen die Stimme eines Menschen aufklingt, dem Sie gehorchen, weil Sie ihm vertrauen und ihn lieben. Ihr Unterbewußtsein wird immer nur mit einer Stimme zu Ihnen sprechen, auf die Ihr *Bewußtsein* sofort hört. Deshalb könnte es nie die Stimme eines Menschen wählen, dem Sie mißtrauen oder den Sie nicht mögen.

Ein wirksames Schutzgebet

Es kann vorkommen, daß Sie einen Warntraum haben, mit dem das starke intuitive Gefühl einhergeht, daß Ihnen selbst oder einem geliebten Menschen Gefahr droht. Einen solchen Traum sollten Sie nicht als Phantasieprodukt oder harmlose Halluzination abtun.

Beten Sie nach einer solchen Vorwarnung folgendermaßen und sprechen Sie, wenn Sie für jemand anderen beten, dessen Namen aus:

»Ich erkenne, daß Gott die einzige Gegenwart und Macht ist; und ich weiß, das Gottes Gegenwart nichts anderes ist als Liebe, Güte, Frieden, Vollkommenheit und Harmonie. Gottes innerer Frieden durchströmt mich jetzt. Ich erfasse seine vollkommene Ordnung, die *ist* und immer war. Ich stehe unter dem Schutz Gottes, und Gott sieht mich heil und unversehrt. Die ganze Rüstung Gottes umschließt mich, umgibt mich, hüllt mich ein, und Gott ist auch gegenwärtig in mir.«

Bekräftigen Sie die Wahrheiten dieses Gebets, harren Sie aus im Gebet, bis die Wolke sich verzieht und die Last von Ihnen genommen wird. Gehen Sie bewußt eine Einheit mit der Ihnen innewohnenden Gegenwart des Göttlichen ein, dann sind Sie unter sicherem Schutz.

. . . *Alles, was ihr bittet in eurem Gebet, glaubet nur, daß ihr's empfangen werdet, so wird's euch werden* (Matthäus 11, 24).

Zusammenfassung

1. Eine der verborgeneren Eigenschaften Ihres Geistes ist die Fähigkeit, künftiges Geschehen vorauszusehen, oft im Traum oder in einer nächtlichen Vision.

2. Sie können immer um besondere Führung durch Ihr Unterbewußtsein bitten, wenn Sie etwas unternehmen wollen, an dem Ihnen viel liegt.

3. Die Zukunft ist bereits jetzt in Ihrem Geist beschlossen, sozusagen vorgefertigt, weil alle in Ihrem Unterbewußtsein gespeicherten Überzeugungen, Meinungen und Eindrücke in Ihrem Leben ihren Niederschlag finden werden.

4. Dr. Rhine von der Duke-Universität in Durham bewies in wissenschaftlich belegten Experimenten die Echtheit der verschiedenen Phänomene der außersinnlichen Wahrnehmung, kurz ASW genannt, das heißt der Telepathie und des Hellsehens, auch in die Zukunft (Präkognition) und in die Vergangenheit (Retrokognition).

5. Ein Sensitiver kann Verbindung mit dem Inhalt Ihres Unterbewußtseins und Ihres Bewußtseins aufnehmen bzw. sich »darauf einstimmen« und daraus Vorhersagen ableiten.

6. Es kann sein, daß Sie von verschiedenen Sensitiven unterschiedliche Deutungen erhalten, da das Wahrgenommene durch deren eigene Mentalität gefiltert und in deren eigene Sprache übersetzt wird.

7. Ihre Intuition läßt sich sehr weit entwickeln, wenn Sie regelmäßig bekräftigen, daß die unendliche Weisheit Gottes Sie auf allen Ihren Wegen führt.

8. Träumen Sie, daß einer Ihrer Angehörigen sich in Gefahr befindet, sollten Sie unbedingt für ihn beten. Lassen Sie sich dabei von der Erkenntnis leiten, daß dort, wo Ihr Verwandter ist, auch Gott ist, daß Gottes Liebe, Licht und Macht ihn beschützen und über ihn wachen. Mit Beten können Sie Tragödien verhindern.

9. Sie stehen telepathisch mit Ihren geliebten Angehörigen in Verbindung und können sie durch Ihre Gebete heilen, segnen und beschützen.

10. Wenn Sie einen lebhaften Warntraum haben, sollten Sie so lange die großen Wahrheiten von Psalm 91 lesen und dabei den Namen des oder der Bedrohten nennen, bis Sie in einen Gemütszustand inneren Friedens geraten sind, der einem Ruhen in Gott gleichkommt.

11. Beten verändert den Inhalt Ihres Unterbewußtseins und des Unterbewußtseins des Menschen, für den Sie beten. Füllen Sie Ihr Bewußtsein mit den Wahrheiten Gottes, dann löschen Sie in Ihrem Unterbewußtsein alle negativen Inhalte aus.

12. Es kann geschehen, daß Sie klar und deutlich die Stimme Ihrer Mutter hören, obwohl zehntausend Kilometer Sie von ihr trennen. Ihr Unterbewußtsein wählt eine Stimme, auf die Sie sofort hören und der Sie gehorchen.

13. Sie können sich in jeder Lage wirksam schützen, indem Sie sich Gottes Gegenwart bewußtmachen und erkennen, daß Gottes Gegenwart die Gegenwart von Ordnung und Harmonie ist, von Frieden und Freude, von Liebe und Vollkommenheit.

Antworten in bedeutungsvollen Träumen und aufgrund außerkörperlicher Erfahrungen (AKE)

In der Bibel heißt es: *Im Traum, im Nachtgesicht, wenn der Schlaf auf die Leute fällt, wenn sie schlafen auf dem Bette, da öffnet er das Ohr der Leute, und schreckt sie auf durch Warnungszeichen* (Hiob 33, 15–16).

Und Gott befahl ihnen im Traum, daß sie sich nicht sollten wieder zu Herodes lenken; und sie zogen durch einen anderen Weg wieder in ihr Land (Markus 2, 12).

Die Bibel ist voll von Berichten über Träume, Visionen, Offenbarungen und Warnungen im Schlaf. Wenn Sie schlafen, ist Ihr Unterbewußtsein überaus wach und aktiv, da es nie schläft. Sie werden sich erinnern, daß Joseph die Träume des Pharao richtig deutete und daß diese dann eintrafen. Josephs Erfolg in der Zukunftsvorhersage brachte ihm Achtung und Anerkennung seitens des Königs ein.

Wenn Sie träumen, ist Ihr Bewußtsein ausgeschaltet: es schläft. Ihr Unterbewußtsein spricht gewöhnlich in symbolischer Form zu Ihnen. Darum gibt es seit Urzeiten Traumausleger oder -deuter. Bekanntlich befassen sich heutzutage auch viele Psychologen, Psychiater und Psychoanalytiker der Schulen Freuds und Jungs sowie eklektische Psychotherapeuten ernsthaft mit dem Studium von Träumen und versuchen sie für ihre Patienten zu deuten. Oft führt die Erklärung von Träumen zur Aufdeckung von seelischen Konflikten, Ängsten, Komplexen und anderen Gemütsstörungen.

Alle Ihre Träume sind Dramatisierungen, die Ihr Unterbewußtsein vornimmt. In vielen Fällen will es Sie damit vor drohender Gefahr warnen. Einige Träume sind zweifellos präkognitiver Natur und künden Zukünftiges richtig an. In anderen Träumen erhalten Sie Antworten auf Ihre Gebete. Alle negativen Geschehnisse, die in Träumen angedeutet werden, lassen sich ändern und sind keineswegs unvermeidlich!

Ihr Unterbewußtsein offenbart Ihnen in seiner Traumnatur die Natur der Impressionen oder Eindrücke, die es empfangen hat, und gibt Ihnen aufschlußreiche Hinweise über Ihr Leben. Wissenschaftliche Analysen von Träumen haben erbracht, daß die Symbole, deren sich das Unterbewußtsein eines Menschen bedient, abgesehen von einigen archetypischen Sinnbildern, rein persönlich sind und nur für diesen einen Menschen gelten; dasselbe Symbol, das im Traum eines anderen Menschen erscheint, kann dort eine völlig andere Bedeutung haben.

Kurz, Ihr Traum ist persönlich und gilt nur für Sie, auch wenn er Ihre Beziehung zu einem anderen Menschen zum Inhalt haben sollte.

Die Deutung eines interessanten Traums

Vor ein paar Monaten kam eine Studentin, die mein (bereits zitiertes) Buch *Die Macht Ihres Unterbewußtseins* gelesen hatte, zu einem Interview zu mir. Irgendwann im Lauf des Gesprächs sagte sie: »Ich hatte drei Nächte hintereinander einen Traum, in dem ich an einem Bankett für Gouverneur Rockefeller in New York teilnahm, sogar neben ihm saß und Ehrengast war. Was bedeutet das?«

Ich erklärte ihr, daß dies ihr Wunschtraum sei und die Deutung für sie einen Sinn ergeben müsse. Ich fragte sie, was die Teilnahme an einem Bankett mit Rockefeller für sie bedeute. Ohne zu zögern, antwortete sie, dies symbolisiere für sie Reichtum, Ansehen, Ehre und Anerkennung. Ich sagte, es könne sehr gut sein, daß ihr Unterbewußtsein ihr eine besondere Ehrung und Anerkennung, vielleicht auch Geldsegen ankündige. Sie pflichtete mir bei, schien das durchaus für denkbar zu halten.

Zwei Wochen später gewann sie ein Stipendium, das ihr ein Studium in Frankreich ermöglichte; außerdem starb ihre Großmutter und vermachte ihr fünfzigtausend Dollar für ihre Ausbildung und persönliche Verwendung. Und sie wurde zum Bankett anläßlich der Amtseinführung von Gouverneur Reagan eingeladen, das sie auch besuchte und wo sie interessante Bekanntschaften machte.

Wie Sie sehen, hat die Studentin den Traum nicht wörtlich genommen. Die geschulte Vorstellungskraft des Menschen, in der Bibel von »Joseph« verkörpert, kann den Traum seiner äußeren Form entkleiden und die hinter Symbolen verborgene Idee erfassen.

Eine Frau wurde im Traum zu dem Haus geführt, das sie sich wünschte

Eine verheiratete junge Frau aus Beverly Hills hatte in sechs aufeinanderfolgenden Nächten den gleichen Traum. Sie ging durch das Haus, das sie kaufen wollte, lernte die Bewohner kennen, streichelte den Hund, sprach mit dem spanischen Dienstmädchen in dessen Sprache und schaute sich alle Räume an, auch den Dachboden und die Garage.

Am darauffolgenden Sonntag machte sie nach der Kirche mit ihrem Mann eine Fahrt, und bei Brentwood sah sie plötzlich das Haus, von dem sie geträumt hatte, mit einem Schild davor: »Zu verkaufen durch den Eigentümer, frei zur Besichtigung.« Sie ging mit ihrem Mann hinein. Der Hausbesitzer, seine Frau und das Dienstmädchen machten einen verblüfften, ja entsetzten Eindruck. Dem Hund sträubten sich die Haare, er begann zu knurren.

Nach ein paar Minuten sagte der Hausbesitzer entschuldigend: »Wir haben mehrmals in der Nacht und am frühen Morgen eine Frau wie Sie die Treppe hinauf und hinunter gehen sehen. Unser Mädchen hat sich zu Tode geängstigt, und der Hund hat geknurrt und wild gebellt, als sehe er etwas Unheimliches.«

Die junge Frau erklärte den Leuten, sie habe darum gebetet, daß sie das richtige Haus finde, und jeden Abend ihrem Unterbewußtsein aufgetragen, sie zu einem Haus zu führen, das geräumig, schön, zentral gelegen und auch in jeder anderen Weise ideal sei.

Zweifellos hatte der Gedanke an das Haus sie beim Einschlafen beherrscht, und damit hatte sie ihrem Unterbewußtsein einen Auftrag gegeben, *den es erfüllen mußte.* Im Traum dann hatte sie sich plötzlich außerhalb ihres physischen Körpers befunden und das Gefühl gehabt, »verflüchtigt« zu sein, so daß es ihr möglich gewesen war, durch geschlossene Türen zu dringen und Zeit und Raum »zusammenzulegen«. Sie war in das Haus gelangt und hatte alle Räume sowie die Bewohner kennengelernt.

Sie sagte zu den Leuten, auch sie sei im ersten Moment verblüfft gewesen, denn sie habe sie alle mehrmals im Traum gesehen.

Die Frau war von den Menschen in dem Haus, das sie aufgesucht hatte, als Erscheinung wahrgenommen worden. Es war eine visuelle und auditive Wahrnehmung gewesen, denn die Leute hatten sie klar gesehen und ihre Schritte gehört. Die junge Frau selbst hatte ihren physischen Körper zu Hause im Bett gesehen und gewußt, daß sie außerhalb ihres Körpers »reiste« und agierte. Solche Projektionen können von Menschen, die sensitiv veranlagt und psychisch auf höhere Schwingungen oder ein außersinnliches Erlebnis eingestimmt sind, als Erscheinungen gesehen werden. Man spricht in solchen Fällen von Astralexkursionen (Wanderungen des feinstofflichen »Astralleibes«). Die moderne Parapsychologie erklärt das Phänomen als außerkörperliche Erfahrung (AKE) und führt es auf reisendes Hellsehen zurück.

Das Ehepaar kaufte das Haus, und während der ganzen geschäftlichen Abwicklungen herrschte eine überaus harmonische Atmosphäre.

Der Traum des Autors wurde zur Lebenserfahrung

Ich sollte Vorträge in der indischen Yoga Forest University in Rishikesh halten, einer nördlich von Delhi gelegenen Stadt. Vor dem Abflug nach Indien hatte ich während mehrerer Nächte lebhafte Träume, in denen ich auf dem Universitätsgelände umherging und auch die Professoren und Studenten kennenlernte.

Nach meiner Ankunft stellte ich fest, daß ich mich auf dem Gelände genau auskannte. Die Häuser, Vorlesungssäle, Professoren und Studenten waren mir wohlvertraut. Ich beschrieb meinem indischen Betreuer das Zimmer, das man für mich vorgesehen hatte, samt der Inneneinrichtung, und sagte ihm auch, welche Speisen er mir vorzusetzen gedenke. Ich konnte ihm sogar sagen, was er mir antworten wolle, denn ich hatte seine Stimme schon gehört. Er war höchst verwundert und meinte: »Sie müssen die Fähigkeit des Hellsehens haben.«

Ich erklärte ihm das Erlebnis. Da ich wußte, daß ich in der Yoga Forest University Vorträge halten würde, war ich im Traum dorthin gereist, während ich fest schlief, und hatte alles das im Traum erlebt, was ich später bewußt erlebte.

Als ich mich dem Yogi Sivananda vorstellte, dem Leiter des Universitäts-Ashrams, eröffnete er mir: »Ich habe Sie in Träumen schon mehrmals gesehen und auch Ihre Stimme gehört!« Darauf erwiderte ich, dies beruhe auf Gegenseitigkeit, ich hätte mir zu Hause eine wunderbare Reise vorgestellt, mein Unterbewußtsein entsprechend geprägt und »darüber geschlafen«. Ihn hätte ich geistig schon früher kennengelernt in einem Traumerlebnis, das zur Wirklichkeit geworden sei, weil ich, während mein Körper zu Hause im kalifornischen Beverly Hills schlafend im Bett gelegen sei, hierher »gereist« sei und die Stätten seines Ashrams abgewandert hätte.

Jetzt, nachdem ich bewußt und leibhaftig eingetroffen war, erlebte ich tatsächlich, was ich während meiner außersinnlichen Reise geistig schon erfahren hatte, oder – mit anderen Worten – was ich jetzt objektiv sah und hörte, hatte ich zuvor schon subjektiv gesehen und gehört.

Yogi Sivananda hatte mich in seinen Träumen seinerseits hellseherisch gesehen. Der Mensch vermag ja erwiesenermaßen außerhalb seines Körpers zu denken, zu sprechen, zu handeln, zu reisen. Er kann sehen und gesehen werden, verstehen und verstanden werden, Nachrichten übermitteln und über alles Gesehene berichten. Seine sämtlichen Fähigkeiten wie Sehen, Hören, Schmecken, Riechen und Fühlen können auch allein auf geistiger Ebene funktionieren, unabhängig von den fünf Sinnen. Dies eben – insgesamt Phänomene der außersinnlichen Wahrnehmung – beweist schlüssig, daß es außerhalb unserer materiellen Wirklichkeit höherdimensionale Realitäten gibt und daß uns die uns innewohnende schöpferische Weisheit drängt, diese unsere geistigen Fähigkeiten zu nutzen, die weiter reichen als das dreidimensionale Weltbild unserer derzeitigen Naturwissenschaften.

Sein Traum bewahrte ihn vor gesundheitlichem Schaden

Ein scheinbar völlig gesunder Mann träumte mehrmals, er werde wegen eines Prostataleidens operiert. Er fragte mich, ob ich meine, daß er sich gründlich untersuchen lassen solle, obwohl er keinerlei

Schmerzen verspüre und auch keine Symptome irgendwelcher Art aufträten. Zu mir war er eigentlich wegen eines emotionellen Eheproblems gekommen. Ich erklärte ihm das Wirken seines Unterbewußtseins und erläuterte ihm, daß, wenn dieses ihn jetzt zweifellos zum Handeln dränge, er wohl irgendein organisches Leiden oder eine Funktionsstörung habe; das Unterbewußtsein, das deduktiv von der Wirklichkeit ausgehend urteile, enthüllte ihm seine Krankheit in Form seines Traums. Dabei sagte ich ihm, daß sein Traum jedenfalls ihn persönlich betreffe und daß jede Erklärung oder Deutung mit seiner intuitiven Wahrnehmung übereinstimmen müsse.

Ich empfahl ihm allerdings, sofort zu seinem Arzt zu gehen und sich auch von einem Urologen gründlich untersuchen zu lassen. Doch er schob den Arztbesuch hinaus. Ein paar Tage später bekam er eine Harnröhrenverengung mit Harnsperre, die furchtbare Schmerzen verursachte. Sein Hausarzt brachte ihn sofort ins Krankenhaus, wo ihn ein Urologe gleich operierte.

Als ich ihn kurz danach in der Klinik besuchte, sagte er: »Ich hätte auf meinen Traum achten und schneller handeln sollen.« Zu meiner großen Freude erholte er sich rasch, da er nun, meinem weiteren Rat folgend, sein Denken auf Vorstellungen der Unversehrtheit, Harmonie, Vitalität und vollkommener Gesundheit ausrichtete.

Wie Sie sehen, hatte ihn sein Unterbewußtsein gewarnt und gedrängt, etwas zu tun, da es seine Prostatainfektion lange vor dem Auftreten irgendwelcher Symptome kannte. Die Ahnung oder die Traumwahrnehmung, daß er operiert würde, war vermutlich von dem bereits existierenden Leiden ausgelöst worden. Er hatte jedoch den Fehler begangen, die nötige Untersuchung hinauszuschieben.

Oft erhält man im Traum einen guten Rat. Und der Schlüssel zu dessen praktischer Anwendung läßt sich durch psychische Bewußtmachung des Trauminhalts finden.

Verschiedene Traumtypen

Es gibt verschiedene Arten von Träumen. In Erlebnisträumen werden Tageserlebnisse verarbeitet. Warnträume kündigen Krankheiten oder Gefahren an. Daneben kennen wir Aggressions-, Verdrängungs-, Entlastungs-, Angst- und Wunschträume. Unterdrücktes oder abnormales sexuelles Verlangen kommen in Sexualträumen, abergläubische Ansichten in Hexen-, Gespenster- und manchen Tierträumen zum Ausdruck usw.

Nicht selten jedoch hat der Mensch auch Wahrträume, in denen Zukünftiges vorweggenommen wird, und oft sind diese zugleich Warnträume.

Ein Traum warnte die Braut vor der Heirat

Eine junge Frau erzählte mir, welche erstaunliche Antwort sie im Traum erhielt. Sie hatte abends vor dem Einschlafen voll Nachdruck und Überzeugung gesagt: »Die meinem Unterbewußtsein innewohnende unendliche Weisheit berät mich über meine geplante Heirat mit X.« In der Nacht dann hatte sie einen sehr seltsamen Traum. Sie sah ihren Verlobten im Gefängnis sitzen und vor seiner Zelle einen bewaffneten Posten stehen; eine Männerstimme fragte sie: »Erkennst du diesen Herrn nicht?«

Sie schrak aus dem Schlaf hoch und wußte intuitiv, daß der inhaftierte Mann aus dem Traum ihr Bräutigam war. Am Morgen rief sie ihren Bruder an, der Kriminalbeamter bei der örtlichen Polizei war, und bat ihn, Erkundigungen über den Bräutigam einzuziehen. Ihr Bruder fand heraus, daß der Verlobte verheiratet war und seine Frau in New York sitzengelassen hatte und daß er außerdem fünf Jahre im Gefängnis gewesen war. Dies alles hatte er der jungen Frau verschwiegen. Sie löste die Verlobung sofort und war zutiefst dankbar für die innere Führung, die immer zu schützen versucht – man muß nur auf sie hören.

Der Herr sprach: ... *dem will ich mich kundmachen in einem Gesicht, oder will mit ihm reden in einem Traum* (4. Mose 12, 6).

Wie Sie sich vor dem Einschlafen geistig richtig vorbereiten

Wenn Sie schläfrig werden oder schon im Halbschlaf liegen, ist Ihr Unterbewußtsein besonders leicht zugänglich, es ist dann äußerst sensibilisiert und empfänglich. Gedanken und Gefühle, die Sie vor dem Einschlafen haben, gehen sofort an Ihr Unterbewußtsein weiter, und dieses beginnt auf Ihren Wunsch oder Ihre Bitte um Führung zu reagieren. Ihr Unterbewußtsein ist schöpferisch und immer bereit, auf Wünsche, Ideen und Anweisungen, die Sie bewußt im Wachzustand geben, zu reagieren und in dieser Richtung dann gleichsam selbständig zu agieren.

Denken Sie immer daran, daß Ihr Unterbewußtsein unpersönlich ist und nicht auswählt – es akzeptiert Ihre negativen, von Angst, Zweifel oder Haß erfüllten Gedanken genauso wie Ihre guten, aufbauenden Gedanken und handelt entsprechend. Das Unterbewußtsein vergrößert und multipliziert, was Sie in ihm ablegen und ihm einprägen, sei dies *gut oder schlecht;* deshalb ist es äußerst wichtig, daß Sie sich abends von allen lästigen, störenden und zerstörerischen Gedanken freimachen und so einen freien Kanal schaffen, damit die göttlichen Energien Sie ungehindert und konstruktiv durchströmen können.

Gehen Sie vor dem Einschlafen die Tagesereignisse durch. Und welche Ärgernisse, Spannungen oder Zwistigkeiten es auch gegeben haben mag, bekräftigen Sie ruhig für sich selbst:

»Ich verzeihe mir voll und ganz, daß ich diese negativen Gedanken gehabt und auf dieses oder jenes Problem in so negativer Weise reagiert habe. Ich beschließe, solche Probleme beim nächsten Mal in der richtigen Art anzugehen. Ich strahle gegenüber allen Menschen Liebe, Frieden und Freundlichkeit aus. Gottes Liebe erfüllt meine Seele, und ich freue mich über den Erfolg und das Glück meiner Kollegen und aller Männer und Frauen auf Erden. In mir herrscht Frieden. Ich schlafe heute nacht in Frieden, erwache in Freude und lebe in Gott. Ich danke für die Freude, die ich über mein erhörtes Gebet empfinden werde.«

Der Traum einer Mutter schützte die Tochter

Vor kurzem schrieb mir eine Frau, sie habe die Gebete, die ich in meinem Buch *Das Wunder Ihres Geistes** empfehle, für sich und ihre Tochter gesprochen. Eines Nachts hatte sie im Traum gesehen, wie ihre halbwüchsige Tochter von einem jungen Burschen vergewaltigt und gewürgt wurde. Die Szene spielte sich in einem Auto irgendwo auf einer Landstraße ab, und der Traum war so gräßlich, daß die Mutter schreiend erwachte.

---

* Erschienen im Ariston Verlag, Genf, 8. Auflage 1980.

Sie beschloß, auf die Warnung hin zu handeln, denn sie wußte, daß es kein unausweichliches Schicksal gibt und daß sie die Tragödie verhindern konnte, wenn sie sich auf Gott einstimmte und betete. Sie sprach folgendes Gebet:

»Meine Tochter ist ein Kind Gottes. Wo sie ist, dort ist Gott. Gott ist Harmonie, Friede, Schönheit, Liebe, Freude und Macht. Meine Tochter ist eingetaucht in die heilige Gegenwart Gottes, und die ganze Rüstung Gottes umgibt sie. Gott, ihr liebender Vater, wacht über sie. Sie sitzt unter dem Schirm des Höchsten und bleibt unter dem Schatten des Allmächtigen.«

Anschließend meditierte sie etwa zehn Minuten über den Inhalt des Gebets, und mit einemmal zogen Frieden und Ruhe in ihr Gemüt ein. Sie legte sich wieder schlafen.

Am Morgen versuchte sie die Tochter in der ziemlich weit entfernten Internatsschule anzurufen, erreichte sie aber nicht, weil in dem Staat ein Feiertag war. Sie betete tagsüber immer wieder für die Tochter. Am Abend rief das Mädchen von sich aus an und sagte: »Mutter, du bist mir vergangene Nacht im Traum erschienen und hast mich angefleht, nicht mit einem der Jungs aus unserer Schule wegzufahren, weil er sehr aggressiv sei und ich es bestimmt bereuen würde. Ich war schrecklich aufgewühlt. Heute früh hat er angerufen und mich eingeladen, mit ihm aufs Land zu fahren. Ich habe Krankheit vorgeschützt und abgelehnt. Meine Freundin ist mitgefahren, trotz meiner Bitten, es nicht zu tun, und obwohl ich ihr den Traum erzählt habe. Er hat sie vergewaltigt und fast erwürgt. Sie liegt jetzt im Krankenhaus, und die Polizei jagt nach dem Kerl, der sich aus dem Staub gemacht hat.«

Zwischen Familienangehörigen und Menschen, die sich lieben oder eng befreundet sind, findet immer eine telepathische Kommunikation statt, denn es besteht ständig eine telepathische Verbindung. Die Tochter empfing das Gebet der Mutter und wurde so vor großem Unheil bewahrt, das möglicherweise ihr ganzes Leben beeinträchtigt hätte.

In der Bibel heißt es: *Denn er hat seinen Engeln befohlen über dir, daß sie dich behüten auf allen deinen Wegen, daß sie dich auf den Händen tragen und du deinen Fuß nicht an einen Stein stoßest* (Psalm 91, 11–12).

Zusammenfassung

1. Träume sind Dramatisierungen oder Darstellungen Ihres Unterbewußtseins und gewöhnlich in eine symbolische Form gekleidet. Ihre geschulte Phantasie kann den Traum aufblättern und seinen verborgenen Inhalt bloßlegen.

2. Einige Träume sind präkognitiver Natur. In solchen Wahrträumen sehen Sie ein künftiges Ereignis, bevor es geschieht. Dies ist möglich, weil es im Geiste weder Zeit noch Raum gibt.

3. Träumen negativen Inhalts kann man entgegenwirken, indem man sich auf die Gottesgegenwart im eigenen Inneren einstimmt und sich geistig und gefühlsmäßig mit den Wahrheiten Gottes identifiziert; dadurch wandelt man die negativen Muster im Unterbewußtsein in positive um.

4. Einer Frau war es möglich, im Erlebnis außerkörperlicher Erfahrung zum ersehnten Haus zu gelangen, dieses zu besichtigen, die Bewohner sowie die ganze Einrichtung zu sehen. Solche außersinnliche »Reisen« kann jeder sensitive Mensch machen.

5. Vor einigen Jahren befand ich mich im Traum außerhalb meines Körpers tausende Kilometer weit weg in der indischen Yoga Forest University; dort sah ich auf meiner außersinnlichen Reise alle Gebäude sowie auch die Professoren und Studenten.

6. Man kann unabhängig vom physischen Organismus sehen, hören, riechen, schmecken, fühlen und reisen. Alle Fähigkeiten der Sinne sind auch auf rein geistiger Ebene vorhanden und funktionieren als außersinnliche Wahrnehmung dort ebenfalls. Dies beweist, daß es eine höherdimensionale Realität des Geistes gibt und daß der Mensch dieses seine seelisch-geistigen Fähigkeiten und Kräfte nutzen soll.

7. Es kann vorkommen, daß Sie träumen, Sie würden operiert. Mit einem solchen Warntraum wendet sich gewöhnlich die intuitive Stimme Ihres Unterbewußtseins an Sie, das Sie vor einer krankhaften Veränderung in Ihrem Körper oder vor der Fehlfunktion eines Ihrer Organe warnt. Eine ärztliche Untersuchung empfiehlt sich. Die Winke und Warnungen Ihres Unterbewußtseins sind immer auf das Leben ausgerichtet.

8. Es gibt Träume verschiedener Art. Wenn Sie voll Groll oder Zorn zu Bett gehen, kann Ihr Unterbewußtsein diese negativen Eindrücke im Traum dramatisieren. Legen Sie sich deshalb abends in einer versöhnlichen, freundlichen Stimmung gegenüber allen Menschen schlafen.

9. Eine gute Technik besteht darin, sich vor dem Einschlafen von allen negativen Gedanken freizumachen und sich die Wahrheiten Gottes zu vergegenwärtigen, insbesondere indem Sie allen Menschen Liebe und Freundlichkeit wünschen. Bekräftigen Sie: »Ich schlafe in Frieden, ich erwache in Freude, und ich lebe in Gott.«

10. In der Bibel heißt es, der Herr wolle sich dem Menschen *kundmachen in einem Gesicht, oder ... mit ihm reden in einem Traum* (4. Mose 12, 6). Aus dem Traum oder Gesicht spricht somit göttliche Weisheit.

KAPITEL 7

Hilfe durch Traumimpressionen angesichts von Problemen und Gefahren

Bei meiner Tätigkeit als geistig-seelischer Berater habe ich die Erfahrung gemacht, daß Menschen aus allen Schichten von Träumen fasziniert sind. Heute erforschen Psychologen- und Ärzteteams in Laboratorien das Traumleben des Menschen in zahlreichen Experimenten. Die Wissenschaftler konnten mittlerweile beweisen, daß alle Menschen träumen; außerdem stellten sie in umfassenden Tests fest, daß bei den Versuchspersonen, wenn man sie regelmäßig am Beginn der Traumphase aufweckte, infolge des Traumentzugs geistige, seelische und sogar körperliche Störungen aufzutreten begannen.

Die Psychologen Sigmund Freud, Carl Gustav Jung und Alfred Adler wurden nicht zuletzt durch die Erforschung des Traumlebens ihrer Patienten berühmt und gründeten, angeregt durch das Studium der Träume ihrer Versuchspersonen, verschiedene Psychologieschulen: die Psychoanalyse (Freud), die analytische Psychologie (Jung) und die Individualpsychologie (Adler). Alle drei schrieben ausführlich über den Traum, doch ihre Deutungen und Schlußfolgerungen unterscheiden sich beträchtlich voneinander. Die Unterschiede sind so groß und schwerwiegend, daß ich sie hier auch nicht andeutungsweise behandeln möchte. Dieses Kapitel soll ja nicht zu einer wissenschaftlichen Erörterung werden, sondern Ihnen lediglich zeigen, daß Sie den Schlüssel zur Lösung Ihrer Probleme oft als klare, deutliche Antwort in einem Traum erhalten.

Billys Traumferien verwirklichten sich

Billy ist zwölf. Er besucht gelegentlich meine Vorträge, denn ich rate den Eltern, ihre Söhne und Töchter ab dem Alter von zwölf

Jahren daran teilnehmen zu lassen. Kinder dieses Alters sind durchaus fähig, meine Lehren zu verstehen.

Billy erzählte mir, seine Mutter habe ihm ein Buch zu lesen gegeben, das von Hawaii handle. Er war begeistert davon, und da er in etwa weiß, wie sein Unterbewußtsein arbeitet, sagte er jeden Abend vor dem Schlafengehen: »Liebes Unterbewußtsein, ich verbringe meine Ferien auf Hawaii. Ich fliege hin, ich werde dort im Meer schwimmen, mit dem Fahrrad über eine der Inseln fahren und in einem Pavillon wohnen. Ich möchte eine klare Antwort, bitte.«

Billy sprach weder mit seinem Bruder noch mit den Eltern über seinen Wunsch. Aufgrund dieser seiner an sein Unterbewußtsein gerichteten Suggestionen hatte er einen Traum, in dem er ganz deutlich einen Pavillon, den Namen eines Hotels – »Maui Hilton« – und die Insel Maui in der Kette der Hawaii-Inseln sah. Am nächsten Morgen sagte er zu seiner Mutter: »Mami, wir verbringen die Ferien auf Hawaii.« Er beschrieb ihr erstaunliche Einzelheiten.

Sie erwiderte lachend: »Na, das ist mir völlig neu! Wie kommst du darauf?«

Billy antwortete: »Ich weiß nur, daß wir hinfliegen und daß wir in einem Pavillon bei einem Hotel wohnen werden.«

Die Mutter tat seinen Traum als Ausgeburt seiner kindlichen Extravaganzen ab.

Zwei Wochen später sagte Billys Vater, der nichts von dem Traum wußte, weil Billy so ausgezeichnete Noten habe, solle seine Mutter mit ihm und seinem Bruder die Ferien auf Hawaii verbringen, das er während seines Aufenthalts als Marineoffizier kennen und lieben gelernt hatte.

Billy jubelte: »Ich habe es dir gesagt, Mami! Wir fliegen nach Hawaii!« Der Traum des Jungen erfüllte sich in den von ihm vorweggenommenen Einzelheiten, sogar der Pavillon war genau wie jener aus dem Traum.

Wie Sie sehen, hatte dieser Junge einen ganz klaren Wahrtraum. Das Unterbewußtsein ist empfänglich für Suggestionen, und Billy hatte gesagt: »Ich möchte eine klare Antwort.« Sein Unterbewußtsein hatte entsprechend reagiert.

Die Bedeutung unverschlüsselten Träumens

Seit mehreren Jahren suggeriere ich meinem Unterbewußtsein vor dem Einschlafen: »Ich träume unverschlüsselt und klar, und ich erinnere mich an meinen Traum.« Es scheint, als hätte ich mein Unterbewußtsein im Lauf der Zeit »überredet«, denn annähernd neunzig Prozent meiner Träume sind unverschlüsselt und so wortwörtlich wie die Morgenzeitung, die ich beim Frühstück lese. Ich erhalte in Träumen viele Antworten auf meine Bittgebete.

Das wiederholte Auftreten von »bösen Träumen«, Alpträumen, Aggressions-, Angst- und Fallträumen usw. läßt sich durchaus verhindern. Ihr Bewußtsein prägt Ihr Unterbewußtsein, das im Traum aktiv wird. Die Natur Ihrer Träume ändern Sie, indem Sie Ihre Fähigkeit nutzen, gute, schöne und erfreuliche Gedanken und Vorstellungen auszuwählen und ungünstige, die Sie tagsüber zur Disziplinierung Ihrer Überlegungen und zur Zügelung Ihrer Phantasie eingesetzt hatten, vor dem Einschlafen von sich zu weisen.

Eine Hörerin meiner Vorlesungen rief mich unlängst an und bat, wie sie sagte, um meinen Segen für eine geplante Europareise. Ich sprach am Telefon folgenden Segen für die Frau: »Göttliche Liebe und Harmonie geht Ihnen voraus, macht Ihren Weg fröhlich, glücklich und glorreich. Gottes Boten des Lebens, der Liebe, Wahrheit und Schönheit wachen allezeit über Sie, und jedes Verkehrsmittel, das Sie benutzen, verkörpert die göttliche Idee des freien, freudigen, liebevollen Reisens von Ort zu Ort. Sie stehen immer unter dem Schirm des Höchsten und unter dem Schatten des Allmächtigen.«

In der Nacht darauf sah ich die Frau im Traum in England, wie sie ein Flugticket nach Frankreich kaufte, und danach sah ich das Flugzeug, das sie nehmen wollte, brennend abstürzen. Am nächsten Morgen rief ich sie an. Ich sagte ihr, daß ich infolge entsprechender Suggestionen an mein Unterbewußtsein gewöhnlich unverschlüsselt träume, und fragte sie, ob sie während ihres Aufenthalts in Europa einen Ausflug nach Frankreich plane. Sie bejahte. Da berichtete ich ihr, was ich im Traum gesehen hatte, und gab ihr den Rat, nicht mit dem Flugzeug nach Frankreich zu reisen.

Sie antwortete: »Ich bin Ihnen so dankbar für Ihren Anruf! Mein Bruder, der vor zwei Jahren verstorben ist, ist mir vergangene Nacht ebenfalls im Traum erschienen und hat gesagt: ›Sis, besteige in England unter keinen Umständen die Maschine, die nach Perpignan in Frankreich fliegt.‹ Dann ist er verschwunden. Ich habe den Flug bereits annulliert, denn ein starkes inneres Gefühl sagt mir, daß ein Unglück passieren könnte.«

Später kündeten Schlagzeilen in den Medien von dem Unglück, bei dem achtundachtzig Menschen ums Leben kamen.

Wenn Sie dieses Buch bis hierher aufmerksam gelesen haben, wird Ihnen die Ursache der beiden Träume klar sein. Durch das gemeinsame Gebet am Telefon hatten die Frau und ich unser Unterbewußtsein, das alles sieht und alles weiß, geprägt und aktiviert. In ihrem Fall hatte es symbolisch reagiert, bei mir unverschlüsselt.

Selbsterhaltung ist das erste, oberste Lebensgesetz. Ihr Unterbewußtsein versucht, wenn Sie es durch positives Denken prägen, Sie immer zu schützen und vor Schaden jeglicher Art zu bewahren. Bedenken Sie auch, daß Harmonie und Unstimmigkeit nicht zusammengehen; deshalb konnte die Frau nicht in einem brennenden, abstürzenden Flugzeug sitzen, nachdem sie bekräftigt hatte, daß göttliche Liebe und Harmonie ihr vorausgingen und ihren Weg glücklich und fröhlich machten.

Das Erscheinen ihres Bruders war eine Dramatisierung ihres eigenen Unterbewußtseins, das allweise ist und wußte, daß auf diese Stimme sie wirklich hören würde. Der Bruder hatte sie großgezogen, da ihr Vater schon in ihrer Kindheit gestorben war; er hatte sie aufs College geschickt und ihre ganze Ausbildung bezahlt. Deshalb hatte die Frau zu ihm ein besonders inniges Verhältnis gehabt.

Ein Junge lernte seinen Angsttraum entschärfen

Ein kleiner Junge, den gelesene Gespenstergeschichten beunruhigten, wurde von seiner Mutter zu mir gebracht. Jede Nacht erschien ihm ein mit weißem Laken bekleideter, furchtbar aussehender Mann und sagte drohend: »Ich hole dich, du bist ein böses

Kind.« Der Angsttraum hatte verheerende Auswirkungen auf den Jungen, er wachte jede Nacht schreiend auf.

Ich riet dem Jungen, keine Gespenstergeschichten mehr zu lesen, weil sein tieferer Geist alles aufblähe, was er vor dem Einschlafen denke oder als geistiges Bild sehe. Außerdem empfahl ich ihm: »Wenn der gespenstische Mann in deinem Traum kommt, sei nett zu ihm, denn er ist wahrscheinlich ein einsamer alter Mann, der kleine Jungen eigentlich liebt; er möchte, daß du nett zu ihm bist. Vielleicht hat er einen Sohn verloren und sucht einen Jungen, der seinem Sohn ähnlich sieht. Heute nacht, wenn du schläfst und er zu dir kommt, sagst du: ›Grüß dich; ich bin dein Freund und mag dich.‹ Schüttle ihm die Hand und biete ihm ein paar von den Plätzchen an, die deine Mutter bäckt.«

An dem Abend nahm er Plätzchen mit ins Bett und steckte sie unters Kopfkissen. Als ihm der Mann erschien, hörte ihn die Mutter, deren Bett neben dem seinen stand, im Schlaf laut sagen: »Grüß dich. Ich bin dein Freund und mag dich. Hier sind ein paar Plätzchen für dich. Meine Mutter hat sie gebacken, sie sind wirklich gut.« Der Junge holte die Plätzchen unterm Kopfkissen hervor und bot sie der Geistergestalt an. Sofort ließ seine Angst nach. Er entspannte sich und sank in einen tiefen, erholsamen, natürlichen Schlaf. So befreite er sich von seinem entsetzlichen Alptraum.

Der Junge hatte die von mir erhaltenen Suggestionen akzeptiert und meine Anweisungen befolgt. So war es ihm gelungen, den angsterregenden Eindrücken entgegenzuwirken, mit denen er unbewußt sein Unterbewußtsein geprägt hatte.

Wie man einen störenden Traum verändert

Viele Menschen, die Mordgeschichten, Krimis oder blutrünstige Dramen lesen oder im Fernsehen anschauen, nehmen beunruhigende Bilder und Gedanken mit ins Bett, die sich ihrem Unterbewußtsein einsenken. Weil unser tieferer Geist alles, was ihm eingeprägt wird, vergrößert und in übertriebener Weise dramatisiert, leiden diese Menschen oft an Angstträumen, in denen sie von Löwen, Tigern und anderen wilden Tieren angefallen werden. Ich habe vielen geplagten Menschen geraten, vor dem Einschlafen nachdrücklich zu bekräftigen: »Ich weiß, warum ich so träume, und ich weiß, daß es ein Traum ist. Ich träume weiterhin, aber der Alptraum hört auf, er wird abgeschaltet. Gottes Liebe erfüllt meine Seele, ich träume während der ganzen Nacht in Frieden und erwache in Freude.«

Diese einfache Technik wirkt immer. Jeder Mensch kann sie anwenden, um sich von Angstträumen zu kurieren, die auftreten, weil er Gespenster- oder Mordgeschichten gelesen oder im Fernsehen Programme psychopathischer Natur oder Kriegsfilme angeschaut hat.

Ich möchte Ihnen und allen Menschen empfehlen, vor dem Schlafengehen mehrmals einen der erhebenden schönen Psalme zu lesen, beispielsweise Psalm 23, 27, 42, 46, 91 oder 100. Dadurch neutralisieren Sie ungünstige Muster, die sich Ihrem Unterbewußtsein eingeprägt haben, und prägen diesem statt dessen schöne, erfreuliche und für Sie günstige Dinge ein. Was Sie ins Unterbewußtsein senken, kommt immer als Form, Funktion, Erfahrung und Ereignis in Ihrem Leben zum Ausdruck.

Ein Richter bekam die Entscheidung im Traum enthüllt

Ein Richter aus meiner Heimatstadt, der demselben Club angehört wie ich, erzählte mir einen höchst interessanten Traum. Vier oder fünf Nächte hintereinander habe er im Traum ein Straßenschild mit der Bezeichnung »Murphy Street« gesehen, und dann sei er mit einer großen Menschenmenge im Wilshire Ebell Theatre in Los Angeles gewesen, wo ich oft Vorträge halte. Mich selbst hatte er nicht gesehen. Der Traum hatte ihn sehr beunruhigt; er hatte seiner Frau davon erzählt, und sie hatte ihm geraten, mit mir darüber zu sprechen.

Ich erklärte ihm: »Wenn ein Traum sich Nacht für Nacht wiederholt, dramatisiert seinen Inhalt Ihr Unterbewußtsein, allgemein gesprochen, deshalb mehrere Male, weil er sehr wichtig für Sie ist; es agiert vergleichsweise wie Sie selbst in einem Prozeß, wenn Sie besonderes Gewicht auf einen juristisch bedeutsamen Punkt legen, über den die Geschworenen unbedingt im Bild sein müssen. Ihr Traum ist jedoch rein persönlich, und jede Deutung muß mit Ihrer eigenen Ansicht übereinstimmen.«

Nach meiner intuitiven Wahrnehmung, so sagte ich ihm, wolle sein Unterbewußtsein, da es beim Wilshire Ebell Theatre keine »Murphy Street« gebe, ihn aus bestimmten Gründen bewegen, am kommenden Sonntag meinen Vortrag über »Die geistig-seelische Einstellung zur Ungerechtigkeit dieser Welt« zu besuchen; die symbolische »Murphy Street« bezog sich zweifellos auf den Vortragenden, also auf mich.

Der Richter nickte nachdenklich und sagte nach einer Weile: »Das ist richtig. Ich hatte ein paar schlaflose Nächte wegen einer Entscheidung, die ich fällen muß, und ich habe, da ich unschlüssig bin, darüber nachgegrübelt, wie man sich, wenn Recht und Gerechtigkeit nicht übereinzustimmen scheinen, geistig-seelisch einstellen soll; tatsächlich gibt es soviel Ungleichheit und Ungerechtigkeit in der Welt, seit der Mensch sie bevölkert.«

Er kam am Sonntag zu meinem Vortrag, und als er sich danach von mir verabschiedete, sagte er: »Sie hatten recht, und mein Traum hatte recht. Ich weiß jetzt, wie meine Entscheidung lauten wird.«

Die Wege des Unterbewußtseins sind unerforschlich. In der Bibel ist das Wirken des Unterbewußtseins mit folgenden Worten beschrieben: *Denn meine Gedanken sind nicht eure Gedanken, und eure Wege sind nicht meine Wege, spricht der Herr; sondern soviel der Himmel höher ist denn die Erde, so sind auch meine Wege höher denn eure Wege, und meine Gedanken denn eure Gedanken* (Jesaja 55, 8–9).

Der Traum eines Theologiestudenten

Vor kurzem suchte mich ein junger Mann auf, der im vierten Jahr Theologie studierte. Er sagte, eine der Erkenntnisse Freuds postuliere, der Traum symbolisiere eine Wunscherfüllung, das treffe aber auf seinen besonderen Traum nicht zu.

In unserer anschließenden Diskussion erklärte ich ihm, sein Unterbewußtsein könne in Traumform alles projizieren, was ihn ernstlich beunruhige. Wenn er, der er sich tagsüber intensiv mit Bibelexegese und anderen theologischen Studien befasse, an irgendeine Sache oder Person denke, könne solches Denken im Traum sehr wohl in Bibelversen oder biblischen Gestalten symbolischen Ausdruck finden. Er brauche lediglich über die Vision des heiligen Petrus in der Apostelgeschichte 10 nachlesen, beginnend mit Vers 9, dann sehe er, wie Petrus' Dilemma in einem Traum gelöst wurde, als die Stimme der Intuition so zu ihm sprach: ... *Was Gott gereinigt hat, das mache du nicht gemein* (Apostelgeschichte 10, 15).

Der Student hatte mehrere Nächte hintereinander im Traum einen Mann gesehen, anscheinend Jesus, der ein glänzendes Schwert schwang; danach waren ihm die Worte erschienen: »Ich komme nicht, um Frieden zu bringen, sondern ein Schwert.«

Der junge Mann sagte: »Ich bin völlig durcheinander. Ich war schon bei dem Psychiater, der unserem Institut angehört. Er gab mir Beruhigungsmittel, und die beruhigten mich auch. Aber ich habe ernste Zweifel an allem, was ich lese, höre und gelehrt bekomme. Ich kann die Bibel nicht wörtlich nehmen; ich glaube, daß alle Menschen Kinder Gottes sind, daß Gott die Person nicht ansieht und daß keine Kirche ein Monopol auf die alleinseligmachende Wahrheit hat.«

Die biblischen Berichte über Traumdeutungen unterstreichen die große Bedeutung prophetischer oder von Gott geschickter Träume, wie sie im *Alten* und *Neuen Testament* häufig vorkommen. Die Bibelsprache ist symbolisch, figurativ und allegorisch, und die Bibelgeschichten sind zweifellos inspirierten Verfassern zu verdanken.

Das Schwert ist ein uraltes Symbol für die Wahrheit, für die Gottesgegenwart im Menschen, die ihn von Unwissenheit, falschen Überzeugungen und Ängsten aller Art abtrennt. Wenn der Mensch die Wahrheit über die Wirkungsweise seines Bewußtseins und Unterbewußtseins kennenlernt, dann erkennt er, daß er selbst sein Schicksal gestaltet. Diese Wahrheit wühlt den Menschen auf und führt zwangsläufig zu Konflikten.

Ich erklärte dem Studenten: »Ihr Traum sagt Ihnen, daß Sie, was Sie belastet, eigenständig durchdenken sollen, nicht auf der Basis von äußeren Erscheinungsformen oder theologischen Postulaten, sondern von Überlegungen, die auf den universellen seelisch-geistigen Gesetzen beruhen, genauso gültigen Gesetzen wie jene der

Chemie, Physik oder Mathematik. Der Traum sagt Ihnen, daß Sie das Göttliche akzeptieren sollen, das Ihnen innewohnt und allen Menschen antwortet. Treffen Sie eine Entscheidung und lassen Sie sich dabei von den universellen Wahrheiten Gottes leiten, die gestern genauso waren, wie sie heute sind und in alle Ewigkeit sein werden. Die göttliche Wahrheit in Ihnen wird Sie nicht ruhen lassen, bis Sie an die Güte Gottes glauben, an die Liebe Gottes, die Harmonie Gottes und die Freude am Herrn, die Ihre Stärke ist.«

Der Student befand sich in einem schrecklichen seelischen Konflikt: er gab vor zu glauben, was er im innersten Herzen als falsch empfand. Dieser Konflikt hatte einen fast völligen seelischen Zusammenbruch bewirkt, der junge Mann benötigte psychiatrische Behandlung und Medikamente. Doch sobald die Wirkung der Arzneimittel nachließ, erhob die seelische Infektion bzw. das Trauma von neuem das häßliche Haupt und sagte: »Hier bin ich. Finde eine Lösung!« Und der Traum kam wieder.

Auf meine Erklärungen erwiderte der junge Mann: »Jedes Wort, das Sie gesagt haben, empfinde ich im Herzen als wahr. Was meine Eltern auch denken und vorbringen mögen, ich breche das Theologiestudium ab und praktiziere künftig, was ich wirklich glaube. Dies ist meine Entscheidung.«

Er studiert jetzt Psychologie und befaßt sich intensiv mit dem Studium der Geisteswissenschaften. Inzwischen hat er ein hübsches Mädchen geheiratet, sein neues Leben macht ihm viel Freude.

Die Bibel brachte einem Priester die Antwort auf sein Gebet

Ein Verwandter von mir ist Priester in einer weithin bekannten Pfarrei. Vor einiger Zeit hatte er große Schwierigkeiten mit führenden Pfarrkindern und mit seinem Bischof. Darum betete er um göttliche Führung und einen Hinweis, wie er sein Problem lösen solle.

Bei einem gemeinsamen Essen sagte er zu mir: »Joe, du hältst Vorträge über die Bedeutung der Bibel. Ich bin mit deinen Lehren nicht in allem einverstanden, aber mit dem meisten. Wie legst du den Traum aus, den ich während der letzten Monate vier- oder fünfmal hatte? In dem Traum sah ich eine Stelle aus den Sprüchen:

Wanke weder zur Rechten noch zur Linken; wende deinen Fuß vom Bösen (Sprüche 4, 27).«

»Ich bin überzeugt, Tom«, antwortete ich, »daß du die Bedeutung dieses Spruchs genauso kennst wie ich; sicher ist er die Antwort auf dein Gebet um göttliche Führung. Er bedeutet einfach, daß du in der Situation überhaupt nichts tun sollst, weder objektiv (zur Rechten) noch subjektiv (zur Linken); du brauchst also nicht mehr um eine Antwort zu beten. *Fuß* bedeutet in der biblischen Symbolsprache Verstehen, und mit *wende deinen Fuß vom Bösen* ist gemeint, daß du dir keine Sorgen mehr machen und nicht mehr in ängstlichem Zweifel über dein Problem nachdenken sollst, denn das *Böse* bestünde bei dir darin, anderen Menschen oder äußeren Bedingungen Macht zu geben, statt Gott alle Macht in dir einzuräumen.«

Er fragte: »Du meinst, ich soll stillsitzen, nichts sagen, nichts tun und Gott alles regeln lassen?«

»Ja«, antwortete ich, »genau das meine ich. Aber wenn es das nicht auch für dich bedeutet, stimmt meine Deutung natürlich nicht.«

Tom sagte: »Doch, ich pflichte dir bei; sie stimmt, ich weiß es.«

Etwa einen Monat später starb der Bischof, und ein neuer Kirchenrat wurde gewählt, mit deren Mitgliedern er sich bestens verstand.

Tom rief mich an und sagte: »Joe, der Traum hatte recht. Aber warum kam die Antwort in einem Traum?«

Darauf entgegnete ich: »Ich weiß nur, daß in der Bibel steht: *Gott . . . will mit ihm reden in einem Traum* (4. Mose 12, 6).«

Zusammenfassung

1. Seit jeher interessieren sich die Menschen für Träume. Alle Menschen und auch Tiere träumen. In Träumen werden Spannungen abgebaut, und die Antwort auf unsere Gebete kommt oft in einem Traum.

2. Die verschiedenen Psychologieschulen deuten Träume und deren Inhalt unterschiedlich. Häufig erhält man jedoch die Lösung für ein verwirrendes Problem in einem klaren, unverschlüsselten Traum.

3. Ein kleiner Junge suggerierte seinem Unterbewußtsein, was er sich wünschte und wie er es sich wünschte; er bat darum, die Antwort klar und verständlich zu bekommen. Das für Suggestionen empfängliche Unterbewußtsein reagierte entsprechend.

4. In der Regel bedient sich das Unterbewußtsein in Träumen einer Symbolsprache; Sie können sich jedoch jeden Abend suggerieren: »Ich träume unverschlüsselt und klar.« Ihre beharrliche Wiederholung dieser Suggestion wird Ihr Unterbewußtsein veranlassen, unverschlüsselt zu Ihnen zu sprechen.

5. Unser aller Geist ist Geist von *einem* Geiste, und im Geiste gibt es weder Zeit noch Raum. Deshalb ist es möglich, daß Sie im Traum die Antwort für einen anderen Menschen erhalten, für den Sie gebetet haben.

6. Ein Richter grübelte über eine Entscheidung nach, die er in einem bestimmten Fall treffen mußte; die Antwort auf seine Bitte um Führung fand er, als er die Symbolsprache seiner Träume verstand.

7. Wer unter Angstträumen leidet, weil er Gespenster- oder Mordgeschichten liest oder blutrünstige Filme im Fernsehen anschaut, kann durch konstruktive Suggestionen vor dem Schlafengehen solche Träume verhindern.

8. Theologiestudenten erhalten die Lösung von Problemen oder die Antwort auf Gebete oft in Träumen, die Bibelverse oder biblische Persönlichkeiten, die ein Bibelwort zitieren, zum Inhalt haben.

9. Ein Priester, der nicht wußte, was er tun sollte, hatte mehrmals denselben Traum. Darin sah er ein Zitat aus den Sprüchen, das ihm riet, weder nach rechts noch nach links zu wanken, mit anderen Worten, stillzustehen und gar nichts zu tun. Er befolgte den biblischen Rat, den er im Traum erhalten hatte, und dies erwies sich als vollkommen richtig.

10. Die Wege unseres Unterbewußtseins sind unerklärlich, und die Bibel sagt in bezug auf unser Unterbewußtsein, der Herr wolle mit uns *reden in einem Traum* (4. Mose 12, 6).

KAPITEL 8

Einstimmung auf das Unendliche und Nutzung der außersinnlichen Wahrnehmung

Das vorliegende Buch will Sie mit dem geistig-seelischen Schlüssel zur Lösung menschlicher Probleme versehen. Wie ich herausgefunden habe, kommen die Antworten auf die kompliziertesten Probleme, die sich dem Menschen stellen, stets aus dem Bereich des Unterbewußtseins. Als ich neun Jahre alt war, begannen mich schon die höheren Funktionen unseres menschlichen Geistes brennend zu interessieren; ich staunte über das, was wir heute als intuitive, parapsychische oder einfach psychische Kräfte bezeichnen, denn diese Kräfte lösten immer wieder Probleme von Menschen, die ich kannte. Wie Sie bereits erfahren haben, spricht die Parapsychologie in solchen Fällen von außersinnlicher Wahrnehmung (ASW).

ASW half einen verschwundenen Sohn finden

Ein irischer Bauer, den wir Jerry nennen wollen, lebte etwa eine Meile von uns entfernt. Als kleiner Junge besuchte ich ihn oft auf den Feldern, denn es machte mir Freude, ihm bei der Arbeit zu helfen. Eines Tages fehlte plötzlich sein kleiner Sohn, und Jerry drohte vor Sorge schier zu verzweifeln. Er rief Nachbarn an und machte sich mit ihnen auf die Suche, denn jemand hatte seinen Jungen sagen hören, er wolle den Mount Kidd besteigen, einen Berg im einsamen Westen der Grafschaft Cork, wo wir damals lebten. Der Suchtrupp fand keine Spur von dem Jungen und kehrte nach Einbruch der Dunkelheit unverrichteter Dinge zurück.

In der Nacht hatte unser verzweifelter Nachbar Jerry einen lebhaften Traum. Im Traum erkannte er, wo sich der Junge befand: er sah seinen Sohn bei einem bestimmten Felsblock, der ihm vertraut war, unter Büschen schlafen. Sobald es hell wurde, ritt er auf seinem Esel zu dem Berg, den er im Traum gesehen hatte. Dort band er den Esel an, kletterte das letzte Stück zu dem Felsblock und fand seinen Sohn tatsächlich schlafend unter dem Gebüsch. Voll glücklicher Erleichterung weckte er den Jungen. Der Kleine war zwar überrascht, den Vater vor sich zu sehen, sagte aber: »Ich habe darum gebetet, daß du mich suchst und findest.«

Dieser Bauer hat, wie Tausende anderer Menschen vor und nach ihm, seine in ihm schlummernde Fähigkeit der außersinnlichen Wahrnehmung zur Lösung eines Problems genutzt. Ich sollte vielleicht hinzufügen, daß der Mann nie zur Schule gegangen war und weder lesen noch schreiben konnte. Er wußte zweifellos nichts über die Gesetze des Geistes oder über ASW. Fachwörter wie »Telepathie«, »Hellsehen« oder »Präkognition« hätten für ihn nicht den geringsten Bedeutungsinhalt besessen.

Ich erinnere mich, daß ich Jerry fragte: »Woher hast du gewußt, daß dein Sohn dort oben ist?« Er antwortete: »Gott hat es mir in einem Traum gesagt.«

Die Erklärung dieses Falls ist nach meiner Ansicht ganz einfach. Jerry hatte vor dem Einschlafen an den Jungen gedacht, sich gefragt, wo er sei, und vermutlich in seiner schlichten Art zu Gott gebetet. Sein Unterbewußtsein hatte ihm die Antwort in einem hellseherischen Traum enthüllt.

Wie Sie Ihre ASW nutzen können

Immer wieder berichteten und berichten mir Menschen, daß sie besondere Angaben oder Informationen erhielten, die sie durch die Kanäle der fünf Sinne nicht bekommen konnten. Stets hatten sie um eine Antwort gebeten und sich auf diese konzentriert; und plötzlich wußten sie aufgrund von Träumen, nächtlichen Visionen oder einer intuitiven Erkenntnis, was die Antwort war.

Vor einigen Jahren besuchte eine Frau in Begleitung ihres Mannes und mehrerer Bekannter den Rennplatz in Agua Caliente. Sie interessierte sich damals in keiner Weise für paranormale Phänomene oder, einfacher gesagt, für das Wirken seelisch-geistiger Mechanismen. Am Abend vorher hatte sie im Bett über die

Rennen nachgedacht und sich gefragt, was sie anziehen solle. Sie hatte noch nie ein Rennen besucht, wußte nichts über die Pferde und die Jockeys und hatte auch keine Ahnung, wie man wettete. Darum sagte sie sich vor dem Einschlafen: »Ich hoffe, daß ich wissen werde, was ich tun muß, und daß ich ein paar Sieger erwische. Mehr als vier Dollar, zwei in jedem der beiden Rennen, werde ich nicht setzen.«

Die Frau ist zweifellos, so meinten ein paar Freunde, die ich kenne, sensitiv veranlagt. Tatsächlich träumte sie oft von künftigen Ereignissen. In jener Nacht sah sie zwei Pferde mit den Namen Robby's Choice und Billy's Friend als Sieger. Intuitiv spürte sie, daß diese beiden Rennpferde gewinnen würden.

Am folgenden Tag, nach der Ankunft auf dem Rennplatz, ließ sie sich von ihrem Mann erklären, wie man überhaupt solche Pferdewetten abschloß. Sie setzte auf die Pferde Robby's Choice und Billy's Friend, und beide erbrachten eine Quote von zwanzig zu eins.

Ihr Unterbewußtsein, das die Quelle jeder außersinnlichen Wahrnehmung ist, hatte auf ihr konzentriertes Denken vor dem Einschlafen reagiert. Sie hatte wie nebenbei und ohne übermäßige Anspannung noch irgendeine Anstrengung an Siegerpferde gedacht und so ihr Unterbewußtsein geprägt. Letzteres hatte entsprechend reagiert und die zwei Sieger genannt.

Wie die ASW funktioniert

Zu den namhaftesten Pionier-Erforschern der ASW-Phänomene zählt Professor J. B. Rhine von der Duke-Universität in Durham. Der inzwischen verstorbene Professor veröffentlichte mehrere Bücher über dieses Thema und hielt in vielen Ländern Vorträge, auch vor sehr kritischen Naturwissenschaftlern. Er trug eine Menge gut belegten, überprüften Materials über die Phänomene und die Funktion der außersinnlichen Wahrnehmung zusammen. Besonders interessierte ihn das Hellsehen, also das ohne Einsatz der normalen Sinne erhaltene Wissen von Dingen, die völlig anderswo geschehen und die man dank dieser Fähigkeit ganz klar sieht.

Professor Rhine widmete sich aber auch der Präkognition (dem Sehen oder Vorauswissen künftiger Ereignisse, bevor diese geschehen), der Telepathie (Gedankenübertragung) und der Retrokognition (ASW in die Vergangenheit). Es ist sehr interessant, über die wissenschaftlichen Laboratorien in Amerika, Europa und Indien zu lesen, die sich bei den ASW-Forschungen ihrer technischen Einrichtungen bedienen, und über die jahrelangen wissenschaftlichen Untersuchungen, durch die der Nachweis erbracht wurde, daß die Fähigkeit der außersinnlichen Wahrnehmung in jedem von uns vorhanden ist, daß sie jedoch auch gewissen Grundgesetzen der Geistesfunktion gehorcht.

Anhand von zwei Beispielen sei die ASW-Funktion veranschaulicht:

Als meine jüngste Schwester Elisabeth etwa fünf Jahre alt war, spielten wir fünf Geschwister (zwei Jungen und drei Mädchen) eines Tages zusammen im Garten bei unserem Haus. Plötzlich rief Elisabeth, sie sehe einen Leichenzug und Großmama sei tot. Sie nannte den Namen des an der Spitze des Trauerzuges gehenden Priesters und sagte, unsere Eltern führen in einer Pferdekutsche hinter dem Sarg. Wir lachten sie aus, und Mutter schalt sie, weil es unartig war zu behaupten, daß Großmama tot sei, wo wir doch alle wüßten, daß es ihr sehr gut gehe. Großmama lebte etwa zwanzig Kilometer von uns entfernt. Damals gab es in jenem abgelegenen Teil Irlands noch kein Telefon und keinen Telegrafendienst; Nachrichten wurden von Boten zu Fuß, zu Pferd oder per Esel überbracht.

Gegen Abend kam ein Verwandter, der Großmamas Tod meldete und meine Eltern bat, an der Totenwache und am Begräbnis teilzunehmen. Dem Boten zufolge war Großmama um 14 Uhr gestorben, also etwa zu der Zeit, da meine Schwester Elisabeth den Leichenzug gesehen hatte.

Diese Art außersinnlicher Wahrnehmung wird Präkognition genannt, denn meine Schwester hatte etwas gesehen, das erst zwei Tage später stattfand. Der von ihr genannte Priester nahm die Beerdigung vor, alles war genauso, wie sie es beschrieben hatte. Weil man meine Schwester wegen ihrer intuitiven Fähigkeit kritisierte und verlachte, unterdrückte sie ihre Gabe, so daß ihre außersinnliche Wahrnehmung schließlich fast ganz verkümmerte.

Ein klassischer Fall von Hellsehen ist jener des berühmten Emanuel Swedenborg, den der nicht minder berühmte Immanuel

Kant untersuchte und für echt befand. Während Swedenborg in Göteborg mit einer Gruppe von Wissenschaftlern sprach, hatte er plötzlich eine hellseherische Vision. Er nahm den Ursprung und den Verlauf eines Großfeuers im vierhundert Kilometer entfernten Stockholm deutlich wahr und beschrieb auch das Löschen des Brandes. Einige Tage später traf aus Stockholm ein Bote ein, der Swedenborgs Vision in allen Einzelheiten bestätigte. Wie sich hier zeigt, besitzt der Mensch transzendentale Kräfte, die alle Schranken von Zeit und Raum zu überwinden vermögen.

Eine Vision führte sie zu ihrem Mann zurück

Bei einem meiner letzten Flüge nach San Francisco saß eine junge Frau neben mir, die einen erregten und aufgewühlten Eindruck machte. Nach einer Weile bot sie mir eine Zeitung zum Lesen an, und da hatte ich plötzlich den übermächtigen Drang, sie zu fragen, ob sie ihren Mann verlassen habe. Also fragte ich sie. Die Frau fuhr verblüfft zurück und stieß hervor: »Ja. Wie kommen Sie darauf?«

Ich antwortete: »Das spüre ich intuitiv.«

»Oh«, sagte sie, »dann sind Sie einer von diesen Sensitiven, die verborgene Dinge sehen.«

»Nein – eigentlich nicht«, erklärte ich. »Aber gelegentlich steigt aus meinem Unterbewußtsein unvermittelt etwas empor, das mir eine gesuchte Antwort oder auch spontan irgend etwas enthüllt. Ich glaube, das widerfährt jedem, der sich auf die Gesetze des Geistes einstellt und diese praktiziert; wer das tut, ist sich der unendlichen Gegenwart Gottes im Menschen bewußt.«

»Verstehe«, sagte sie und fuhr nach kurzem Zögern fort: »Ich habe meinen Mann heute früh verlassen und will mit einem anderen Mann, der in San Francisco zu Hause ist, nach Australien gehen, sobald er geschieden ist. Aber ich weiß nicht, ob ich das Richtige tue. Es reißt mich hin und her.«

Ich fühlte mich gedrängt, sie zu beraten. Also erläuterte ich ihr, daß sie im Grunde den idealen Mann suche, der sie schätze, der für sie sorge und sie genauso liebe wie sie ihn. »Sie wollen einen Mann, mit dem Sie vollkommen harmonisch leben können – geistig, seelisch, in jeder Weise. Jetzt sind Sie verwirrt und zornig auf Ihren derzeitigen Ehemann. Es ist töricht, eine Entscheidung zu treffen, wenn man sich in einer derart negativen Gemütsverfassung befindet.«

Ich schrieb ihr ein Gebet auf und empfahl ihr, es regelmäßig zu sprechen und auf die Führung zu achten, die sie innerhalb der nächsten Tage erhalten werde. Außerdem riet ich ihr, keine Verbindung mit dem Mann aufzunehmen, der sich scheiden lassen wollte und den sie zu heiraten gedachte, sondern einfach auf die innere Führung zu warten.

Das Gebet lautete: »Ich weiß, daß es im Leben ein Prinzip rechten Handelns gibt. Ich weiß, daß das Lebensprinzip in mir versucht, sich durch mich harmonisch, friedvoll und freudig zu äußern. Ich bitte darum und glaube fest, daß die allerhöchste Weisheit, die den Kosmos beherrscht und alle Planeten in ihrem Lauf lenkt, mir antwortet und mich führt, so daß ich die richtige Entscheidung treffe. Diesen Gedanken oder diese Bitte präge ich nun meinem tieferen Geist ein, dem die allerhöchste Weisheit innewohnt, und ich befolge die Weisungen, die klar und unzweideutig in mein Bewußtsein treten werden.«

Sie sprach das Gebet mehrmals am Tag und vor allem vor dem Einschlafen. In der dritten Nacht hatte sie eine Vision, die sie ziemlich verblüffte. Ihr verstorbener Bruder erschien ihr in einem lebhaften Traum und warnte sie davor, den Mann aus San Francisco zu heiraten, denn dieser wolle sie nur ausnützen; er sei hinter ihrem Geld her und werde sie schließlich sitzenlassen. Der Bruder sagte: »Kehre zu deinem Mann zurück.« Dann verschwand er.

So funktioniert die ASW. Die seelisch-geistigen Fähigkeiten dieser Frau konnten die wirklichen Motive des Mannes »ablesen«, so daß sie wußte, daß er unaufrichtig und unehrlich war. Plötzlich stand ihr eine klare Antwort vor Augen. Anders ausgedrückt: Das Unterbewußtsein der Frau dramatisierte die Antwort in Form der Erscheinung ihres Bruders, weil es genau wußte, daß die Frau auf die vermeintliche Stimme des Bruders hören würde.

Am Morgen rief sie mich in meinem Hotel an und sagte glücklich: »Ich habe Antwort bekommen! Ich kehre zu meinem Mann zurück.« Später erfuhr ich, daß die beiden eine »wunderbare« Versöhnung feierten.

Man weiß nie, wie Gebete beantwortet oder erhört werden, aber die unerforschlichen Wege des Unterbewußtseins sind zielführend.

ASW half bei der Behandlung psychischer Störungen

In dem Buch *Healing the Mind* (Heilung des Gemüts) von Dr. R. Connell und Geraldine Cummins * wird der Einsatz von ASW bei der Untersuchung und Behandlung diverser Gemütskrankheiten beschrieben.

Unter Mithilfe der irischen Sensitiven Geraldine Cummins, einem der zuverlässigsten Medien unserer Zeit, behandelte Dr. Connell eine Reihe scheinbar »hoffnungsloser Fälle« erfolgreich. Dr. Connell, seinerseits ein hochangesehener Arzt, legte Geraldine Cummins Schriftproben gemütskranker Patienten zur Analyse vor. Nachstehenden Einzelbericht entnahm ich dem Buch mit freundlicher Genehmigung der Autoren:

»Die Patientin war von sanfter, eher schüchterner Veranlagung, körperlich schwach entwickelt, und machte einen etwas erschöpften Eindruck. Da keine organische Krankheit festzustellen war, wurde ihr Fall an uns weitergeleitet mit dem Ersuchen um psychotherapeutische Behandlung.

Folgender Bericht über die Untersuchung einer nach London geschickten Probe ihrer Handschrift traf von dort ein:

›Die Schreiberin dieses Briefs ist überaus angespannt und sensibel. Sie stammt aus einer guten Familie, und einige ihrer Vorfahren besaßen bemerkenswerte Fähigkeiten. Aber zwei oder drei von ihnen hatten ein schweres Leben. Dies führte zu einem beträchtlichen Erschöpfungszustand im ganzen Stamm und zu einem übersensiblen Nervensystem in dieser Generation.

Es besteht eine bestimmte Neigung zu Platzangst, und im Unterbewußtsein dieser Frau sind noch andere Ängste latent. Sie hat von ihren vornehmen Vorfahren eine gewisse Schüchternheit geerbt, was auf die Tatsache zurückzuführen ist, daß einige ihrer Ahnen ein ziemlich isoliertes Leben auf dem Lande führten. Die Grundursache für die Angst dieser Dame, die sie in engen Räumen

* The Aquarian Press, London 1957.

empfindet, läßt sich jedoch etwa zweihundert Jahre zurückdatieren. Einer ihrer Ahnen, vermutlich aus der mütterlichen Linie, besaß Haus und Grund auf dem Land. Dieser Mann war auf seine Weise eine noble Persönlichkeit. In unruhigen Zeiten aber scheint eine Horde aufrührerischer Männer – entweder Pächter oder Leute aus den Bergen – nachts in sein Haus eingebrochen zu sein und es in Brand gesteckt zu haben. Die Frau des Hausbesitzers war in den ersten Monaten schwanger und entkam dem Feuer mit knapper Not. Tatsächlich befand sie sich in einem kleinen Zimmer. Sie erwachte vom Brandgeruch und vom Gebrüll der Männer. Entsetzt sah sie Rauchschwaden hereindringen. Sie stand auf und versuchte, die Tür zu erreichen. Halb erstickt kämpfte sie sich durch die Rauchschwaden zur Schwelle, wo sie ohnmächtig zusammenbrach.

Ihr Mann holte sie unter Lebensgefahr aus dem Haus, und nach einer Weile kam sie in der kalten Nachtluft zu sich. Die Ausgesetztheit in dieser bitterkalten Nacht hatte bei ihr eine Lungenentzündung zur Folge, und während ihres Deliriums sah sie erneut das Bild, wie das Zimmer sich mit Rauch füllte, wieder und wieder machte sie in ihrem Fieber die Schrecken durch, die sie in diesen Minuten erlebt hatte. Langsam erholte sie sich und genas. Doch die Angst, in einem kleinen Zimmer gefangen und eingeschlossen zu sein, hatte sich während ihrer Krankheit auf das Kind übertragen, das sie erwartete.

Ihr Erlebnis während des Brandes wurde zum Bestandteil der Vorerinnerung dieser Familie. Wenn die Nachkommen der unglücklichen Frau auch bewußt nichts mehr über den Brand des Hauses in der einsamen ländlichen Gegend wußten, so blieb dieser doch als ausgeprägte Erinnerung im Unbewußten eingraviert. Einige der Familienmitglieder wurden davon nicht berührt, andere, weniger robuste, entwickelten eine gewisse Schwäche nervöser Natur.

Physisch ist die Patientin, deren Handschrift ich erfühle, ziemlich herunter. Sie sollte viel an die frische Luft gehen, regelmäßig und oft körperliche Übungen machen und sich ein Hobby oder Interessen suchen, die sie stark in Anspruch nehmen.

Da sich der Zwischenfall vor so langer Zeit zutrug und, wie dies denkbar wäre, seither eine Intensivierung infolge ähnlicher furchtbarer Schocks nicht eintrat, handelt es sich um nichts allzu

Ausgesprochenes. Deshalb geht auch keine starke Macht davon aus. Die Patientin sollte sich am Abend vor dem Einschlafen laut vorsagen: ›Mein Geist beherrscht meinen Körper. Nichts kann mir Angst machen. Ich bin in jedem kleinen Zimmer oder jedem beengten Raum ruhig und glücklich.‹

Die Grundursache ihrer Angst – der Schock, den ihre Vorfahrin erlitt, während sie in anderen Umständen war – hat keine Macht über die Patientin, sofern sie sich wirklich in guter körperlicher Verfassung befindet und eine interessante, fesselnde Beschäftigung hat, die sie seelisch-geistig befriedigt.

Flößen Sie der Patientin mehr Selbstvertrauen ein, mehr Glauben an sich selbst. Sie ist zu schüchtern und mißtraut ihren Kräften.

Lassen Sie sie versuchen, sich durchzusetzen und an sich zu glauben, denn sie verfügt über gute angeborene Fähigkeiten und hohe Intelligenz. Doch das Fehlen von Selbstvertrauen behindert sie im Leben sehr.

Sagen Sie der Patientin das Folgende nicht: Es liegt eine ausgesprochen instabile Erbmasse vor, also wird die Heilung vermutlich einige Zeit in Anspruch nehmen, und ihr ärztlicher Betreuer muß sie beobachten und vorsichtig sein, damit keine nervösen Symptome anderer Natur auftreten. Andererseits müßte die Erbanlage, wenn die Patientin diese Anweisungen getreulich befolgt, zu bezwingen sein.‹«

Sie hörten »Stimmen«

Eine Arzt-Freundin erzählte mir, daß sie, wenn sie eine wichtige medizinische Entscheidung treffen muß, unweigerlich eine deutliche innere Stimme hört, der sie bedingungslos gehorcht. Sie sagt, es sei eine orale, unterbewußte Stimme, die sie ganz klar vernimmt, entweder in ihrer Praxis oder in Gesellschaft ihrer Freunde. Niemand sonst hört die Stimme; folglich steigt diese aus dem Unterbewußtsein als Reaktion auf ihren tiefen, beharrlichen Glauben an innere Führung in ihr empor. Die innere Stimme sagt »ja«, wenn sie etwas gutheißt, und »nein«, wenn sie etwas mißbilligt. Nach Aussage der Ärztin hat ihre innere Stimme immer recht.

Da diese Frau sich über einen längeren Zeitraum hinweg die tiefe Überzeugung angeeignet hat, daß Gott sie auf allen Wegen führe, erlebt sie jetzt die automatische Reaktion ihres Unterbewußtseins, wenn sie eine Antwort braucht.

In der Geschichte gibt es berühmte Fälle von Hellhören. Sokrates beispielsweise bekannte ganz offen, daß er von seinem »Dämon« geleitet werde, den er als gebieterische innere Stimme charakterisierte, auf die er höre und der er gehorche. Diese innere Stimme sagte ihm, was er nicht tun durfte, und ihr Schweigen galt ihm als stillschweigendes Einverständnis. Bei Platon lesen wir, daß der »Dämon« oder die intuitive Stimme Sokrates ein ungewöhnliches Wissen vermittelte, das über das durch die fünf Sinne vermittelte Wissensgut hinausging.

Ein weiteres verblüffendes Beispiel für die Fähigkeit des Hellhörens lieferte die Jungfrau von Orléans Jeanne d'Arc. Die historische Überlieferung berichtet, daß das Mädchen völlig von direkten Botschaften oder »Stimmen« ihres Unterbewußtseins abhängig war. Namhafte Historiker haben im Lauf der Jahrhunderte ihre erstaunlichen Heldentaten untersucht. Viele Parapsychologen und andere Wissenschaftler gelangten zu dem Schluß, daß Johanna ASW-befähigt war.

Ihre hellseherischen Kräfte demonstrierte Johanna als ganz junges Mädchen in Domrémy auf höchst überzeugende Weise. Sie behauptete vor Zeugen, hinter dem Altar der Katharinenkirche in Fierbois liege ein Schwert begraben. Die genannte Kirche hatte sie nie gesehen. Ein Mann grub bei dem Altar und fand das Schwert, wie sie es angekündigt hätte.

Er fand eine verlorengegangene Quittung

Vor einiger Zeit rief mich ein Mann aus New Orleans an und sagte, er sei absolut sicher, daß seine Frau vor ihrem Tod für eine Platinuhr – ihr Geschenk an ihn zur goldenen Hochzeit – zweitausendfünfhundert Dollar bar bezahlt habe, denn sie habe ihm die Quittung gezeigt; trotzdem aber dränge der Juwelier auf Zahlung. Obwohl der Mann beharrlich erklärte, seine Frau habe bezahlt und eine Quittung bekommen, ließ der Juwelier nicht locker. Er behauptete, die Summe stünde noch aus, und zeigte dem Witwer immer wieder die Eintragung in seinen Büchern.

Der Witwer hatte im ganzen Haus gesucht, die Quittung jedoch nicht gefunden. Er fragte mich: »Können Sie mir helfen? Ich habe Ihr Buch *Die Macht Ihres Unterbewußtseins* gelesen, und dort beschreiben Sie einen Fall, wo durch die Führung des Unterbewußtseins ein Testament gefunden wurde.«

Ich versprach ihm zu beten, daß ihm die Antwort enthüllt werde. Außerdem empfahl ich ihm, selbst voll Überzeugung zu behaupten, daß der allwissenden unendlichen Weisheit bekannt sei, wo die Quittung stecke, und daß sie ihm dies in göttlicher Fügung mitteilen werde.

Kaum eine Woche später schrieb er mir, daß ihm nachts im Traum ein Mann erschienen sei, der ausgesehen habe wie einer der alten Weisen und auf eine bestimmte Seite im *Buch Jesaja* hingewiesen habe. Er sei sofort wach geworden und in seine Bibliothek gelaufen, habe die Bibel an der im Traum gesehenen Seite aufgeschlagen und dort die Quittung gefunden. Sein Unterbewußtsein hatte ihm die Antwort geliefert, die über das Vermögen seines bewußten Verstandes hinausgegangen war.

Wie Sie die ASW für sich wirken lassen können

Bestimmt kennen Sie die Redensart, man solle etwas »überschlafen«. Das ist ein weiser Rat, denn wenn Ihr Bewußtsein ruhiggestellt ist und Sie Ihre Aufmerksamkeit auf die Lösung oder Antwort konzentrieren, die Sie suchen, wird die unendliche Weisheit, die Ihrem Unterbewußtsein innewohnt, reagieren und Ihr Problem lösen.

Wenn Sie etwas verloren und schon überall gesucht haben, ohne es zu finden, sollten Sie aufhören, sich deswegen zu quälen oder aufzuregen. Entspannen Sie sich und richten Sie folgende Bitte an Ihr Unterbewußtsein: »Die unendliche Weisheit, die meinem Unterbewußtsein innewohnt, weiß alles. Sie weiß, wo dieses Ding ist, und zeigt es mir klar und deutlich. Ich werde in göttlicher Fügung hingeführt. Ich vertraue der unendlichen Weisheit voll und ganz. Ich entspanne mich und werde ruhig.«

Wenn Sie entspannt, ruhig und gelöst sind und sich mit etwas anderem beschäftigen, werden die ASW-Fähigkeiten Ihres Unterbewußtseins Sie direkt zu dem verlorenen Gegenstand führen. Sie können ihn in einem Traum sehen oder direkt hingelenkt werden.

Es steht geschrieben: ... *denn seinen Freunden gibt er's schlafend* (Psalm 127, 2), woraus das Sprichwort wurde: »Den Seinen gibt's der Herr im Schlafe.« In diesen beeindruckenden Worten besitzen wir wahrlich ein wunderbares Vermächtnis!

Zusammenfassung

1. Wir alle besitzen die Fähigkeit der außersinnlichen Wahrnehmung (ASW), doch in vielen von uns ist sie unentwickelt oder wird unterdrückt. Im Lauf der Zeit verkümmert sie infolge solcher Vernachlässigung schließlich ganz.

2. Zahlreiche Menschen erlangen durch ASW besondere Informationen oder Kenntnisse, die sie vermittels ihrer normalen fünf Sinne nicht erhalten könnten.

3. Professor J. B. Rhine von der Duke-Universität im amerikanischen Durham hat eine immense Menge Material über Telepathie und Hellsehen, auch über Präkognition und Retrokognition zusammengetragen und in streng kontrollierten Labortests die paranormalen Fähigkeiten des Menschen bewiesen.

4. ASW-Fähigkeiten ermöglichen es manchen kleinen Kindern, beispielsweise einen Leichenzug genau zu sehen, bevor das Begräbnis wirklich stattfindet. Es kann sich dabei um eine telepathische Mitteilung seitens eines geliebten Menschen an das Kind oder um das Wirken der präkognitiven Fähigkeit des Kindes handeln.

5. Emanuel Swedenborg hatte eine hellseherische Vision von einem Großbrand, der in Stockholm tobte, während er sich im vierhundert Kilometer entfernten Göteborg mit einer Gruppe Wissenschaftler unterhielt.

6. Durch ASW können Sie intuitiv spüren, was bei einem Menschen nicht in Ordnung ist. Das befähigt Sie, diesem Menschen zu helfen, eine Entscheidung zu treffen, die in richtiges Handeln einmündet.

7. Eine irische Sensitive, der ein Arzt Briefe seiner Patienten gibt, kann dank ihrer hochentwickelten ASW durch Berühren der Briefe die Komplexe und Ängste offenbaren, die sich bei den Patienten hinter Gemütsstörungen verbergen.

8. Viele Menschen haben bei sich die ASW-Fähigkeit des Hellhörens entwickelt, das heißt, sie vernehmen eine innere Stimme, die ihre Entscheidungen gutheißt oder mißbilligt. Die Stimme kommt aus der Quelle höchster Weisheit, die jedem von uns innewohnt und immer zum Besten des Menschen handelt.

9. Ihre ASW-Fähigkeit vermag Ihnen zu enthüllen, wo sich ein verlorengegangener Gegenstand befindet: die Antwort kann in einem Traum kommen, oder Sie sehen, wo der Gegenstand liegt, oder eine Stimme sagt Ihnen im Schlaf, daß Sie irgendwohin gehen oder etwas tun sollen, um das Gesuchte zu finden.

10. Sie können Ihre ASW-Fähigkeiten entwickeln und jeden Tag weiser werden, indem Sie entsprechende Wunschgedanken in Ihr Unterbewußtsein senken, Sitz und Quelle der außersinnlichen Wahrnehmung.

KAPITEL 9

Die geheimen Kräfte der Selbstbeherrschung tragen reiche Früchte

Im Markusevangelium, Kapitel 11, Vers 23, lesen wir: *Wahrlich, ich sage euch: Wer zu diesem Berge spräche: Hebe dich und wirf dich ins Meer! und zweifelte nicht in seinem Herzen, sondern glaubte, daß es geschehen würde, was er sagt, so wird's ihm geschehen, was er sagt.*

Diese Worte enthalten eine Wahrheit, die Ihnen unendliche Kraft für ein wirklich vollkommenes Leben geben kann. Der Berg steht in der Bibel für die Schwierigkeiten, Herausforderungen und Probleme, mit denen Sie konfrontiert werden. Vielleicht erscheinen sie Ihnen überwältigend und übermächtig, aber wenn Sie an die unendliche Kraft glauben und sie auch im innersten Herzen nicht anzweifeln, werden Sie nachstehendes Gebet voll Überzeugung sprechen und alle Schwierigkeiten meistern. Das Gebet lautet:

»Hebe dich hinweg. Ich werde die Herausforderung dank der unendlichen Kraft bestehen. Dieses Problem wird auf göttliche Weise gelöst werden. Ich werde es mutig anpacken, denn ich weiß, daß mir jedwede erforderliche Kraft, Weisheit und Stärke gegeben sind. Ich glaube bedingungslos, daß Gott die Antwort kennt, und ich bin eins mit Gott. Gott offenbart mir den Ausweg, das glückliche Ende. Ich wandle in dieser Überzeugung, und da ich dies tue, weiß ich, daß der Berg von der Bildfläche verschwinden, sich im Lichte der Liebe Gottes auflösen wird. Das glaube ich; das akzeptiere ich voll und ganz; so ist es.«

Eine mutlose junge Frau gab ihrem Leben neuen Sinn

Als ich vor einigen Jahren in Honolulu ein Seminar abhielt, kam eine Japanerin zu mir, die an akuter Depression und Mutlosigkeit litt. Sie war erst dreißig, hatte aber schon schwere Operationen durchgemacht, darunter die Amputation einer Brust und eine Hysterektomie (Entfernung der Gebärmutter). Sie klagte: »Ich bin keine Frau mehr. Ich kann keine Kinder zur Welt bringen, niemand mag mich.«

Ich erwiderte: »Sie sind ein Kind Gottes, und Gott braucht Sie dort, wo Sie sind; sonst wären Sie nicht dort.« Dann erklärte ich ihr, daß wir zeitlebens Rückschläge und Schwierigkeiten zu gewärtigen hätten, daß auf jeden von uns Prüfungen und Probleme warteten, daß wir aber eine unendliche Kraft in uns trügen, die uns Macht über jede Mutlosigkeit und Deprimiertheit gebe und daß gerade das Meistern einer komplizierten Situation Freude bereite.

Am schnellsten ließ sich ihre Niedergeschlagenheit zweifellos dadurch überwinden, daß sie ihre Freundlichkeit und Fähigkeiten zum Wohle anderer einsetzte. Auf diese Weise konnte sie sich von Selbstversunkenheit, Selbstmitleid und Selbstverurteilung befreien, konnte sie lernen, sich selbst zu beherrschen und ihr Leben zu meistern. Da sie Krankenschwester war, empfahl ich ihr, doch ihren Beruf wieder auszuüben und kranken Menschen zu dienen, Gottes heilende Liebe über die ihr anvertrauten Patienten auszugießen und diesen etwas von ihrem göttlichen Ich zu geben. Ich wies sie darauf hin, daß egozentrische, das heißt ichbezogene Menschen nur selten glücklich sind und daß das Geheimnis eines wahrhaft erfüllten Lebens darin liegt, anderen Menschen Freude, Glück und mehr Lebensqualität zu bescheren.

Ich riet ihr auch, mehrmals am Tag den 42. Psalm laut zu lesen und die Worte so in sich aufzunehmen, als esse sie eine köstliche Speise. Damit meinte ich nicht, daß sie die Worte »durchkauen« oder etwa leere Behauptungen äußern solle. Ich wünschte vielmehr, daß sie die in diesem Psalm enthaltenen wunderbaren Wahrheiten fühlen und spüren und so in sich ein tiefes, grundlegendes Gefühl des Einsseins mit Gott erzeugen würde, wodurch ihr Geist und ihr Gemüt von der gottgegebenen unendlichen Kraft in ihrem Inneren verwandelt würden.

Sie befolgte meine Empfehlungen, griff ihre Tätigkeit als Krankenschwester wieder auf, strahlte gegenüber den Patienten Liebe und Freundlichkeit aus, ermutigte sie, erzählte ihnen von der unendlichen Heilmacht Gottes und fachte ihren Glauben an. Wie sie mir später schrieb, starb in zwei Jahren kein einziger der ihr anvertrauten Patienten. Sie betet ständig für jeden ihrer Patienten: »Gott ist das Leben, und sein Leben, seine Liebe und Macht offenbaren sich jetzt in Frau X oder Herrn Y.« Mit solchem Beten praktiziert man die Gegenwart Gottes, denn man praktiziert Harmonie, Frieden, Freude und Liebe.

Vergangene Weihnachten hatte ich die Freude, die Ehe zwischen dieser Krankenschwester und dem Arzt, der sie operiert hatte, zu schließen. Nach der Zeremonie sagte mir der frischgebackene Ehemann: »Sie ist mehr als eine Krankenschwester, sie ist ein Engel der Gnade.« Er sah das innere Strahlen und die Schönheit ihrer Seele. R. W. Emerson schrieb, das einzige wirkliche Geschenk, das man machen könne, sei ein Teil des eigenen Selbst.

Folgender Psalm half der jungen Frau, das Geschenk Gottes in ihrem Inneren zu finden:

Wie der Hirsch schreit nach frischem Wasser, so schreit meine Seele, Gott, nach dir. Meine Seele dürstet nach Gott, nach dem lebendigen Gott. Wann werde ich dahin kommen, daß ich Gottes Angesicht schaue?

Meine Tränen sind meine Speise Tag und Nacht, weil man täglich zu mir sagt: Wo ist nun dein Gott?

Wenn ich denn des innewerde, so schütte ich mein Herz aus bei mir selbst; denn ich wollte gerne hingehen mit dem Haufen und mit ihnen wallen zum Hause Gottes, mit Frohlocken und Danken unter dem Haufen derer, die da feiern.

Was betrübst du dich, meine Seele, und bist so unruhig in mir? Harre auf Gott! Denn ich werde ihm noch danken, daß er mir hilft mit seinem Angesicht.

Mein Gott, betrübt ist meine Seele in mir; darum gedenke ich an dich im Lande am Jordan und Hermonim, auf dem kleinen Berg.

Deine Fluten rauschen daher, daß hier eine Tiefe und da eine Tiefe brausen; alle deine Wasserwogen und Wellen gehen über mich.

Der Herr hat des Tages verheißen seine Güte, und des Nachts singe ich ihm und bete zu dem Gott meines Lebens.

Ich sage zu Gott, meinem Fels: Warum hast du mein vergessen? Warum muß ich so traurig gehen, wenn mein Feind mich drängt?

Es ist als ein Mord in meinen Gebeinen, daß mich meine Feinde schmähen, wenn sie täglich zu mir sagen: Wo ist nun dein Gott?

Was betrübst du dich, meine Seele, und bist so unruhig in mir?

Harre auf Gott! denn ich werde ihm noch danken, daß er meines Angesichts Hilfe und mein Gott ist (Psalm 42).

Wie Ehegatten wieder zueinander fanden

Vor längerer Zeit führte ich ein Gespräch mit einer Frau, die wegen eines Nervenzusammenbruchs und blutender Geschwüre seit zwei Monaten im Krankenhaus lag. Ihr Leiden war jedoch im Grunde emotioneller Natur. Sie klagte darüber, daß ihr Mann so seltsam sei. Er gab ihr vierzig Dollar pro Woche, womit sie den Haushalt bestreiten und die vierköpfige Familie verköstigen sollte, und dann wollte er wissen, wo das ganze Geld geblieben sei. Er erlaubte ihr nicht, in die Kirche zu gehen, weil nach seiner Ansicht alle Religionen »nichts als Schwindel« waren. Sie musizierte gern, aber er duldete kein Klavier im Haus.

Die Frau beugte sich seinen verdrehten, morbiden Ideen und tat ihren eigenen Wünschen, ihren angeborenen Talenten und Fähigkeiten Gewalt an. Ihrem Mann grollte sie aus tiefstem Herzen, die unterdrückte Enttäuschung und Wut hatten den Nervenzusammenbruch und die Geschwüre verursacht. Ihr Mann zerstörte in ihr jedes Gefühl für ihn, weil er sich auf egoistische, gemeine Art gegen ihre Lebensvorstellungen und Wertauffassungen stellte.

Ich erklärte der talentierten Frau, die Ehe sei kein Freibrief zum Tyrannisieren, Einschüchtern und Unterdrücken der Persönlichkeit und der Bestrebungen des Partners. In einer Ehe müßten gegenseitige Liebe, Freiheit und Achtung herrschen, und keiner der Partner dürfe schüchtern, abhängig, ängstlich und unterwürfig sein. Sie müsse im psychologischen Sinne geistig-seelisch reifen und aufhören, ihre Persönlichkeit zu knechten. Andererseits müsse sie auch das Gute in ihrem Mann sehen.

In einem gemeinsamen Gespräch mit dem Mann und der Frau empfahl ich den beiden, nicht länger auf den Mängeln, Schwächen und Unzulänglichkeiten des anderen herumzuhacken, sondern im anderen das Gute zu sehen, die wunderbaren Eigenschaften, die jeder von ihnen bei der Heirat im Partner gesehen hatte. Der Mann erfaßte rasch, daß er mit seiner uneinsichtigen Haltung vieles falsch gemacht hatte und daß der Groll und die unterdrückte Wut seiner Frau die Ursache für ihre Zusammenbrüche und ihre Einlieferung ins Krankenhaus gewesen waren. Die Ehegatten machten einen Plan, dem zufolge die Frau ihren musikalischen und sozialen Neigungen nachgehen konnte, und sie eröffneten auf der Basis gegenseitiger Achtung und gegenseitigen Vertrauens ein gemeinsames Scheckkonto.

Jedem der beiden schrieb ich ein besonderes Gebet auf. Jenes des Mannes lautete: »Ich unterlasse ab sofort alle Versuche, meine Frau zu ändern. Ich will nicht, daß sie eine zweite Ausgabe von mir ist, und will auch ihre Fähigkeiten und ihre Persönlichkeit nicht unterdrücken. Ich strahle ihr gegenüber Liebe, Frieden und Freundlichkeit aus. Aufrichtig bete ich darum, daß unendliche Weisheit sie auf allen ihren Wegen leitet und daß göttliche Liebe allezeit ihren Geist, ihre Seele und ihren Körper durchströmt. Gottes Frieden wohnt ständig in ihrem Gemüt. Ich preise Gott in ihr. Ich bitte darum, daß sie glücklich, heiter und gesund ist und sich auf göttliche Weise selbst verwirklicht. Ich weiß, daß mein Denken gleichbedeutend ist mit Beten und daß meine Gedanken sich im Leben verwirklichen. Ich weiß auch, daß Beten eine heilsame Gewohnheit ist, und wenn ich weiterhin gewohnheitsmäßig auf dieser Linie denke, werde ich ein gütiger, liebe- und verständnisvoller Ehemann werden. Immer wenn ich an meine Frau denke, werde ich stumm bekräftigen: ›Gott liebt dich und sorgt für dich.‹«

Die Frau sprach regelmäßig folgendes Gebet: »Ich sah in meinem Mann wunderbare Eigenschaften, als ich ihn heiratete. Diese Qualitäten sind noch immer da, und von jetzt an werde ich mit seinen guten Eigenschaften und nicht mit seinen Fehlern rechnen. Ich weiß, fühle und bekräftige, daß unendliche Weisheit ihn auf allen Wegen führt und lenkt. Regelmäßig und systematisch preise ich Gott in ihm. Göttliches Recht und göttliche Ordnung bestimmen sein Tun. Göttlicher Friede erfüllt meine Seele. Göttliche Liebe strömt durch seine Gedanken, Worte und Taten, und sie strömt zu mir und zu den Kindern. Gott liebt ihn und sorgt für ihn. Er ist immens erfolgreich, und Gott läßt ihn gedeihen. Er wird vom Himmel inspiriert. Ich weiß, daß alle Gedanken, die ich regelmäßig und systematisch wiederhole, ihren Weg in mein Unterbewußtsein finden und daß sie wie Samen artgemäß wachsen und Wirklichkeit werden. Immer wenn ich an meinen Mann denke, werde ich sofort stumm sagen: ›Gott in mir grüßt das Göttliche in dir.‹«

Beide Ehepartner hielten sich an ihr Abkommen und beteten regelmäßig. Sie wußten, daß Glauben gleichbedeutend ist mit dem Schritt zur Verwirklichung des Geglaubten.

Nach etwa einem Monat rief mich das Paar an. Die Frau sagte: »Die Wahrheiten, die Sie für mich aufgeschrieben haben, sind in meinem Herzen verankert.« Der Mann berichtete: »Ich bin jetzt Herr über meine Gedanken, Gefühle und Reaktionen, und das gleiche gilt für meine Frau. Selbstbeherrschung ist in unser beider Leben Wirklichkeit geworden.« Dieses Ehepaar hat erkannt, daß die unendliche Kraft für ein vollkommenes Leben immer in uns selbst liegt.

Ein deprimierter junger Mann lernte sich schätzen und wurde geschätzt

Voll Bitterkeit beklagte sich ein junger Mann bei mir darüber, daß er bei gesellschaftlichen Zusammenkünften ständig geschnitten und in seiner Firma bei Beförderungen übergangen werde. Er sagte, daß er in seinem Haus oft Gäste empfange, selbst aber nie zu Kollegen oder anderen seiner Gäste eingeladen würde. Er hegte im innersten Herzen tiefen Groll gegen seine Mitmenschen.

Als wir in unserem Gespräch die Kindheit und häusliche Umgebung des gebildeten Mannes erörterten, stellte sich heraus, daß sein Vater ein puritanischer Neuengländer und seine Mutter bei seiner Geburt gestorben war. Der Vater, der sich ziemlich tyrannisch und despotisch gab, hatte oft zu seinem Sohn gesagt: »Du taugst nichts. Du wirst es nie zu etwas bringen. Du bist dumm. Warum bist du nicht gescheit wie dein Bruder?«

Ich erkannte, daß der junge Mann seinen Vater regelrecht haßte. Er war mit einem Minderwertigkeitskomplex aufgewachsen, da er sich stets zurückgewiesen fühlte, und glaubte jetzt unbewußt, für andere Menschen inakzeptabel zu sein. Um einen anschaulichen Ausdruck zu gebrauchen: er hatte eine psychische Beule und war schrecklich empfindlich, was die zwischenmenschlichen Beziehungen anbelangte. Damit gingen auch die subjektive Erwartung und

Angst einher, von anderen abgelehnt zu werden, entweder in Form einer derben Kränkung oder einer dezenteren Abfuhr.

Ich machte ihm klar, daß er nach meinem Eindruck ständig irgendeine Zurückweisung oder Beleidigung fürchte und daß er seinen Haß auf den Vater laufend auf andere übertrage. Damit wünschte er sich, sozusagen zwangsläufig, beiseite geschoben, zurückversetzt oder durch die Haltung oder Aussagen irgendeines Menschen verletzt zu werden, und sei es nur durch das scheinbar größere Interesse des Betreffenden an anderen Menschen. Ich erläuterte ihm die Gesetze des Geistes und gab ihm mein Buch *Die Gesetze des Denkens und Glaubens* * zu lesen. Dann arbeitete ich für ihn einen praktischen Plan mit fünf Schritten zur Überwindung seines Komplexes und zur Erlangung der Kontrolle über sein Leben aus.

Der erste Schritt zur Lösung eines derartigen Problems ist die Erkenntnis, daß alle vergangenen Erfahrungen, wie bitter sie auch gewesen sein mögen, ausgelöscht werden können, indem man das Unterbewußtsein mit ewigen Wahrheiten und lebensfördernden Denkmustern speist. Da das Unterbewußtsein für Suggestionen empfänglich ist und durch das Bewußtsein kontrolliert wird – also durch das, was wir denken und glauben –, lassen sich alle negativen Muster, Komplexe, Ängste und Minderwertigkeitsgefühle tilgen. Nachstehende, die Persönlichkeit aufbauende Denkmuster eignen sich für die Lösung eines solchen Problems.

»Ich erkenne folgende Wahrheiten an. Ich bin ein Kind des lebendigen Gottes. Gott wohnt in mir und ist mein wirkliches Ich. Von diesem Augenblick an werde ich Gott lieben. Gottesliebe bedeutet Achtung, Treue und Loyalität gegenüber der einzigen Gegenwart und der einzigen Macht. Von jetzt an achte ich das Göttliche, das mich zu meinen Zielen führt. Die Gottesgegenwart in mir erschuf mich, sie erhält mich und ist das Lebensprinzip in mir. Die Bibel sagt: *Du sollst deinen Nächsten lieben wie dich selbst* (3. Moses 19, 18). Der Nächste ist das, was mir am nächsten steht oder mir näher ist als das Atmen, als Hände und Füße. In jeder Sekunde des Tages, da ich bei wachem Bewußtsein bin, ehre, preise und verherrliche ich die göttliche Gegenwart, die mir

* Ariston Verlag, Genf, 7. Auflage 1980.

innewohnt und für die ich gesunde Ehrerbietung und Achtung empfinde. Ich weiß, daß ich durch die Ehrerbietung gegenüber dem Göttlichen in mir und durch die Lobpreisung desselben automatisch das Göttliche auch im anderen Menschen achte und liebe. Sobald ich dazu neige, mich allzu kritisch zu verurteilen oder Fehler an mir hochzuspielen, werde ich voll Nachdruck sagen: ›Ich ehre, liebe und preise die Gottesgegenwart in mir, ich liebe mein Ich mit jedem Tag mehr.‹ Ich weiß, daß ich andere erst lieben und achten kann, wenn ich meinem wirklichen Ich – dem Göttlichen in mir – Liebe, Ehrerbietung, Treue und Hingabe bezeige. Wenn ich Gott in mir ehre, dann ehre ich die Würde und Göttlichkeit aller Menschen. Ich weiß, daß diese Wahrheiten, wenn ich sie voll Gefühl und aus tiefer Überzeugung wiederhole, in mein Unterbewußtsein sinken und daß ich dann automatisch gezwungen werde, diesen Wahrheiten Ausdruck zu verleihen, da die seelisch-geistigen Gesetze zwingend sind. Was dem Unterbewußtsein eingeprägt wird, das muß ich ausdrücken, das wird sich in meinem Leben verwirklichen. Ich glaube dies voll und ganz. Es ist wunderbar!«

Der zweite Schritt ist die drei- oder viermalige Wiederholung dieser Wahrheiten jeden Tag, möglichst zu bestimmten Zeiten, damit Ihnen das konstruktive Denken zur Gewohnheit wird.

Der dritte Schritt besteht darin, sich selbst niemals zu verurteilen, herabzusetzen oder zu bestrafen. Sollten Ihnen Gedanken kommen wie: »Ich tauge nichts«, »Ich bin vom Pech verfolgt«, »Niemand mag mich« oder »Ich bin niemand«, kehren Sie diese sofort um, indem Sie sagen: »Ich preise Gott in mir.«

Der vierte Schritt ist, daß Sie sich bildhaft vorstellen, wie Sie in freundlicher, liebenswürdiger, höflicher Weise zu Ihren Kollegen treten. Malen Sie sich aus, daß Ihre Vorgesetzten Sie zu guter Arbeitsleistung beglückwünschen, daß Sie bei Ihren Bekannten herzlich willkommen geheißen und liebenswürdig aufgenommen werden. Vor allem aber wissen und glauben Sie, daß Ihre Vorstellungen – eine geistige Wirklichkeit – in Ihrem Leben ihren Niederschlag finden und damit zur materiellen Wirklichkeit werden.

Der fünfte Schritt besteht in der Erkenntnis und dem Wissen, daß alles, worüber Sie gewohnheitsmäßig nachdenken und was Sie sich gewohnheitsmäßig vorstellen, eintreten muß; denn was Ihrem Unterbewußtsein eingeprägt wird, muß auf dem Bildschirm des Raums als Erfahrung, Zustand oder Ereignis zum Ausdruck kommen.

Doch zurück zu unserem jungen Mann. Er ging so vor, wie ich es ihm empfohlen hatte, und war sich dabei genau bewußt, was er tat und warum er es tat. Da er nun um die gestaltende Kraft seines Unterbewußtseins wußte, erlangte er täglich mehr Vertrauen zu seiner »Therapie« und deren praktischer Anwendung. Nach und nach gelang es ihm, sein Unterbewußtsein von den früher angestauten psychischen Belastungen zu »reinigen«.

Heute ist er bei seinen Kollegen ein gern gesehener Gast, und er wurde sogar schon vom Generaldirektor seiner Firma zu einem Gartenfest eingeladen. Und seit er das beschriebene psychologisch wirksame Verfahren anwendet, ist er bereits zweimal befördert worden. Es ist noch nicht zwei Jahre her, seit ich ihm zum erstenmal begegnete; heute ist er zum stellvertretenden geschäftsführenden Direktor einer Tochtergesellschaft des Unternehmens avanciert. Er weiß, daß man durch Nutzung der inneren unendlichen Kraft belastende Zustände, Erfahrungen und Ereignisse zu löschen und die Gegenwart erfolgreich zu gestalten vermag.

Und das gilt auch für Sie: Was Sie glauben, das widerfährt Ihnen.

Ein überraschender Ausweg aus einer unglücklichen Ehe

Eine Frau aus Texas schrieb mir:

»Sehr geehrter Herr Dr. Murphy, ich habe Ihr Buch *Das Wunder Ihres Geistes* * gelesen, das mir viel half. Nun hätte ich gerne Ihren persönlichen Rat für mein Problem. Mein Mann kritisiert mich ständig mit beleidigenden, sarkastischen, gehässigen Worten. Die Verlogenheit meines Mannes macht es mir unmöglich, irgend etwas von dem zu glauben, was er sagt. Er schläft getrennt von mir, und eheliche Intimität gibt es zwischen uns keine mehr. Welche

---

* Ariston Verlag, Genf, 8. Auflage 1980. (Den Leser sollte die häufige Erwähnung von Büchern des Autors nicht wundern. Seine Werke sind in vielen Millionen Exemplaren verbreitet, und Zehntausende von Lesern haben ihm geschrieben.)

Arbeit ich für das Gemeinwohl auch leiste (da wir keine Kinder haben, ist das ja verständlich), er hat stets etwas daran auszusetzen. In den letzten fünf Jahren hatten wir niemals Gäste. Ich bin voller Abneigung gegen meinen Mann. Ich fürchte, daß ich ihn zu hassen beginne. Zweimal habe ich ihn verlassen. Wir haben auch schon geistlichen Beistand, psychologische Hilfe und juristischen Rat gesucht. Trotzdem, ich habe keine Beziehung mehr zu ihm. Was soll ich tun?«

Dieser Frau schrieb ich folgenden Antwortbrief:

»Sehr geehrte Frau ..., Sie können es sich nicht leisten, irgend jemanden auf Erden zu hassen und zu verabscheuen. Solche Gefühle bzw. Haltungen sind geistiges Gift, das Ihre ganze Denkweise krankmacht und Sie des inneren Friedens, der Harmonie, Gesundheit und Urteilsfähigkeit beraubt, das Ihre Seele zerfrißt und Sie zu einem körperlichen und geistig-seelischen Wrack macht. In Ihrer Welt sind Sie die einzige Denkerin, und für die Art, wie Sie über Ihren Mann denken, sind allein Sie verantwortlich, nicht er. Mein Vorschlag ist, daß Sie aufhören, Kontakt zu ihm zu suchen; vielmehr sollten Sie ihn vollständig Gott überantworten. Man darf kein Leben der Lüge führen. Es ist viel besser, eine Lüge aufzudecken, als sie zu leben. In unserem Dasein kommt die Zeit, da wir, wenn wir zur Lösung eines Problems alles nur Mögliche getan haben, das Gebot des Paulus befolgen sollten, ›darauf zu bauen‹, daß die kosmische Weisheit in uns das Problem löst. Sie haben Psychologen, Anwälte und Geistliche aufgesucht, offenbar in dem guten Willen, Ihre Ehe zu retten; dennoch scheint sich keine Lösung abzuzeichnen. Wenden Sie Ihren Geist konstruktiven Zielen zu und nehmen Sie gegenüber Ihrem Mann eine neue Haltung ein, etwa so: ›Nichts, was mich an ihm zu stören scheint, bewegt oder erregt mich.‹

Hier ist ein Gebet für Sie, das Ergebnisse zeitigen wird, wenn Sie es getreulich sprechen, denn die unendliche Kraft versagt nie:

›Ich überantworte meinen Mann Gott. Gott hat ihn erschaffen und erhält ihn. Gott offenbart ihm seinen wahren Platz im Leben, auf dem er göttlich glücklich und göttlich gesegnet ist. Kosmische Weisheit enthüllt ihm den perfekten Plan und zeigt ihm den Weg, den er gehen muß. Unendliche Kraft durchströmt ihn und führt ihn zu Liebe, Frieden, Harmonie, Freude und zu rechtem Tun. Ich werde dank göttlicher Führung das Richtige tun und die richtige Entscheidung treffen. Ich weiß, wenn ich das tue, was für mich richtig ist, dann ist es auch für meinen Mann richtig; und ich weiß, daß alles, was einem Menschen zum Segen gereicht, auch für andere segensreich ist. Wenn ich an meinen Mann denke, werde ich, was er auch sagen oder tun mag, stets voll Überzeugung und Gefühl bekräftigen: Ich habe dich Gott überantwortet. Ich bin mit allen Menschen im Frieden und wünsche meinem Mann alle Wohltaten des Lebens.‹«

Abschließend empfahl ich der Frau, sich ihr eigenes konstruktives Leben aufzubauen, ihre Talente zu pflegen und weiter für das Gemeinwohl zu arbeiten. Das Gebet solle sie möglichst oft wiederholen, denn diese gottgefälligen Gedanken würden ihr Unterbewußtsein von jedem Groll und von den negativen, zerstörerischen Gifttaschen befreien, die sich in den verborgenen Winkeln ihres seelisch-geistigen Grundes gebildet hatten. Die dann sich vollziehende Befreiung bzw. Reinigung ließe sich am besten durch einen Vergleich veranschaulichen: Fällt in eine Schale mit schmutzigem Wasser in Abständen ein Wassertropfen, so werden die Tropfen, wenn wir lange genug ausharren, das schmutzige Wasser reinigen, und wir haben schließlich sauberes Wasser zu trinken. Natürlich kann man die Schale mit einem Schlauch ausspülen und frisches Wasser einfüllen; auf diese Weise bekommt man schneller sauberes Trinkwasser. Der Schlauch wäre gleichbedeutend mit einer »Transfusion« göttlicher Liebe und Freundlichkeit in die Seele, wodurch eine sofortige Reinigung erfolgen würde. Üblich jedoch ist der schrittweise Reinigungsprozeß.

Die Auswirkungen des ihr empfohlenen und von ihr beherzigten Gebets sind interessant und überraschend, wie nachstehendes Schreiben der Frau zeigt:

»Sehr geehrter Herr Dr. Murphy, ich bin Ihnen überaus dankbar für Ihren Brief, Ihren Rat und das persönliche Gebet, das mir zum ›täglichen Brot‹ wurde. Sobald mir mein Mann sarkastisch begegnete und Verwünschungen oder Schmähungen ausstieß, segnete ich ihn, indem ich stumm sagte: ›Ich überantworte dich Gott.‹ Ich begann mich noch intensiver meiner Krankenhaus- und Wohlfahrtsarbeit zu widmen und habe in den letzten sechs Wochen, seit ich zu beten begann, viele Freunde gewonnen. Vergangene Woche bat mich mein Mann um die Scheidung, in die ich erleichtert einwilligte. Wir haben bereits eine Vermögensteilung vorgenommen, die für beide Teile befriedigend ist. Er fährt zur Scheidung nach Reno und will dann eine Frau heiraten, die nach meinem Eindruck zu ihm paßt. Ich habe mich auch neu verliebt, in einen Kindheitsfreund, den ich bei meiner Krankenhausarbeit wiedergetroffen habe. Wir werden heiraten, sobald ich rechtlich frei bin.«

Wahrlich, Gott wirkt seine Wunder auf wunderbare Weise!

Zusammenfassung

1. Machen Sie sich klar, daß jedes Problem mit Gottes Hilfe überwunden werden kann, denn Sie haben die unendliche Kraft in sich, die alles weiß. Setzen Sie sich mit jedem herausfordernden Problem mutig auseinander, dann wird die unendliche Weisheit Ihnen die Antwort enthüllen. Der Berg (das Hindernis) wird ins Meer stürzen (aufgelöst werden und aus Ihrem Gesichtsfeld verschwinden).

2. Der rascheste, sicherste Weg zur Überwindung von Depressionen und Mutlosigkeit besteht darin, daß Sie anderen Menschen Ihre Liebe, Freundlichkeit und Achtung aus vollem Herzen schenken. Tun Sie irgendeine gute Tat für jemanden, besuchen Sie ein Krankenhaus, preisen Sie Gott in einem kranken Freund und geben Sie diesem eine seelische »Transfusion« liebevoller Freundlichkeit.

3. Ein wunderbares geistig-seelisches Gegenmittel gegen Depression und Selbstverachtung ist die Meditation über die Wahrheiten des 42. Psalms. Dieser Psalm wird Sie erbauen und inspirieren.

4. Gottes Gegenwart setzen Sie in die Praxis um, indem Sie sich ständig klarmachen, daß Gottes Frieden, Harmonie, Freude, Unversehrtheit, Schönheit, Erleuchtung, Liebe und Güte in Ihnen und in Ihren Mitmenschen gegenwärtig sind.

5. Eheleute sollten sich mit den guten Eigenschaften des Partners identifizieren, mit den Charakterzügen, die jeder bei der Heirat am anderen liebte. Wenn jeder im Ehepartner das Göttliche in ihm sieht und Gottes Gegenwart im anderen preist, wird zwischen ihnen Harmonie herrschen, und die Ehe wird im Lauf der Jahre immer glücklicher und gesegneter werden.

6. Ehemänner sollten nicht versuchen, ihre Frauen geistig und seelisch zu unterdrücken, und auch Ehefrauen sollten solche Versuche unterlassen. Jeder Mensch ist einmalig. Ein Mensch, dessen Persönlichkeit man unterdrückt, wird neurotisch und fühlt sich verkürzt. Jeder Partner sollte sich über die volle Entfaltung der Persönlichkeit des anderen freuen.

7. Beharrlichkeit trägt reichen Lohn. Beten Sie regelmäßig. Glauben bedeutet, große ewige Wahrheiten zu einem Teil seiner selbst zu machen. Was Sie glauben, wird Ihnen widerfahren.

8. Wenn ein Mann das Gefühl hat, er werde von Kollegen und Bekannten ständig geschnitten und abgelehnt, ist der Grund dafür zweifellos in einer »psychischen Beule« zu suchen, die irgendwo in ihm sitzt und ihn regelrecht darauf warten läßt, beleidigt oder abgelehnt zu werden. Heilung findet ein solcher Mann, wenn er beharrlich die Gottesgegen-

wart in sich preist, die sein wirkliches Ich ist, wenn er sein Unterbewußtsein mit den Wahrheiten Gottes füllt, die aus seinem Gemüt alles verdrängen, was nicht gottgegeben oder nicht die Wahrheit ist.

9. Wenn Sie ehrlich alles nur Denkbare versucht haben, um ein Problem zu lösen, wenn Sie trotz fachlicher Beratung immer noch nicht wissen, was Sie tun sollen, dann sollten Sie, sofern Ihre Motivation richtig ist, auf die Wahrheit bauen, daß die Ihnen innewohnende unendliche Kraft die Antwort kennt und Ihnen die perfekte Lösung offenbaren wird. Überantworten Sie Ihr Problem Gott und glauben Sie von ganzem Herzen, daß die Antwort kommen wird; dann zieht bald der Tag herauf, und die Schatten weichen.

KAPITEL 10

Nutzung der unendlichen Kraft für ein beglückendes Leben

Zum Erntedankfest flog ich auf die Hawaii-Insel Kauai, um verschiedene Städte sowie landschaftlich schöne Orte der Insel zu besuchen und um vor allem einige Vollblutinsulaner kennenzulernen. Gleich zu Beginn machte ich die Bekanntschaft eines Führers, der mich mit seinen Freunden zusammenbrachte und in mehrere Häuser mitnahm, wo ich sah, wie die Einheimischen der Insel leben. Die Bewohner der vielen Häuser, die ich besuchte, machten auf mich durchwegs einen glücklichen, fröhlichen und freien Eindruck. Ich begegnete vielen freundlichen, großzügigen, tiefreligiösen, von der Musik und der Freude Gottes erfüllten Menschen – Menschen, die in Gottes Liebe ein glorreiches Leben im Geiste göttlicher Freiheit führen. Auf den folgenden Seiten werden Sie erfahren, wie auch Sie sich ein beglückendes Leben voller Triumphe schaffen können.

Ein Mann fand die Formel für ein vollkommenes Leben

Als ich in einem abgelegenen Inseldorf ein paar Einkäufe machte, führte ich ein interessantes Gespräch mit dem Ladenbesitzer, der erst vor einigen Jahren vom amerikanischen Festland herübergekommen war. Er bekannte, daß er Alkoholiker gewesen war. Seine Frau hatte ihn verlassen und das ganze Geld mitgenommen (die beiden hatten ein gemeinsames Bankkonto gehabt). Er war bitter, jähzornig und gehässig gewesen und hatte große Mühe gehabt, sich irgendeiner Ordnung einzufügen. Ein Freund hatte ihm zu einer Reise nach Kauai geraten und ihm erklärt, diese älteste Insel in der Kette der Hawaii-Inseln sei von einmaliger Schönheit, es gebe dort herrliche Bäume, Blatt- und Blütenpflanzen. Der Freund hatte ihm die farbenprächtigen Täler, den goldenen Strand und die gewundenen Flüsse der Insel so lebhaft geschildert, daß er fasziniert gewesen war.

Nach der Ankunft hatte er zunächst einige Monate auf den Zuckerrohrfeldern gearbeitet. Plötzlich war er erkrankt und hatte mehrere Monate im Krankenhaus verbracht. Jeden Tag hatten ihn Einheimische besucht, frisches Obst für ihn gebracht, für ihn gebetet und überhaupt aufrichtiges Interesse an seinem Ergehen gezeigt. Ihre Freundlichkeit, Liebe und Anteilnahme war in sein Herz gesunken, sie hatten ihn angesteckt, und er hatte sie zu erwidern begonnen, indem er gegenüber den Leuten Wohlwollen, Güte und Frieden ausstrahlte. In kurzer Zeit war er ein anderer Mensch geworden.

Die auf diesen Mann zutreffende Formel ist sehr einfach: Liebe siegt immer über Haß und Güte immer über Böses, denn so sind die Gesetze, die das Universum beherrschen. Doch wie stellt sich nun der psychologische und geistig-seelische Aspekt dieses Falles dar? Das Herz des Mannes war zerfressen von Bitterkeit, Selbstverurteilung und Frauenhaß. Die Liebe, die Freundlichkeit und die Gebete seiner hawaiischen Arbeitskollegen prägten sich, weil er sich ihrer positiven Ansteckung öffnete, seinem Unterbewußtsein ein und löschten die ihn belastenden negativen Inhalte aus; sein Herz füllte sich mit Liebe und Freundlichkeit gegenüber den Menschen. Er entdeckte, daß Liebe das Universalmittel schlechthin zur Auflösung alles Negativen ist. Seit damals betet er regelmäßig: »Ich gieße über jeden Menschen, der mir begegnet, Gottes Liebe, Frieden und Freude aus.« Je mehr Liebe er gibt, desto mehr wird ihm entgegengebracht. Geben ist seliger denn Nehmen.

Fünf Schritte zu einem wundervollen Leben

Machen Sie jeden Morgen, wenn Sie die Augen aufschlagen, in Gedanken fünf Schritte und bekräftigen Sie voll Kühnheit, Gefühl und Überzeugung:

1. *»Dies ist der Tag, den der Herr macht; lasset uns freuen und fröhlich darinnen sein* (Psalm 118, 24). Ich werde mich freuen und dafür danken, daß mein Leben von derselben ewigen Weisheit

gelenkt wird, die alle Planeten in ihrem Lauf steuert und die Sonne scheinen läßt.«

2. »Ich werde heute und jeden Tag ein wundervolles Leben führen. Immer mehr von Gottes Liebe, Wahrheit und Schönheit werde ich heute und jeden Tag erfahren.«

3. »Ich werde für alle, mit denen ich in Berührung komme und zusammenarbeite, eine große Hilfe sein und werde dabei die herrlichste Zeit meines Lebens haben.«

4. »Meine Arbeit und die sich bietenden großartigen Gelegenheiten zu Hilfeleistungen erfüllen mich mit ungeheurer Begeisterung.«

5. »Ich freue mich und danke dafür, daß ich jeden Tag mehr von Gottes Liebe, Güte und Wahrheit erfahre und immer mehr von Gottes Herrlichkeit sichtbar mache.«

Beginnen Sie jeden Tag mit der Bekräftigung dieser wunderbaren Wahrheiten und glauben Sie an deren Wirklichkeit. Was Sie glauben und im Herzen als wahr empfinden und in Ihrem Leben erwarten, wird eintreten. In Ihrem Leben werden Wunder geschehen!

Mit Gott sprechen und in Gott wandeln

Während meines Hawaii-Aufenthalts, bei einer Fahrt zur Fern-Grotte, wo die Bootsleute das unvergeßliche hawaiische Hochzeitslied singen, lernte ich einen außergewöhnlichen Mann kennen. Er war sechsundneunzig Jahre alt, hatte einen geschmeidigen Gang und sang in dem Boot, das uns zu der berühmten Grotte gebracht hatte, voll Begeisterung die schönen hawaiischen Liebeslieder. Nach der Fahrt lud er mich in sein Haus ein, wahrhaft ein seltenes Erlebnis für mich. Zum Essen gab es dicke Scheiben von selbstgebackenen Pfefferkuchen, Papaya, Apfeltörtchen, Reis, gebratenen Lachs und Kona-Kaffee, der auf einer der Nachbarinseln gedeiht.

Beim Essen erzählte er mir, auf welche Weise er zu einem »neuen Menschen in Gott« geworden war, und wie ein solcher sah er mit seinen sechsundneunzig Jahren wahrlich aus. Er hatte rote Backen, strahlte und strotzte vor Gesundheit; aus seinen Augen leuchtete Liebe; sein ganzes Gesicht drückte Freude aus. Er sprach fließend Englisch, Spanisch, Chinesisch, Japanisch und die Sprache der Einheimischen. Zusätzlich zu den schmackhaften Speisen servierte er mir köstliche Eingeborenenweisheiten, Witze, Scherze und humorvolle Anekdoten, wie man sie nicht oft zu hören bekommt.

Ich war hingerissen und bat ihn schließlich: »Verraten Sie mir doch das Geheimnis Ihrer Vitalität und Ihrer Lebensfreude. Sie scheinen überzuschäumen vor Enthusiasmus und Energie.«

»Warum sollte ich nicht glücklich und stark sein?« erwiderte er. »Sehen Sie, mir gehört die ganze Insel, und doch gehört mir nichts. Gott besitzt alles; trotzdem aber ist die ganze Insel und alles darauf mein, damit ich mich dran erfreue – an den Bergen, den Flüssen, den Höhlen, dem Meer, den Menschen und den Regenbogen. Wissen Sie, woher ich dieses Haus habe?« Er beantwortet seine Frage gleich selbst: »Ein dankbarer Tourist hat es gekauft und mir geschenkt; sonst besäße ich es nicht.«

Dann erzählte er, daß er vor etwa sechzig Jahren Tuberkulose gehabt habe und von den Medizinern als hoffnungsloser Fall aufgegeben worden sei. Doch ein Kahuna (Eingeborenenpriester) habe ihn besucht und zu ihm und seiner Mutter gesagt, er werde am Leben bleiben, Gott werde ihn heilen. Der Kahuna habe Gebete gesungen, ihm die Hände auf Hals und Brust gelegt und in seiner Muttersprache die Heilkraft Gottes angerufen. Nach einer Stunde solcher Betgesänge des Priesters sei er vollständig geheilt gewesen, und am nächsten Tag sei er zum Fischen gefahren. »Seit damals«, sagte der alte Mann, »habe ich nie mehr Schmerzen oder Beschwerden gehabt. Ich habe wunderbare Beine. Ich bin auf alle diese Berge gestiegen, sehen Sie. Außerdem«, so fügte er hinzu, »habe ich gütige, liebevolle Freunde, ein paar Schafe und Ziegen und diese wundervolle Insel. Und ich habe Gott im Herzen. Warum sollte ich nicht glücklich und stark sein?«

Der alte Mann spricht wirklich mit Gott und wandelt in Gott. Und da er Gott im Herzen hat, ist er jeden Tag glücklich. Dieser prächtige Mensch bearbeitet sein Land, sorgt für seine Ziegen und Schafe, besucht die Kranken, nimmt an allen Festen teil und singt hawaiische Liebeslieder, die an die Seelen der Menschen rühren.

Der Kahuna hatte ihm nur eines zur Vorschrift gemacht: »Singe den hundertsten Psalm. Lebe morgens, mittags und abends mit diesen Wahrheiten in deinem Herzen, dann wirst du nie mehr krank sein.«

Er sang nun den Psalm für mich. Nie im Leben habe ich einen so ergreifenden, eindringlichen, schönen und seelenbewegenden Gesang gehört. Mir war, als spiele man Gottes Melodie auf meinen Sakralnerven.

Dies ist der Dankpsalm (Psalm 100):

Jauchzet dem Herrn, alle Welt.

Dienet dem Herrn mit Freuden; kommt vor sein Angesicht mit Frohlocken;

Erkennet, daß der Herr Gott ist. Er hat uns gemacht – und nicht wir selbst – zu seinem Volk und zu Schafen seiner Weide.

Gehet zu seinen Toren ein mit Danken, zu seinen Vorhöfen mit Loben; danket ihm, lobet seinen Namen;

Denn der Herr ist freundlich, und seine Gnade währet ewig und seine Wahrheit für und für.

Da Sie die Gesetze des Geistes kennen, können Sie sich bestimmt vorstellen, welchen Eindruck der Eingeborenenpriester auf diesen Mann gemacht hatte. Der Mann hatte bedingungslos an die Kräfte des Kahuna geglaubt und war felsenfest überzeugt gewesen, geheilt zu werden. Seine tiefe Überzeugung hatte sich gemäß seinem Glauben verwirklicht. Heute erhebt er jeden Tag, wenn er den hundertsten Psalm singt, Geist und Seele voll dankbaren Lobes zu Gott; und es erfolgt eine automatische Reaktion nach den Gesetzen, die ihm zahlreiche Segnungen bescheren.

Ein dankbares Gemüt ist immer Gott nahe; und da dieser Mann täglich für seine Gesundheit dankt, für sein Wohlergehen und seine Geborgenheit sowie die vielen Segnungen, die ihm widerfahren, multipliziert Gott das Gute für ihn um ein Vielfaches. Dies ist das Gesetz von Aktion und Reaktion, ein kosmisches, universelles Gesetz. In der Bibel heißt es: *Nahet euch zu Gott, so nahet er sich zu euch* (Jakobus 4, 8). Der von hoher Geistigkeit erfüllte amerikanische Schriftsteller H. D. Thoreau sagte, wir sollten dafür danken, daß wir geboren wurden.

Singen und leben Sie die Wahrheiten des hundertsten Psalms. Schreiben Sie sie durch langsames, liebe- und gefühlvolles Wiederholen in Ihr Herz. Wenn Sie das tun, werden diese Wahrheiten in

Ihnen aufgehen und wachsen und wie Samen Frucht tragen in Ihrem Leben. Lassen Sie in Ihrem Leben Wunder geschehen!

Ein Leben lang Freude und Begeisterung

Auf der Bootsfahrt zu dem berühmten Waimea Canyon, einer tausend Meter tiefen, vom Waimea-Fluß ausgehöhlten Schlucht, saß eine alte Dame neben mir. Sie hatte zwei Enkelinnen bei sich und wies die beiden Mädchen immer wieder auf die prächtige Färbung der Gesteinsschichten und die tropischen Pflanzen an den Klippenwänden hin. Ich möchte erwähnen, daß tatsächlich das Spiel des ständigen Wechsels von Sonnenlicht und Wolkenschatten den Anblick unvergeßlich machte. Die schöne, seelenvolle Frau erzählte mir, sie sei über neunzig und in ihrem ganzen Leben niemals krank gewesen. Als Grund dafür gab sie an: »Ich halte mich immer gebetserfüllt.« Diese alte Frau unterrichtet heute noch an der Sonntagsschule, schreibt Gedichte, fährt mit dem Boot aufs Meer hinaus, fischt, melkt jeden Tag ihre zwei Kühe, spricht vor Frauengruppen und plant jetzt eine Europareise in Gesellschaft von zwanzig Personen ihres Bekanntenkreises.

Sie zeigte mir eine Karte, auf die sie A. Tennysons Worte getippt hatte: »Oh, ich sehe, die steigende Verheißung meines Geistes ist nicht abgesunken. Alte Quellen der Inspiration wogen noch durch meine Phantasie.« Auf der Rückseite stand folgender Bibelvers: *Wohlan, alle, die ihr durstig seid, kommet her zum Wasser! Und die ihr nicht Geld habt, kommet her, kaufet und esset; kommt her, und kauft ohne Geld und umsonst beides, Wein und Milch!* (Jesaja 55, 1).

Wein bedeutet in der Bibel Inspiration aus dem Himmel; der Geist Gottes durchströmt Sie und füllt Ihr ganzes Wesen mit Energie und Vitalität. Milch steht für Nahrung. Ihr Geist benötigt genauso Nahrung wie Ihr Körper. Speisen Sie Ihren Geist mit Vorstellungen, die Ihre Seele heilen, erheben, inspirieren und würdigen. Speisen Sie ihn täglich mit Gedanken der Liebe, des Friedens, Vertrauens, des Erfolgs und göttlichen rechten Tuns. Der einzige Preis, den Sie entrichten müssen, besteht in Ihrer Aufmerksamkeit, Ihrer Hingabe an die universellen Wahrheiten Gottes und Ihrem treuen Festhalten an diesen.

Die alte Frau hat den Schlüssel zu einem sinnvollen, erfüllten Leben gefunden, sie hat die beiden wunderbaren Zitate, das Dichter- und das Bibelwort, in ihrem Herzen lebendig gemacht, bis sie ein Teil von ihr waren. Sie glaubt, was sie bekräftigt, und lebt in freudiger Erwartung dessen, was sie bekräftigt. Von ihr gehen Freude, Freundlichkeit und positive Schwingungen aus. Sie hat erkannt, daß die tägliche Kommunikation mit Gott die unendliche Quelle kosmischer Kraft für ein beglückendes Leben eröffnet.

Ein großes Fest für Seele und Geist

Auf der exotischen Insel Maui besuchte ich eine Bekannte, in deren Haus eine Gruppe gleichgesinnter Menschen zusammengekommen war, um über die geistig-seelischen und die kosmischen Gesetze, die unser Leben bestimmen, zu diskutieren. Die Gäste kannten meine Bücher *Die Macht Ihres Unterbewußtseins* und *Das Wunder Ihres Geistes.* Nie im Leben ist mir eine enthusiastischere, glücklichere, fröhlichere Gruppe begegnet. In den Herzen dieser Menschen brannte ein göttliches Feuer. Durch ihre Erzählungen bestärken sie einander in der Ansicht, daß man kraft Glaubens an eine Macht, die größer ist als der Mensch oder sein bewußtes Ich, seine Probleme lösen kann. Sie veranstalten regelmäßig Gesprächsrunden über meine Bücher und hören sich meine Bandaufzeichnungen an. Mir stellten sie Fragen, über die ich mich sehr freute, weil daraus einerseits lebhaftes Interesse am Thema und andererseits großer Einblick in die unvergänglichen Wahrheiten Gottes zutage traten. Diese Menschen hatten entdeckt, daß Lebensfreude und Lebensglück aus der regelmäßigen, systematischen Betrachtung der Wahrheiten Gottes erwächst.

Hawaiische Weisheit und innere Freude

Nach meinen Feststellungen sind die Hawaii-Insulaner ein weises Volk, das im Lauf der Jahrhunderte ein umfassendes esoterisches, ungeschriebenes Wissen angesammelt hat. Auf dem Flug von der Insel Kauai nach Maui saß ich neben einem jungen Mann von der Insel Maui, der die Wetterbedingungen, Strömungen und Gezeiten genau kannte. Er erzählte mir, daß er Flutwellen, Stürme und Vulkanausbrüche vorhersagen könne. Er wußte um die Namen aller Früchte, Blumen und Bäume auf den Inseln und war mit den Heilkräften der dort heimischen Kräuter völlig vertraut.

Außerdem konnte er Gedanken lesen und zweifellos auch hellsehen. Im Flugzeug sagte er mir, wohin ich reise, er nannte meinen Namen und meine Adresse. Dann beschrieb er manche Ereignisse aus meiner Vergangenheit in verblüffender Hellsicht; zweifellos hatte er auch die Gabe der Retrokognition. Um seine Hellsehfähigkeit zu prüfen, bat ich ihn, einen Brief zu lesen, der ungeöffnet in meiner Tasche stak, weil ich ihn völlig vergessen hatte. Er schilderte mir den Inhalt des Briefs – korrekt, wie ich anschließend feststellte.

Dieser junge Mann ist gewohnt, nach innen zu horchen. Er hat Zugang zu seinem Unterbewußtsein, das die Antwort auf alle Fragen kennt. »Wenn ich etwas wissen will«, erklärte er, »sage ich einfach: ›Gott, du weißt es, bitte sag es mir.‹ Die Antwort kommt immer, weil ich in meinem Inneren einen Freund habe.« Der Mann arbeitet auf den Zuckerrohrfeldern, spielt Ukulele, singt meistens bei der Arbeit und ist ganz offensichtlich auf das Unendliche eingestimmt. Wahrlich, er hat einen Freund im Inneren; er hat an sich erfahren, welche Freude die Gottesgegenwart schenkt, die unsere Stärke ist.

Die »Wunderformel« zur Ablegung schlechter Gewohnheiten

Während meines Aufenthalts auf den Inseln reservierte ich einen Tag für jene Menschen, die mich konsultieren wollten. Mein erster Besucher im Hotel auf Kauai war ein Mann, den ich schon früher in Honolulu beraten hatte. Damals war er Alkoholiker gewesen und als Gewohnheits- oder Zwangstrinker eingestuft worden. Seine Entwöhnung hatte man mit Medikamenten, Hypnosetherapie und anderen Verfahren herbeizuführen versucht.

Nach der Begrüßung sagte er: »Ich bin nur gekommen, um Ihnen zu danken, und will Sie nicht lange in Anspruch nehmen. Sie hatten mir seinerzeit erklärt, die Flasche habe keine Macht, sondern ich sei Herr über sie; ich solle aufhören, mir Alibis und Entschuldigungen auszudenken, und vielmehr ein wirklicher Mann werden. Nun, ich habe mich an die mir empfohlenen Techniken genau gehalten. Ich habe mir selbst und meinen Mitmenschen verziehen. Heute besitze ich ein eigenes Geschäft, ich bin verheiratet und habe zwei prächtige Kinder. Ich wollte Ihnen nur danken. Das ist alles.«

An den Mann und das Gespräch mit ihm in Honolulu erinnerte ich mich sehr genau. Damals war er gerade nach einer Entziehungskur aus der Klinik entlassen worden. Mit Hilfe der nachstehenden Formel war es ihm gelungen, sein Leben vollkommen zu ändern:

1. Ich verzeihe mir voll und ganz, daß ich gegenüber anderen Menschen Groll, Neid und Feindseligkeit hegte. Wenn ich an andere denke, wünsche ich ihnen immer nur alle Wohltaten des Lebens.

2. Ich bin der König und unumschränkte Herr meiner Gedanken, Worte, Gefühle und Taten. Ich bin der absolute Herrscher über meine Vorstellungswelt.

3. Ich wünsche mir, meine schlechte Angewohnheit abzulegen. Das meine ich absolut aufrichtig. Wenn mein Wunsch, diese Angewohnheit abzulegen, größer ist als der Wunsch, weiterzumachen wie bisher, bin ich bereits zu sechzig Prozent geheilt; das weiß ich.

4. Ich habe einen festen Entschluß gefaßt, und ich weiß, daß mir widerfährt, was ich beschlossen habe. Mein Unterbewußtsein wird von dem geprägt, was ich aufrichtig meine.

5. Ich nutze jetzt meine Vorstellungskraft richtig. Ich weiß, daß meine Vorstellungskraft die Urkraft des Menschen und die größte aller meiner Fähigkeiten ist. Dreimal täglich werde ich drei oder vier Minuten lang vor meinem inneren Auge einen Film ablaufen lassen, in dem mir meine Mutter zu meiner vollständigen Gesundheit und Freiheit gratuliert. Ich höre ihre Stimme und fühle ihre Umarmung. Und ich tauche in die Freude über diese Tatsache ein. Wenn ich in Versuchung komme, lasse ich in Gedanken sofort diesen Film ablaufen. Ich weiß, daß hinter meinem geistigen Film die Kraft Gottes steht.

6. Ich bin mir genau bewußt, was ich tue und warum ich es tue. Ich weiß, daß mir geschieht, was ich glaube. Glauben bedeutet, etwas als wahr zu akzeptieren. Ich weiß, daß mein Wunsch wahr

ist, daß mein geistiges Bild Wirklichkeit ist und daß die Kraft, die hinter mir steht und mich unterstützt, Gott ist. Ich weiß, daß die unendliche Kraft Gottes zu jenem Punkt strömt, dem meine ganze Aufmerksamkeit gilt.

7. Ich bin jetzt frei und danke dafür.

Diese »Wunderformel« habe ich vielen Alkoholikern und Drogensüchtigen – Opfern von LSD, Marihuana und anderen Rauschgiften – gegeben. Durch die Anwendung dieser einfachen Prinzipien können Sie jede negative Angewohnheit überwinden. Der Mann, der sich bei mir bedanken wollte, ist heute glücklich, heiter und voller Lebenselan. Er lud mich zum Abendessen in sein Heim ein. Kokospalmen raschelten leise in der lauen Brise, Meereswellen überzogen den nahen Sandstrand mit Schaum, leuchtende tropische Blumen blühten rund ums Haus. Die geeiste Papayafrucht mit Zitrone schmeckte süß wie der Nektar der Götter, und der Poi, ein hawaiisches Nationalgericht aus vergorenen Tarowurzeln, war köstlich gewürzt mit Muskatnuß und Zimt. Schönheit, Heiterkeit und Lebensfreude prägten die Atmosphäre in dem Haus. Der Mann und seine Familie beteten vor und nach dem Essen, dankten für alle Wohltaten; hawaiische Liebeslieder und andere einheimische Musikstücke klangen durchs Haus. Wahrlich, ich war an einen Ort gekommen, wo die unendliche Kraft für ein beglückendes Leben gesorgt hatte und glückliche Menschen ihre Heimstatt besaßen.

Wie sie zu Lebensfreude fand

Schon vor meiner Reise auf die Hawaii-Inseln stand ich in Korrespondenz mit einem jungen Mädchen von der Insel Kauai, das wir Mary nennen wollen. In ihrem ersten Brief schrieb sie, daß sie von abnormer Angst beherrscht und eine gehemmte Person sei. Sie hatte ihre Verlobung gelöst, woraufhin ihr Bräutigam behauptete, ein Kahuna habe sie verflucht. Deshalb lebte sie in ständiger Angst.

Ich schickte ihr mein Buch *Die Macht Ihres Unterbewußtseins* und schrieb im Begleitbrief, daß es nur eine einzige Macht gebe und daß diese Macht als Einheit und Harmonie durch die ganze Welt hindurch für uns wirke, daß Gott Geist sei, eins und unteilbar, daß ein Teil dieses göttlichen Geistes nicht der Feind eines anderen Teils desselben göttlichen Geistes sein könne, und daß es folglich nichts zu fürchten gebe. Außerdem empfahl ich ihr ein geistig-seelisches Verfahren, mit dessen Hilfe sie, so schrieb ich ihr, ihre Angst überwinden könne. Dies lag schon mehrere Monate zurück.

Während meines Aufenthalts jetzt auf den Inseln führte ich ein Gespräch mit ihr. Ich erlebte eine strahlende junge Frau, von der ansteckende Lebensfreude und Begeisterung ausgingen und die voller nützlicher neuer Ideen zum Wohle der Insel war. Sie sagte: »Ich habe mich an Ihre brieflichen Anweisungen gehalten und bin jetzt von einem inneren Licht verwandelt.«

Hier die einfache Gebetsformel, die ich ihr in meinem Brief empfohlen hatte:

»Gott ist alles, was es gibt. Zusammen mit Gott bildet ein Mensch immer eine Mehrheit. *Ist Gott für uns, wer mag wider uns sein?* (Römer 8, 31). Ich weiß und glaube, daß Gott der lebendige allmächtige Geist ist, der unvergängliche Eine, der Allwissende, und daß es keine Macht gibt, die Gott herauszufordern vermag. Ich weiß und akzeptiere, daß Gottes Kraft, wenn meine Gedanken von Gottes Gedanken sind, mit meinen guten Gedanken ist. Ich weiß, daß ich nicht empfangen kann, was ich nicht selbst zu geben bereit bin; darum gebe ich meinem ehemaligen Verlobten und allen, die mit ihm verbunden sind, Gedanken des Friedens, des Lichts und der Freundlichkeit. Ich bin immun und von Gott durchdrungen, und ich werde immer vom heiligen Kreis der Liebe Gottes umschlossen. Gott führt und leitet mich, und ich trete in die Freude des Lebens ein. *Du tust mir kund den Weg zum Leben; vor dir ist Freude die Fülle und liebliches Wesen zu deiner Rechten ewiglich* (Psalm 16, 11).«

Diese Formel wiederholte die junge Frau morgens, nachmittags und abends regelmäßig und systematisch; sie hatte begriffen, daß sich die darin enthaltenen Wahrheiten, indem sie sie immer wieder bekräftigte, durch einen Prozeß einer Art geistiger Osmose allmählich in ihr Unterbewußtsein senken und dann als innerer Friede, Gefühl der Sicherheit, als Selbstvertrauen, Freiheit und Schutz wieder hervorkommen würden. Sie wußte, daß sie sich auf Gesetze des Geistes berief, die nie versagen.

Schon nach zehn Tagen verschwand ihre Angst. Jetzt hat sie einen sehr guten Posten auf der Insel. Sie stellte mir ihren neuen Bräutigam vor, der über sie sagte: »Sie ist die Freude meines Lebens.« Die junge Frau war praktisch gelähmt gewesen aufgrund ihrer Angst vor einem angeblichen Fluch; heute dagegen ist sie aufgeschlossen, voller Lebensfreude und jederzeit bereit, ihre inneren Gaben zu verschenken.

Die Bedeutung sogenannter weißer und schwarzer Magie

Die meisten Menschen auf den Hawaii-Inseln behaupten, es gebe kaum noch Kahunas, und niemand spricht gern über sie. Nur sogenannte weiße Kahunas, die angeblich weiße Magie praktizieren oder durch ihre Beschwörungen und ihr esoterisches Wissen guten Zauber ausüben, werden bisweilen erwähnt und stehen in hohem Ansehen. Einer meiner hawaiischen Führer erklärte mir, diese Kahunas würden von frühester Kindheit an durch ihre Vorgänger geschult und seien strenger Disziplin und Geheimhaltung unterworfen. Fast alle sind berühmt wegen ihrer Heilkräfte, die sie dank dessen besitzen, was wir heute als parapsychische oder schlicht psychische Kräfte bezeichnen. Sie kennen auch die heilenden Eigenschaften gewisser Kräuter und Pflanzen. Man würde diese Kahunas bei uns als eine Art Naturheiler ansehen.

Mein Führer, der eher zur Erörterung des Themas bereit schien als andere Eingeborene, vertraute mir allerdings auch an, vor einigen der Kahunas hätten die Leute »höllische Angst«, weil sie Kahunas anaanas seien, das heißt sich mit dem Tod oder mit schwarzer Magie befaßten. Nun, Schwarzmagier – Menschen, die Haß und Zwietracht und Zerstörung beschwören – gibt es mehr auf dieser Welt, als die meisten Menschen wahrhaben wollen, und ihre Macht ist groß gegenüber Gleichgesinnten, die sich in ihrem Denken und Glauben einer Vorstellungs- und Gefühlswelt des Hasses und der Destruktion überlassen. Solche gleichsam »schwarzmagische« Macht zerschellt an Menschen, die an Gott und das Gute im Menschen glauben.

Die erwähnte junge Frau machte die Erfahrung, daß Drohungen, zerstörerische Wünsche des Unheils oder schwarzmagische Verwünschungen anderer Menschen als solche absolut keine

Macht haben. Das gilt auch für Sie: In Ihrer Welt sind Sie der einzige Denker, und Ihr Denken ist kreativ. Denken Sie gut, dann wird Gutes die Folge sein; denken Sie Böses, dann wird Ihnen Böses widerfahren. Verbinden Sie sich mit Gott. Wenn Ihre Gedanken von den Gedanken Gottes sind, ist Gott mit Ihren guten Gedanken. Machen Sie sich klar, daß jemand, der sich mit Gott verbündet, immer eine Mehrheit bildet, und denken Sie daran: *Ist Gott für uns, wer mag wider uns sein?* (Römer 8, 31).

Zusammenfassung

1. Liebe zu Gott, also die Liebe zu allem Guten, Schönen und Wahren, befähigt Sie, ein wunderbares Leben zu führen.

2. Liebe, Freundlichkeit und Güte bringen das Eis im Herzen anderer Menschen zum Schmelzen und lösen bei demjenigen, dem sie bezeigt werden, eine positive Gegenreaktion aus. Liebe ist das Universalmittel schlechthin.

3. Bekräftigen Sie am Morgen, wenn Sie die Augen aufschlagen, voll Überzeugung: *»Dies ist der Tag, den der Herr* für mich *macht.* Ich werde mich freuen und diesen Tag genießen. Ich werde dafür danken, daß mein Leben von derselben unendlichen Weisheit gelenkt wird, die alle Planeten in ihrem Lauf steuert und die Sonne scheinen läßt.« Glauben Sie an Gottes Führung, dann werden in Ihrem Leben Wunder geschehen.

4. Erkennen Sie, daß Altern kein Fliehen der Jahre ist, sondern das Heraufdämmern größerer Weisheit in Ihrem Geist und Gemüt. Gott besitzt alle Dinge, und die ganze Welt war schon da, bevor Sie geboren wurden. Lassen Sie die Freude im Herrn Ihre Stärke sein.

5. Leben Sie mit den großen Wahrheiten des hundertsten Psalms, dieser Dankesode an den Herrn. Singen Sie die darin enthaltenen Wahrheiten so lange, bis sie Ihre Seele erfüllen und Teil Ihrer Persönlichkeit werden, genau wie das Brot, das Sie essen, Ihrem Blutstrom zuteil wird.

6. Ein dankbares Herz ist immer Gott nahe. In der Bibel heißt es: *Nahet euch zu Gott, so naht er sich zu euch* (Jakobus 4, 8).

7. Sie können sich zeitlebens inspiriert fühlen und von Freude erfüllt sein. Rufen Sie jeden Morgen Gott an, und er wird Ihre Gebete erhören.

8. Durch regelmäßige, systematische Vergegenwärtigung der Wahrheiten Gottes können Sie Lebensfreude finden. Sie werden zu dem, was Sie sich vergegenwärtigen.

9. Sie tragen die Fähigkeit des Hellsehens und der Telepathie in sich. Wenn Sie geistig-seelisch wachsen und Weisheit gewinnen, wird es Ihnen gelingen, die unendlichen Möglichkeiten in Ihrem Inneren anzuzapfen, die in Ihnen schlummernden Fähigkeiten zu aktivieren und in Ihrem Leben sinnvoll einzusetzen.

10. Sie können nicht empfangen, was Sie nicht selbst zu geben bereit sind. Dies ist Teil der Gesetze des Geistes. Geben Sie allen Menschen

Liebe, Freundlichkeit und Freude. Je mehr Sie geben, desto größere Segnungen werden Ihnen zuteil.

11. In ihrer Welt sind Sie der einzige Denker, und in Gottes Universum braucht man nichts zu fürchten. Also *fürchte ich kein Unglück; denn du bist bei mir* (Psalm 23, 4). Ein einzelner zusammen mit Gott bildet immer eine Mehrheit. *Ist Gott für uns, wer mag wider uns sein?* (Römer 8, 31).

KAPITEL 11

Festigung der unendlichen Kraft

Ein wichtiger Schlüssel zum Verständnis des Lebens liegt in der Erkenntnis, daß alles paarweise kommt. Jede Aktion besteht aus einem Ineinanderwirken von Gegensätzen, und die Verbindung männlicher und weiblicher Lebenskräfte erhält unsere Welt. R. W. Emerson sagte einmal: »Polarität oder Aktion und Reaktion treffen wir in jedem Teil der Natur an.« Wir haben Geist und Materie, männlich und weiblich, positiv und negativ, Krankheit und Gesundheit, Liebe und Haß, Tag und Nacht, Hitze und Kälte, innen und außen, süß und sauer, oben und unten, Norden und Süden, subjektiv und objektiv, Bewegung und Ruhe, ja und nein, Erfolg und Fehlschlag, Trauer und Fröhlichkeit... Geist und Materie sind nichts anderes als Erscheinungsformen einer einzigen Realität. Materie ist Ausdruck gewordener Geist. Man kann Materie auch als unterste Stufe des Geistes und Geist als höchste Stufe der Materie bezeichnen. Die Gegensätze im Leben sind Manifestationen der einen einzigen Realität, die Gott ist, und Gott ist Geist; die Gegensätze sind notwendig, damit man das Leben als solches überhaupt erfährt.

Im absoluten Zustand gibt es keine Unterscheidung, keinen Gegensatz und keine irgendwie geartete Beziehung. Der absolute Zustand ist ein Zustand des Einsseins. Als das Absolute sich relativierte, das heißt als Gott die Welt erschuf, da schuf er die Gegensätze, damit wir uns unseres Lebens bewußt werden, die Umwelt wahrnehmen und das Gefühl haben können, lebendig zu sein. Wir müssen Wahrnehmungen und Gefühle haben, um uns bewußt zu sein, daß wir leben. Dank der Gegensätze kennen wir erst den Unterschied zwischen Hitze und Kälte, Höhe und Tiefe, Länge und Breite, Süße und Säure, Niedergedrücktheit und

Begeisterung, männlich und weiblich. Diese Gegensätzlichkeiten sind aber nur Hälften des einen Einzigen, das ganz, vollkommen und unteilbar ist.

Gedanken kommen stets paarweise

Ein zwölfjähriger Junge, der im Radio immer mein Frühprogramm hört, erklärte seiner Mutter, er würde während der Schulferien seinen Onkel in Irland besuchen. Der Gedanke an die Reise war sehr stark in ihm, gleichzeitig aber hatte er auch den Gedanken: »Mutter wird mich nicht reisen lassen.« Seine Mutter hatte nämlich auf seine Eröffnung erwidert: »Das ist unmöglich. Wir haben nicht das Geld dazu, wir können uns das bestimmt nicht leisten. Du spinnst dir was zurecht.« Der Junge kam jedoch immer wieder auf das Thema zurück und sagte zu seiner Mutter, er habe in meiner Rundfunksendung gehört, wenn man sich etwas wünsche, wenn man darum bete und wenn man glaube, daß die schöpferische Kraft es verwirkliche, werde das Gebet erhört. Die Mutter meinte darauf: »Na, dann bete nur.« Der Junge las viel über Irland, wo sein Onkel einen großen Gutshof besaß. Er betete folgendermaßen: »Gott ebnet den Weg für Daddy, Mammi und mich, damit wir in den Ferien nach Irland reisen können. Das glaube ich, und Gott übernimmt es jetzt.« Wenn ihm der Gedanke kam, daß seine Eltern das Reisegeld nicht besaßen, bekräftigte er: »Gott ebnet den Weg.« Seine Gedanken kamen zwar paarweise, doch er konzentrierte sich auf die Vergegenwärtigung seines Wunsches, und so erstarben die negativen Gedanken des Zweifels.

Eines Nachts träumte der Junge, er sei auf dem Gutshof seines Onkels inmitten der grünen Wiesen Irlands; er sah Hunderte von Schafen und sprach mit seinem Onkel und seinen Vettern und Basen. Am nächsten Morgen schilderte er seiner Mutter den Traum in allen Einzelheiten. Zur grenzenlosen Verblüffung der Mutter kam am selben Tag ein Telegramm, worin der Onkel sie alle drei auf seinen Gutshof einlud und sich erbot, die Kosten für den Hin- und Rückflug zu übernehmen. Die drei sagten mit Freude zu.

Der intensive Wunsch des Jungen, seinen Onkel zu besuchen, hatte sich erfüllt. Der Junge erzählte mir, es habe, als er mit seinen

Eltern auf dem Gut seines Onkels eingetroffen sei, alles genau mit dem übereinstimmt, was er im Traum gesehen habe. Ihm war widerfahren, was er geglaubt hatte.

Die Befreiung von der Angst vor einer zweiten Ehe

Eine junge Frau klagte mir ihr Leid: »Ich würde gern heiraten, aber ich habe Angst, daß ich den falschen Mann anziehe und denselben Fehler wie in meiner ersten Ehe noch einmal mache.« Die Angst stand gegen ihren Wunsch und behielt offenbar die Oberhand. Ich erklärte der jungen Frau, daß Gedanken immer paarweise auftreten. Wenn man beispielsweise an Gesundheit denkt, kommt einem der Gedanke an Krankheit; wenn man an Reichtum denkt, drängt sich der Gedanke an Armut auf; wenn wir von Gutherzigkeit sprechen, denken wir zwangsläufig an Hartherzigkeit und so fort.

Der Weg zur Überwindung des Angst beschwörenden negativen Gedankens, so erläuterte ich ihr, bestehe darin, die Aufmerksamkeit völlig von dem Angstgedanken abzuwenden und sich durch die innere Betrachtung ihrer glücklichen Hochzeit mit dem richtigen Mann geistig über das Angsthindernis hinwegzuheben.

Zum Schluß nannte ich ihr folgendes Gebet:

»Ich weiß, daß es nur eine einzige allmächtige Macht gibt, die kein Hindernis kennt. Nichts vermag ihr Widerstand zu leisten, sie herauszufordern oder zu beeinträchtigen; sie ist unverletzlich und unbezwingbar. Ich beschließe jetzt, daß ich den richtigen Mann anziehen werde, der geistig-seelisch und physisch zu mir paßt. Ich wende meine Aufmerksamkeit aus ganzem Herzen diesem Gedanken zu und vertraue fest darauf, daß mein Unterbewußtsein ihn verwirklicht.« Wenn ihr der Angstgedanke kam, sollte sie sofort voll Nachdruck denken: »Gott nimmt sich meiner Bitte an.«

Schon nach wenigen Tagen verloren die Vorstellungen der Angst ihre Kraft und starben schließlich ganz ab. Die junge Frau erweckte ihr Ideal zum Leben, indem sie es sich geistig voll Glauben und Vertrauen vergegenwärtigte.

Jede Nacht, wenn wir schlafen, begeben wir uns in eine höhere Dimension unseres Lebens, die auch auf die Ebene unseres scheinbar dreidimensionalen Erdendaseins einwirkt. Kurz nachdem die junge Frau mit der empfohlenen Gebetstechnik begonnen hatte, sah sie in einem lebhaften Traum, wie ein Priester sie traute. Sie erblickte auch ihren künftigen Mann und hörte, wie der Priester ihn bei seinem Namen nannte und ihn aufforderte, das Ehegelöbnis zu wiederholen. Der Traum war sehr bildhaft. Die junge Frau hatte das Gefühl, tatsächlich ihre Trauung zu erleben; sie sah die Gemälde an den Wänden, berührte die Statuen.

Freudestrahlend wachte sie auf, rief mich an und erzählte mir, was ihr im Traum widerfahren war. Ich erklärte ihr, daß sie, nachdem die Heirat in der höheren Dimension des Geistes bereits stattgefunden habe, sicher sein könne, daß die innere Verwirklichung ihres Wunsches auch zur Verwirklichung auf der äußeren Ebene ihres Lebens führen werde.

Die junge Frau, Sekretärin in einer großen Firma, wurde von der Gattin eines leitenden Angestellten zum Essen eingeladen. Die Gastgeberin machte sie mit ihrem Sohn bekannt – dem Mann aus ihrem Traum! Er sagte: »Ich habe Sie schon gesehen.« Dann erzählte er ihr, er habe geträumt, daß ihn ein Geistlicher, den er noch nie gesehen habe, mit einer Frau genau ihres Aussehens traute. Die beiden hatten identische Träume gehabt. Es war, wie man so sagt, bei ihrer Begegnung Liebe auf den ersten Blick. Zwei Wochen später heirateten sie.

Der Fall erklärt sich so: Die junge Frau hatte voll Interesse an den Mann gedacht, den sie heiraten wollte, und dadurch ihrem Unterbewußtsein ein Vorstellungsbild von ihm eingeprägt. Das Unterbewußtsein hatte als eine Art Generalprobe in der höheren Dimension des Geistes das ihm Eingeprägte dramatisiert, da alles, was objektiv geschieht, zuvor erst subjektiv stattfinden muß. Die Verwirklichung des Herzenswunsches im Leben dieser jungen Frau beweist die uns allen innewohnende unendliche Kraft.

Warum Sie Ihr eigener Gesetzgeber sind

Alle Gedanken, Vorstellungen und Überzeugungen, die Sie sich zur Gewohnheit gemacht haben, lösen in Ihnen bestimmte Emotionen aus. Ihr Denken und Fühlen prägen sich Ihrem Unterbewußtsein ein, positive wie auch negative Inhalte. Die dominierenden Inhalte Ihres Denkens und Fühlens werden zu einer Art zwingender Verhaltensmuster. Diese Muster wiederholen Sie automatisch in Ihrer Lebenserfahrung, wie eine Art mechanischer Roboter, eben wie ein Automat. Die Gesetze des Geistes sind so angelegt, daß alles, was Sie Ihrem Unterbewußtsein einprägen, in ihrem Leben sichtbar wird: sich als Erlebnis, Zustand oder Ereignis niederschlägt. Ihre Gedanken – seien sie gut oder seien sie schlecht – sind die Schrift, die Sie ständig Ihrem tieferen Geist einverleiben oder, anders gesagt, durch die Sie schöpferisch gestaltend das Buch Ihres Lebens schreiben. Sie selbst also machen die Gesetze und erlassen die Durchführungsbestimmungen, die für Sie maßgebend und ausschlaggebend sind.

Da Sie dies nun wissen, sollten Sie darangehen, Gedanken an Erfolg und Glück, an Frieden, Harmonie und Wohlstand, an Sicherheit und rechtes Tun Ihrem tieferen Geist einzuverleiben, damit auch Sie ein erfülltes, glückliches Leben führen können.

Ein Vertreter überwand seine »Pechsträhne«

Voll Bitterkeit berichtete mir ein Vertreter, daß er seit vier Tagen keinen einzigen Abschluß getätigt habe. Er war sicher, so sagte er, eine Pechsträhne zu haben; denn wenn er Kunden anrief, sagten diese: »Heute geht nichts« oder: »Ich kann Sie heute nicht empfangen.« Überhaupt ließen seine Umsätze in letzter Zeit sehr zu wünschen übrig.

Der Vertreter war wütend und böse auf sich selbst. Er dachte: Ich habe die Sache nicht mehr im Griff; die Karten stehen gegen mich; ich bin eine Niete. Diese angsterfüllten Selbstbezweiflungen prägten sich seinem Unterbewußtsein ein, und dieses reagierte automatisch entsprechend: so bestätigten sich seine inneren Ängste und Zweifel in der äußeren Welt seines Berufslebens. Mit anderen Worten: Er selbst löste durch sein Denken und Glauben die mechanische Reaktion aus, die sich in Niederlagen und Fehlschlägen, mit denen Selbstkritik und Selbstverurteilung einhergingen, in seinem Leben niederschlug.

Ich erklärte dem Vertreter, »Pechsträhnen« gebe es nicht. Der erste Schritt zu neuem geschäftlichen Erfolg und Glück bestehe darin, jedwede Selbstbezichtigung ab sofort zu unterlassen, sich der Gottesgegenwart im eigenen Inneren zu besinnen und sich für göttliche Führung und rechtes Tun, das ihm von selbst Harmonie und Wohlstand bringe, zu entscheiden. Er besitze die Fähigkeit der Imagination und brauche sich nur beharrlich gute Leistung und Erfolg vorzustellen; wenn er die Fähigkeit seiner Vorstellungskraft nutze, werde eine entsprechende Reaktion nicht ausbleiben. Dem Mann wurde klar, daß er durch richtiges Denken und positive Vorstellungen seine Lebensumstände und -erfahrungen ändern konnte.

Dank dieser Erkenntnis und dank folgendem Gebet vermochte der Vertreter die angebliche »Pechsträhne« ins Gegenteil umzukehren:

»Ab sofort erwarte ich nur das Beste, und ich weiß, daß mir unweigerlich das Beste zuteil wird. Ich weiß, daß ich auf vielfältigste Weise Erfolg haben werde. Sobald ich dazu neige, meine Kraft zu bezweifeln, mich herabzusetzen oder zu verurteilen, werde ich nachdrücklich bekräftigen: ›Ich preise Gott in mir, der mich auf allen Wegen führt und über mich wacht.‹ Ich weiß, daß meine wirkliche Natur göttlich ist, daß Gott mir innewohnt und mich in jeder Weise gedeihen läßt. Ich entscheide mich für gute Leistung, Erfolg und Wohlstand. Göttliche Liebe geht mir auf allen Wegen voraus, und ich komme besser voran, als ich mir hätte träumen lassen.«

Die wiederholte Vergegenwärtigung dieser Wahrheiten bewirkte bei dem Vertreter eine Änderung seiner Geisteshaltung. Er erlangte seinen alten Schwung wieder und war künftig viel besser befähigt, anderen zu dienen; in kurzer Zeit gelang es ihm, seine Umsätze beträchtlich zu steigern und seine Provisionen zu mehren.

Der ergreifende Fall eines angstgeplagten Medizinstudenten

Nachstehendes Zitat stammt aus dem Brief, den mir ein Medizinstudent schrieb: »Ich bin nahe dran durchzudrehen. Ich hasse einen meiner Professoren, der mir mit seinen sarkastischen Bemerkungen schwer zusetzt. Ich habe gräßliche Angst, daß er mich durchfallen läßt und daß ich bei meinen Eltern in Ungnade falle. Ich verabscheue mich. Ich bin introvertiert und morbid. Ich lebe in der Angst, daß ich gegenüber diesem Professor explodiere, und dann bin ich erledigt. Ich bin außer mir vor Angst.«

Da eine persönliche Beratung immer fruchtbarer ist als eine lange briefliche Erörterung, forderte ich den jungen Mann auf, zu mir zu kommen. In dem Gespräch mit ihm fand ich heraus, daß er das Gefühl hatte, es sei nur gerecht, wenn er durchfalle. Seine Angst verriet mir, daß er unbewußt der Meinung war, er müsse bestraft werden und der Professor müsse ihn durchfallen lassen, weil er nichts tauge. Er gab zu, daß dies stimmte. Tatsächlich projizierte er seine Angst und Selbstverurteilung auf den Professor, auf die Eltern und sogar auf die Universität, während er gleichzeitig tief im innersten Herzen zu sich sagte: »Ich muß durchfallen.«

Worin lag der Grund für die ambivalente Haltung des jungen Mannes? Warum wollte er Arzt werden und gleichzeitig beim Examen durchfallen?

Er war unter einem despotischen, keinen Widerspruch duldenden Vater herangewachsen. Zwischen seinen Eltern fand ständig ein Kampf statt. Sein Vater setzte ihm viel zu hohe schulische und auch anderweitige überspannte Maßstäbe, und weil der Sohn den übersteigerten Ansprüchen seines Vaters nicht gerecht werden konnte, hatte er das Gefühl, nichts zu taugen, ja ein Versager zu sein. Er verabscheute sich und fühlte sich »zurückgestoßen«. Selbstmitleid und Selbstverurteilung waren in der Haltung des Knaben bereits vorherrschend geworden, und als Erwachsener durchlebte er das Gefühl des Zurückgestoßenseins und der Selbstverleugnung stets neu. Kritisierte einer der Professoren eine Arbeit von ihm, kehrte er geistig sofort zu den alten Wunden und seelischen Verletzungen aus der Jugendzeit zurück und glaubte, er tauge nichts und müßte bestraft werden; deshalb legte er es regelrecht darauf an, sich wehzutun und vier Jahre Medizinstudium sinnlos zu machen.

Ich klärte den Studenten über seine falsche Denkweise auf und erläuterte ihm, daß wir unsere Ängste, Gefühle der Feindseligkeit und das innere Streben nach Selbstverurteilung oft auf andere Menschen, unsere Umgebung oder geradezu ins Unsichtbare übertragen. Schlagartig wurde ihm klar, welch verheerende Folgen es hat zu sagen: »Ich tauge nichts; ich bin ein Versager; ich muß bestraft werden; ich bin eine Niete; ich sollte ins Wasser gehen.« Alle diese selbstzerstörerischen Behauptungen, so erkannte er, mußten sich über den Mechanismus seines Unterbewußtseins entsprechend negativ auswirken. Wenn er sagte, er tauge nichts, sorgte ganz einfach das so geprägte Unterbewußtsein dafür, daß er beim Examen, in seinen Beziehungen zu anderen Menschen, im Studium und im Umgang mit seiner Umwelt nichts taugte. Außerdem bestand die große Wahrscheinlichkeit, daß er mit dieser Einstellung Unfälle, Verluste und Fehlschläge aller Art auf sich zog.

Als medizinisch geschulter Mann erfaßte er die psychogene Ursache seines bedauerlichen Zustands und unterzog sich sofort einer seelisch-geistigen Heilkur, indem er sich sagte und tief von der Wahrheit seiner Worte überzeugt war:

»Die Gegenwart Gottes prägt meine wahre Natur. Diese Gegenwart ist Harmonie und Freude. Gott ist unteilbar, vollkommen, zeitlos und allmächtig. Seine Gegenwart ist mein wahres Ich und immer gleich, heute, morgen, allezeit. Sie ist das Lebensprinzip in mir, das wirkliche ›Ich bin‹, das höhere Ich. Mein anderes Ich – meine Persönlichkeit – wurzelt in meiner Erziehung, Schulung und Konditionierung, beispielsweise in dem Denken und den Überzeugungen meiner Eltern, Verwandten, Lehrer und anderer Menschen, die meinem Geist Ängste und falsche Überzeugungen einpflanzten, als ich noch zu jung war, um mich dagegen wehren zu können. Diese meine Persönlichkeit verändere ich jetzt sofort. Ich werde meinem Unterbewußtsein künftig lebensfördernde Denk- und Vorstellungsinhalte einprägen, indem ich bekräftige: Wohlwollen und Liebe füllen mein Unterbewußtsein und löschen alle negativen Vorstellungen der Angst und des Zweifels aus. Ich bin voller Glauben und Vertrauen zur Güte Gottes. Gottes Friedensstrom überflutet meinen Geist und mein Gemüt, und ich weiß, daß Gott mich auf allen meinen Wegen lenkt, daß göttliches rechtes Tun mich leitet. Ich strahle gegenüber meinen Professoren und allen Menschen in meiner Umgebung Freundlichkeit aus. Meine Freundlichkeit wird auf meine Mitmenschen übergreifen, das weiß ich. Gott liebt mich und sorgt für mich, und da ich mich ihm nahe, naht er sich mir.«

Der Medizinstudent kehrte als verwandelter, neuer Mensch an seine Universität zurück. Wenig später bekam ich einen schönen Brief von ihm. »Jetzt begreife ich die Bedeutung des Wortes: ›Das Licht vertreibt die Finsternis‹ «, schrieb er. »Und ich weiß, was aus einem Rätsel wird, wenn man die Lösung kennt. Das Gebet spreche ich regelmäßig. Ich bin ein neuer Mensch.«

Der angehende Arzt hätte hinzufügen können, er wisse auch, was aus den Gifttaschen des Selbstmitleids, der Selbstverleugnung und Selbstbestrafung, die sich im Unterbewußtsein eingenistet haben, wird, wenn man den reinigenden Friedensstrom der Liebe, des Lichts und der Wahrheit in die verschmutzten Gewässer des Geistes einleitet.

Der Student entdeckte zwei Wesen in sich selbst: den natürlichen biologischen Menschen (der fünf Sinne), der gewöhnlich von Ererbtem, von der Umwelt sowie von falschen Überzeugungen geprägt wird, und den spirituellen Menschen, der sich der Gottesgegenwart bewußt geworden ist. Er pries die unendliche universelle Kraft in seinem Inneren und richtete sich geistig-seelisch auf die Gegenwart Gottes aus, so daß künftig seine Gedanken, Gefühle, Überzeugungen, Aktionen und Reaktionen göttlich geleitet wurden. Als Folge davon starb die alte Persönlichkeit, und der neue Mensch in Gott wurde geboren.

Gedanken kommen stets paarweise. Die aggressiven Gedanken des Hasses und der Feindseligkeit des Menschen der fünf Sinne bzw. des rein materiell-biologisch vegetierenden Menschen müssen in uns ausgemerzt und die Gedanken des uns innewohnenden Gottes auferweckt und mit Leben erfüllt werden. *Und ich, wenn ich erhöht werde von der Erde, so will ich sie alle zu mir ziehen* (Johannes 12, 32).

Zusammenfassung

1. Gedanken kommen immer paarweise. Wir alle sind uns zum Beispiel des Tags und der Nacht bewußt, der Ebbe und Flut, des Nordens und Südens, des Männlichen und Weiblichen, Positiven und Negativen; wir kennen innen und außen, süß und sauer, Ruhe und Bewegung, Krankheit und Gesundheit, Trauer und Frohsein.

2. Sämtliche Gegensätzlichkeiten, denen wir im Leben begegnen, sind Ausfluß des einen einzigen Ganzen, das Gott ist. Und eben die Gegensätze, deren Unterschiede Vergleiche zulassen, geben uns erst das Gefühl, daß wir leben.

3. Der absolute Zustand ist ein Gefühl des Eins- und Ganzseins, doch als Gott die Welt erschuf, erschuf er die Gegensätze, damit wir uns unserer Wahrnehmungen und Empfindungen und damit der menschlichen Funktionen bewußt werden können, was uns erst Lebensfreude finden und unsere wahre Göttlichkeit entdecken läßt. Gott wird dem Menschen zur Freude, indem er Gott in sich selbst entdeckt. Es gibt nur einen einzigen Gott, und jeder Mensch ist eine Sichtbarwerdung Gottes.

4. Ein Junge war entschlossen, nach Irland zu reisen, hatte jedoch Zweifel wegen der Kosten der Reise. Er konzentrierte sich auf den Gedanken an die Reise und hungerte seine Zweifel aus, indem er sie ignorierte und auf Gott vertraute. Er machte seine Reise.

5. Eine junge Frau hatte den starken Wunsch, wieder zu heiraten; doch gegen diesen Wunsch stand ihre Angst, und als Folge davon fühlte sie sich verkürzt. Sie fürchtete, denselben Fehler zu machen wie bei ihrer ersten Heirat. Dann aber wandte sie sich geistig von dem Gedanken ab, der ihr Angst machte, indem sie sich in Gedanken die Eigenschaften vergegenwärtigte, die sie an einem Ehemann bewunderte, und vertraute darauf, daß sich dank Gottes Weisheit und Führung ihr Wunsch erfülle – was auch geschah.

6. Durch Ihr gewohnheitsmäßiges Denken, Ihre Vorstellungen und Überzeugungen, die Sie als wahr akzeptieren, erlassen Sie für sich selbst die Gesetze zwingender Verhaltensmuster. Was Sie Ihrem Unterbewußtsein einprägen – negative oder positive Inhalte – wird als Erfahrung, Zustand oder Ereignis in Ihrem Leben sichtbar werden. Verleiben Sie Ihrem Unterbewußtsein durch die Schrift Ihrer Gedanken Wohlwollen, Liebe, Harmonie und Erfolg ein, so wird Ihnen in göttlicher Fügung alles dies beschieden sein.

7. Die sogenannte »Pechsträhne« eines Vertreters bestand in Wirklichkeit aus seiner Selbstbezweiflung und Selbstverurteilung. Er kehrte seine

negative Geisteshaltung ins Gegenteil um, indem er die ihm innewohnende unendliche Kraft entdeckte und sich die Überzeugung aneignete, daß Gottes unendliche Weisheit ihn führe, lenke und fördere auf der ganzen Linie; und der Erfolg stellte sich ein.

8. Ein Medizinstudent hatte Angst, beim Schlußexamen durchzufallen; er haßte einen Professor und lebte in ständiger Angst vor einer aggressiven »Explosion«. Ihm wurde klar, daß seine Angst aus seiner unbewußten inneren Überzeugung erwuchs, er müsse durchfallen, weil er nichts tauge und bestraft gehöre. Er überwand seine Angst und wurde dadurch ein verwandelter, neuer Mensch.

9. Ihre Gedanken kommen immer paarweise. Die Gedanken des aggressiven Menschen in uns müssen sterben, und die Gedanken des uns innewohnenden Gottes müssen erweckt und mit Leben erfüllt werden.

KAPITEL 12

Die unendliche Kraft lädt die geistigen und seelischen Batterien auf

In unserer unruhigen Welt lassen wir uns durch äußeres Geschehen allzuoft in Angst versetzen. Um uns davor zu bewahren, sollten wir unsere inneren Batterien mit Hilfe der unendlichen Kraft immer wieder aufladen. Wie dies geschieht, veranschaulichen nachstehende Fallgeschichten.

Konzentration auf die wichtigen Belange des Lebens

Ein Geschäftsmann, mit dem ich ein längeres Gespräch führte, meinte schließlich: »Wie soll ich in dieser wirren Welt ein ruhiges Gemüt erlangen? Ich weiß, daß es heißt: ›Mit Ruhe schafft man viel‹, aber ich bin durcheinander und besorgt, und die Nachrichten und die Propaganda in den Zeitungen, im Radio und im Fernsehen machen mich halb wahnsinnig.«

Ich erwiderte, wenn er es wünsche, wolle ich versuchen, Licht in sein Problem zu bringen, ihn mit spiritueller Medizin gegen seine Besorgnisse zu versorgen und ihm zu jener Gemütsruhe zu verhelfen, mit der man »viel schafft«. Als erstes machte ich ihm klar, daß er, wenn seine Gedanken den ganzen Tag um Krieg, Verbrechen, Krankheit, Unfälle und Unglück kreisten, automatisch in eine Stimmung der Niedergeschlagenheit, Besorgnis und Angst geriete. Wenn er dagegen seine Aufmerksamkeit wenigstens zeitweise auf die universellen Gesetze und Prinzipien richte, die den Kosmos und jedwedes Leben steuern, werde er genauso automatisch in eine seelisch-geistige Atmosphäre der inneren Sicherheit und Heiterkeit gehoben.

Der Mann füllte also Geist und Gemüt dreimal täglich mit folgenden Wahrheiten: *»Die Himmel erzählen die Ehre Gottes, und* *die Feste verkündigt seiner Hände Werk* (Psalm 19, 2). Ich weiß, daß allerhöchste Weisheit die Planeten auf ihrer Bahn lenkt und das ganze Universum steuert. Ich weiß, daß es ein göttliches Gesetz und eine göttliche Ordnung gibt, die mit absoluter Zuverlässigkeit funktionieren und unsere gesamte Welt gestalten, nachts die Sterne aufziehen lassen und die Galaxien im Weltall steuern; Gott beherrscht das ganze Universum. Ich begebe mich geistig in die Stille, die jetzt in meinem Gemüt herrscht, und betrachte diese ewigen Wahrheiten Gottes.

Wer festen Herzens ist, dem bewahrst du Frieden . . . (Jesaja 26, 3).

Den Frieden lasse ich euch, meinen Frieden gebe ich euch. Nicht gebe ich euch wie die Welt gibt. Euer Herz erschrecke nicht und fürchte sich nicht (Johannes 14, 27).

Denn Gott ist ein Gott nicht der Unordnung, sondern des Friedens (1. Korinther 14, 33).

Und der Friede Gottes regiere in euren Herzen. . . (Kolosser 3, 15).«

Der Geschäftsmann kehrte sich von seinen Alltagssorgen und -ängsten ab, schenkte seine Aufmerksamkeit jetzt den großen Lebensprinzipien und -wahrheiten und konzentrierte sich auf diese. Die kleinen Dinge vergaß er, statt dessen begann er über die großen nachzudenken, über das Wunderbare und Gute. Als er die Unruhen und Plagen auf der Welt nicht mehr beachtete und sich weigerte, auch nur darüber zu sprechen, ließen seine Besorgnisse und Ängste nach, und er entwickelte in einer wirren äußeren Welt innere Gemütsruhe. Er hatte beschlossen, in seinem Herzen Gottes Frieden herrschen zu lassen. Infolge seiner neuen Einstellung gingen sogar auch noch seine Geschäfte besser, da er nun klügere Entscheidungen zu fällen vermochte.

Eine gequälte Mutter überwand ihre »Herzbeschwerden«

Eine junge Hausfrau, die an Schlaflosigkeit und starkem Herzklopfen litt, war überzeugt, ein Herzleiden zu haben. Sie fühlte sich häufig deprimiert, war gegenüber ihrem Mann und ihren Kindern oft gereizt, ungeduldig und feindselig. Die Schlagzeilen in den Medien ärgerten sie furchtbar, immer wieder schrieb sie kritische, giftige Briefe an den Kongreßabgeordneten ihrer Partei. Auf meine Empfehlung ließ sie sich von einem Herzspezialisten untersuchen. Dieser sagte, organisch sei bei ihr alles in Ordnung, aber sie sei voller Gefühlskonflikte und überhaupt böse auf die ganze Welt.

Daraufhin erklärte ich der Frau, sie könne ihren Ärger und ihre Gemütsaufwallungen gegenüber ihrer Familie überwinden, wenn sie ein bestimmtes Gebetsmuster einhalte. Und wenn sie sich auf Gottes unendliche Gegenwart und Kraft einstimme, würden Harmonie und Liebe, Ordnung und Ruhe, womit sie während der Momente stiller Betrachtung göttlicher Dinge in Berührung komme, sie allmählich ganz durchdringen und ausfüllen. Des weiteren erklärte ich ihr, daß sie dann eine automatische Reaktion ihres tieferen Geistes erwarten dürfe, die ihr zu Fassung, Ruhe und Heiterkeit verhelfe; außerdem werde sie gegenüber allen Menschen freundliches Wohlwollen empfinden. Ich betonte, sie müsse es unbedingt unterlassen, über ihr Leiden sowie ihre Sorgen und Ängste im Hinblick auf die Weltlage zu sprechen, denn dies vergrößere ihre inneren Probleme nur und verschlimmere ihren Zustand, weil man geistig immer das intensiviere, was man betrachte.

Sie konzentrierte sich künftig auf nachstehende biblische Heilverse, denn sie wußte nun, daß die darin enthaltenen Wahrheiten dann in ihr Unterbewußtsein sinken und sie heiter, glücklich, fröhlich und frei machen würden. Hier die Verse, die ich ihr aufschrieb:

Siehe, ich habe dir geboten, daß du getrost und freudig seist. Laß dir nicht grauen, und entsetze dich nicht; denn der Herr, dein Gott, dir nicht grauen und entsetze dich nicht; denn der Herr, dein Gott, ist mit dir in allem, was du tun wirst (Josua 1, 9).
dienen. . . (Römer 8, 28).

Alle eure Sorgen werfet auf ihn; denn er sorget für euch (1. Petrus 5, 7).

Der Herr ist mein Hirte; mir wird nichts mangeln. Er weidet mich auf einer grünen Aue und führet mich zum frischen Wasser. Du bereitest vor mir einen Tisch im Angesicht meiner Feinde. Du salbest mein Haupt mit Öl und schenkest mir voll ein. Gutes und Barmherzigkeit werden mir folgen mein Leben lang, und ich werde bleiben im Hause des Herrn immerdar (Psalm 23, 1-2 und 5-6).

Die Hausfrau und Mutter richtete ihre Aufmerksamkeit auf diese geistige Nahrung und fand sehr rasch einen inneren Frieden, *welcher höher ist denn alle Vernunft.*

Wie Sie ein heiteres Gemüt bewahren

Viele Geschäftsleute und Berufstätige mit den unterschiedlichsten religiösen Überzeugungen erzählten mir, daß sie in bestimmten Zeitabständen kirchliche Einkehrtage mitmachen, wo sie Vorträge über Gott, das Gebet und die Kunst der Meditation hören und auch eine Schweigezeit absolvieren. Jeden Morgen erhalten sie Anweisungen und absolvieren gemeinsame Meditationsübungen, mit denen sie sich dann tagsüber ruhig befassen müssen. Nach einer solchen morgendlichen Meditation bekommen sie gesagt, sie sollten das Gehörte überdenken und innerlich betrachten, dazuhin sollten sie ab sofort für einige Tage schweigen, auch während der Mahlzeiten.

Einhellig erklären sie, daß sie von solchen Einkehrtagen neu belebt, gestärkt und seelisch-geistig aufgeladen wiederkämen. Nach der Rückkehr ins Berufsleben halten sie weiterhin jeden Morgen und Abend etwa fünfzehn bis zwanzig Minuten lang stumm Einkehr. Sie haben einen Frieden kennengelernt, wie ihn die Bibel verheißt: *Und der Friede Gottes, welcher höher ist denn alle Vernunft, bewahre eure Herzen und Sinne* (Philipper 4, 7).

Auf solche Weise laden diese Menschen ihre geistig-seelischen Batterien neu auf und sind dann in der Lage, voll Selbstvertrauen, Glauben und Mut weiterzuarbeiten, mit Problemen und Schwierigkeiten, mit dem Streß und den Scherereien des Alltagslebens fertig zu werden. Sie wissen, wie man neue innere Kraft erhält: durch ruhige Einstimmung auf das Unendliche, das – so R. W. Emerson – »in lächelnder Ruhe ausgestreckt daliegt«. Energie, Kraft, Inspiration, Führung und Weisheit erwachsen aus dem Schweigen und aus der Ruhe von Seele und Geist, wenn man auf Gott eingestimmt ist. Diese Menschen haben gelernt, sich zu entspannen und ihre egozentrische Haltung abzulegen. Sie anerkennen, ehren und nutzen Gottes Weisheit und Kraft, die alle sichtbaren und unsichtbaren Dinge erschaffen hat und alles Leben unaufhörlich und ewig steuert. Sie haben beschlossen, den Weg der

Weisheit zu gehen. *Ihre Wege sind liebliche Wege, und alle ihre Steige sind Friede* (Sprüche 3, 17).

Wie Sie zu Gemütsruhe und Ausgeglichenheit finden

Wenn ich Ihnen als Geschenk ein Buch bringe, müssen Sie die Hand ausstrecken, um es zu bekommen. Ähnlich verhält es sich mit den Reichtümern Gottes: sie liegen in Ihrer Reichweite, aber Sie müssen sich ein bißchen bemühen und danach greifen. Gott ist der Gebende und die Gabe selbst, Sie sind der Empfänger. Öffnen Sie Geist und Herz und lassen Sie Gottes Friedensstrom ein, füllen Sie mit ihm Ihr ganzes Gemüt, denn Gott ist Frieden.

Lesen Sie die Verse des achten Psalms, betrachten Sie deren Wahrheiten, dann werden Sie spüren, wie sich ein starker Strom des Lebens, der Liebe, Ruhe und Ausgeglichenheit über die ausgetrockneten Bereiche Ihres Gemüts ergießt und Ihre gequälte Seele Frieden findet.

Wenn ich sehe die Himmel, deiner Finger Werk, den Mond und die Sterne, die du bereitet hast: was ist der Mensch, daß du seiner gedenkst, und des Menschen Kind, daß du dich seiner annimmst? Du hast ihn wenig niedriger gemacht denn Gott, und mit Ehre und Schmuck hast du ihn gekrönt. Du hast ihn zum Herrn gemacht über deiner Hände Werk; alles hast du unter seine Füße getan (Psalm 8, 4-7).

Sie werden Glauben, Selbstvertrauen, Kraft und Sicherheit erlangen, wenn Sie über die ewigen Wahrheiten meditieren, die in diesem Psalm enthalten sind, über die Unermeßlichkeit des Universums, dem wir angehören, über den unendlichen Geist göttlicher Weisheit, der uns schuf, belebt und stützt. Machen Sie sich klar, daß Sie – wie der Psalmist sagt – die Herrschaft über Ihre Gedanken, Gefühle, Aktionen und Reaktionen haben. Dies verleiht Ihnen ein Gefühl des Selbstwerts, der Würde und Stärke, woraus Sie die Kraft schöpfen werden, die Sie brauchen, um Ihre Arbeit zu tun und ein von Heiterkeit erfülltes Leben zu führen.

Wie Sie innere Konflikte lösen können

In Beverly Hills sprach mich eines Tages auf der Straße ein Mann an. »Glauben Sie«, fragte er, »daß ich Seelenfrieden finden kann? Seit mehr als zwei Monaten bin ich mit mir selber uneins.« Den Mann zerrissen innere Konflikte, er war voller Ängste und Zweifel und auch voller Haß und religiöser Bigotterie. Seiner Tochter zürnte er, weil sie einen Mann anderer Konfession geheiratet hatte, und seinen Schwiegersohn haßte er. Mit seinem Sohn redete er nicht mehr, weil dieser in die Armee eingetreten war, während er selbst einer Friedensbewegung angehörte. Und zu allem hin hatte seine Frau die Scheidung eingereicht.

Natürlich konnte ich ihm an der Straßenecke nicht viel Zeit widmen. Aber ich sagte ihm kurz, er solle sich doch freuen, daß seine Tochter den Mann ihrer Träume geheiratet habe, und wenn seine Tochter den Mann liebe, habe sie recht daran getan, ihn zu heiraten, weil Liebe keine Rasse, keine Religion und kein Wenn und Aber kenne. Außerdem empfahl ich ihm, seinem Sohn zu schreiben, daß er ihn liebe und für ihn bete. Ich machte ihm klar, daß er die Entscheidung seines Sohnes respektieren müsse und sich in dessen Leben nur mit guten, segensreichen Wünschen für den jungen Mann einschalten dürfe. Schließlich sagte ich, seinen Worten müsse ich entnehmen, daß seine ehelichen Auseinandersetzungen vermutlich auf einen ungelösten Kindheitskonflikt mit der Mutter zurückzuführen seien und daß er in seiner Frau einen Ersatz für die Mutter suche.

Auf einen Zettel schrieb ich ihm eine jener heilsamen unvergänglichen Wahrheiten, die er sich zu Gemüte führen sollte: *»Wer festen Herzens ist, dem bewahrst du Frieden; denn man verläßt sich auf dich.«* Ich riet ihm, sich voll Vertrauen, Glauben und Überzeugung auf Gott auszurichten, dann werde er spüren, wie der Strom des Lebens, der Liebe und Seelenruhe sein Herz erfülle. Und beim Gedanken an einen seiner Angehörigen solle er sagen: »Gottes Friede erfüllt meine und auch seine (oder ihre) Seele.«

Einige Zeit danach bekam ich von dem Mann einen Brief, worin er schrieb: »Das Leben war die reinste Hölle für mich. Ich mochte morgens die Augen nicht aufmachen, und jeden Abend nahm ich Phenobarbitol, um überhaupt schlafen zu können. Nach dem Zusammentreffen mir Ihnen aber empfahl ich meine Familie und mich selbst Gott und bekräftigte immer wieder: ›Gott bewahrt mir Frieden, weil ich mich auf ihn verlasse.‹ Daraufhin ist mit mir eine schier unglaubliche Veränderung vorgegangen. Das Leben ist voller Freuden und Wunder. Meine Frau hat die Scheidungsklage zurückgezogen, wir leben wieder zusammen. Meiner Tochter, meinem Schwiegersohn und meinem Sohn habe ich geschrieben, zwischen uns allen herrscht nun Frieden, Harmonie und Verständnis!«

Dieser Mann hat nichts anderes getan, als allen Haß und Groll in seinem Herzen auszumerzen. Als er sich mit Gottes Hilfe dem inneren Friedensstrom überließ, regelte sich alles in göttlicher Ordnung.

Ein »Opfer der Umstände« hörte auf, Opfer zu sein

Während der Sommermonate konnte ich zu meiner Freude in Denver in Colorado ein Seminar abhalten. Am Ende des ersten Vortrags kam ein Mann zu mir und sagte: »Ich bin enttäuscht, unglücklich und in jeder Weise völlig blockiert. Ich würde gern meine Ranch verkaufen und weggehen, aber ich fühle mich wie im Gefängnis – ich sitze einfach fest! Die äußeren Umstände vergewaltigen mich.«

Darauf erwiderte ich: »Wenn ich Sie jetzt hypnotisierte, würden Sie glauben, das zu sein, was ich Ihnen suggeriere, weil Ihr Bewußtsein, das überlegt, urteilt und abwägt, ausgeschaltet wäre und Ihr Unterbewußtsein meine Suggestionen unwidersprochen annähme. Wenn ich Ihnen suggerierte, Sie seien ein indianischer Scout und auf der Jagd nach einem Verbrecher, würden Sie in die Berge schleichen und den Schurken suchen. Wenn ich Ihnen suggerierte, Sie seien im Gefängnis und könnten fliehen, würden Sie glauben, hinter Mauern und Gittern eingesperrt zu sein; auf meine Suggestion hin würden Sie verbissene Fluchtversuche unternehmen; Sie würden probieren, über Mauern zu klettern, Schlüssel an sich zu bringen und auszubrechen. Doch die ganze Zeit über befänden Sie sich hier in diesem offenen Raum, frei wie der Wind. Ihr Tun wäre einzig und allein auf die Empfänglichkeit Ihres Unterbewußtseins für meine Suggestionen zurückzuführen.

Sie selber haben Ihrem Unterbewußtsein suggeriert, daß Sie die Ranch nicht verkaufen können, daß Sie dort gefangen sind, daß Sie nicht nach Denver gehen und tun können, was Sie gern tun würden, daß Sie schlicht festsitzen. Ihr Unterbewußtsein hat keine andere Möglichkeit, als diese Suggestionen zu akzeptieren, da es blind gegenüber allem ist außer dem, was Sie ihm einprägen. Tatsächlich haben Sie sich selbst hypnotisiert! Ihre Fesseln und Beschränkungen haben Sie sich selbst angelegt und auferlegt; Sie leiden wegen Ihrer falschen Überzeugungen und Ansichten, allein daher rühren Ihre inneren Konflikte.«

Ich riet ihm, die uralten Wahrheiten zu befolgen. *»Verändert euch durch Erneuerung eures Sinnes. Tut Buße, das Himmelreich ist nahe herbeigekommen.«* Buße tun bedeutet hier, in sich zu gehen, nachzudenken, vom Standpunkt der Grundprinzipien des Geistes und der ewigen Wahrheiten aus neu zu denken. Ich sagte dem Mann, er solle vertrauensvoll das Gute für sich fordern, denn wenn er rechten Sinnes sei, könne er es jederzeit erhalten. Er müsse sich nur geistig vorbereiten, das Gute zu empfangen, so sei er dem Himmelreich tatsächlich nahe. Harmonie und Gesundheit, Frieden und Wohlstand seien in seiner Reichweite, wenn er sich diese Wohltaten Gottes nur wünsche und seinen Wunsch als wahr empfinde.

Als »Rezept« für seine Genesung schrieb ich ihm ein Gebet auf, das er möglichst oft sprechen sollte:

»Ich vergegenwärtige mir jetzt die unveränderlichen, ewigen Wahrheiten Gottes, die mich faszinieren und mich erfüllen. Ich beruhige meinen Geist und betrachte in Gedanken die große Wahrheit, daß Gott mir innewohnt, in mir wandelt und spricht. Ich stelle die Räder meines Geistes ruhig und bin von dem Wissen erfüllt, daß Gott in mir wohnt. Ich weiß das und glaube es. *›Denn es ist eures Vaters Wohlgefallen, euch das Reich zu geben. Befiehl dem Herrn deine Wege und hoffe auf ihn; er wird's wohl machen.‹*

Ich ziehe kraft unendlicher Weisheit den Käufer an, der meine Ranch will und auf ihr eine gedeihliche Zeit erleben wird; es findet ein gottgefälliger Tausch statt, der uns beiden zum Vorteil gereicht. Der Käufer ist richtig, und der Preis stimmt. Die tieferen Strömungen meines Unterbewußtseins bringen uns beide in göttlicher Fügung zusammen. Ich weiß, daß ich alles erhalte, wenn ich rechten Sinnes bin. Sollten mich Besorgnisse überfallen, behaupte ich sofort mit Nachdruck: ›Diese Dinge berühren mich nicht.‹ Ich weiß, daß es mir gelingen wird, meinen Geist und mein ganzes Gemüt umzupolen auf Ruhe, Entspannung, Gelassenheit und

Ausgeglichenheit. Ich schaffe mir eine neue Welt der Freiheit, der Sicherheit und des Wohlergehens.«

Ein paar Wochen später rief mich der Mann an und berichtete, er habe die Ranch verkauft und könne nach Denver gehen; jetzt sei er kein Gefangener seines Geistes, kein Opfer äußerer Umstände mehr. Er sagte: »Ich habe begriffen, daß ich mich durch mein negatives Denken selbst in ein Gefängnis des Mangels, der Beengung und Einschränkung gebracht hatte, daß ich mich tatsächlich selbst hypnotisiert hatte.«

Diesem Mann war klargeworden, daß unser Denken schöpferisch ist, daß seine ganze Enttäuschung aus den Suggestionen anderer erwachsen war, die er akzeptiert anstatt zurückgewiesen hatte, und daß äußere Ereignisse, Zustände oder Bedingungen niemals die wahren Ursachen von Erfolg oder Mißerfolg sind. Er hatte sich Ängste und Beengungen suggerieren lassen und selbst in diesen geschwelgt, statt sie zu verbannen, weil es ihm an der Erkenntnis gemangelt hatte, daß er mit seinem negativen Denken die Beengungen in seinem Leben verursachte. Sein wiederholtes Meditieren verlieh ihm dann die Kraft, konstruktiv zu denken, und bewies ihm, daß er die Fähigkeit besitzt, unter den Möglichkeiten klug zu wählen.

Bewahren Sie, wenn Besorgnis, Angst oder Zweifel Sie überfallen, Ihr inneres Gleichgewicht und sagen Sie mit Nachdruck: *»Ich hebe meine Augen auf zu den Bergen, von welchen mir Hilfe kommt,* und diese Dinge berühren mich nicht.«

Zusammenfassung

1. Wenn Sie den ganzen Tag über die Übelstände auf der Welt grübeln – die Verbrechen, Katastrophen, Krankheiten und Tragödien –, werden Sie von Ihrem morbiden Denken selbst angesteckt und bringen Niedergeschlagenheit und Melancholie über sich. Erkennen Sie, daß die Welt von göttlichem Recht und göttlicher Ordnung beherrscht wird, dann werden Sie emporgehoben und treten in eine Welt der Ehrfurcht vor all dem vorhandenen Göttlichen ein.
2. Ziehen Sie sich geistig in die innere Stille zurück und betrachten Sie die unwandelbaren Gesetze und Prinzipien, die allem zugrunde liegen. Richten Sie Ihren Geist beharrlich auf Gott, dann werden Sie heiteren Gemütes sein und ans Ziel Ihrer Wünsche gelangen.
3. Weigern Sie sich, Ihre Krankheitssymptome, Sorgen und Kümmernisse zu schildern, dann verschwinden diese. Denken Sie an schöne, große Dinge und stimmen Sie sich auf Gott ein.
4. Gereiztheit, Ärger und Feindseligkeit gegen andere lösen sich in nichts auf, wenn Sie die Kunst wirksamen Betens praktizieren, die darin besteht, Gottes Wahrheiten vom höchsten Standpunkt aus zu betrachten.
5. Das Räderwerk in Ihrem Geist können Sie zur Ruhe bringen, wenn Sie langsam den dreiundzwanzigsten Psalm wiederholen. Denken Sie anschließend fünfzehn bis zwanzig Minuten lang über den Sinn nach, den diese Verse für Sie haben. Dann werden Sie spielend mit allen Herausforderungen fertig werden, die das Leben an Sie stellt.
6. Das kosmische Gute ist Gebendes und Gabe zugleich. Und der Empfänger sind Sie. Öffnen Sie sich geistig und seelisch für die Aufnahme von Gottes Friedensstrom und lassen Sie ihn in Ihr Gemüt fließen. Gott ist Frieden, und dieser Frieden harrt Ihrer. Warum noch länger warten? Holen Sie ihn sich jetzt gleich!
7. Der achte Psalm eignet sich ausgezeichnet, um Ihrem Gemüt Ausgeglichenheit, Vertrauen, Würde und tiefe Ehrfurcht vor dem Göttlichen einzuträufeln. Er ist eine geradezu wunderwirkende Medizin, die Ihnen zu sinnvoller Heiterkeit verhilft.
8. Wenn zwei Menschen verschiedener Religionszugehörigkeit einander lieben, dann überwindet die Liebe alle religiösen Schranken oder institutionellen Dogmen, und die beiden sollten heiraten.
9. Sie sind kein Opfer von äußeren Umständen oder Bedingungen, von Ererbtem oder Ihrer Umgebung. Denken Sie konstruktiv, dann werden Sie aufgrund der schöpferischen Kraft Ihres Geistes Ergebnisse gemäß der Natur Ihres Denkens erzielen.

KAPITEL 13

Führung durch die unendliche Kraft auf allen Wegen

Es gibt ein göttliches Führungsprinzip, das im ganzen Universum wirkt, also auch in Ihnen. Wenn Sie die unendliche Weisheit nutzen, die Ihnen innewohnt, erlangen Sie diese Führung und können wunderbare Erlebnisse und Ereignisse anziehen, die Ihre kühnsten Träume übersteigen. In diesem Kapitel werde ich Ihnen das Führungsprinzip in seiner ganzen Vielfalt veranschaulichen, damit Sie es selbst anwenden und Segnungen aller Art in Ihr Leben bringen können.

Eine Frau zog den richtigen Mann an

Eine junge Sekretärin, die zweimal geschieden war, sagte zu mir: »Ich möchte nicht ein drittesmal denselben Fehler machen. Der Fehler bei den letzten beiden Malen lag darin, daß ich zu sehr nach dem Aussehen urteilte, das ist mir klar. Ich weiß aber nicht recht, ob ich es nun richtig mache. Bitte überprüfen Sie, ob mein jetziges Gebet richtig ist.«

Das Gebet, das sie sich aufgeschrieben hatte, lautete:

»Die mir innewohnende unendliche Weisheit zieht den richtigen Mann für mich an. Er ist ausgeglichen, sehr liebenswert, gütig und geistig orientiert. Ich trage zu seinem Glück und seiner Freude bei, zwischen uns herrschen Harmonie, Frieden und Verständnis. Ich glaube ganz entschieden, daß die unendlich weise Führung Gottes mir den richtigen Mann zuführen wird, und ich weiß, daß mit Gottes Hilfe Fehler nicht möglich sind. Ich erwarte und glaube fest, daß ich den richtigen Partner kennenlernen werde. Ich weiß, daß mein Beten jetzt wirkt, und ich wandle im Lichte dieser Überzeugung auf Erden.«

Man konnte der jungen Frau zu dem Gebet und zu der Klugheit, die sie im Vertrauen auf die ihr innewohnende göttliche Kraft bewies, nur gratulieren. Das Prinzip göttlicher Führung wirkte in der Tat für sie; es dauerte nicht lange, bis sie einen interessanten, zu ihr passenden Mann kennenlernte. Ich erlebte die Freude, daß das Paar noch im gleichen Jahr getraut wurde und bis heute sehr glücklich ist.

Wie göttliche Führung für einen anderen Menschen wirkt

Sie können die unendliche Kraft nicht nur für sich selbst, sondern auch für jemand anderen nutzen, sei es ein Fremder oder sei es ein Verwandter oder enger Freund. Dazu müssen Sie lediglich von der Überzeugung erfüllt sein, daß Ihr Denken die gewünschten Konsequenzen zeitigen wird, und unerschütterlich an die Verwirklichung Ihres Denkens glauben. Ich habe diese Kraft für viele Menschen genutzt – mit erstaunlichen, faszinierenden Ergebnissen.

Einmal beispielsweise rief mich ein junger Ingenieur an und sagte: »Die Firma, in der ich arbeite, wird an ein größeres Unternehmen verkauft, und man hat mir eröffnet, daß dort für mich kein Platz sei. Ich wäre glücklich, wenn Sie für mich beten möchten.«

Ich versprach es und erklärte ihm, er verfüge über die göttliche Führung in seinem Unterbewußtsein, das ihm eine neue Tür zur Selbstverwirklichung öffnen werde, wenn er nur ebenso fest an die Verwirklichung seiner Wünsche glaube wie an das Boyle-Mariottesche Gesetz, an das Avogadrosche oder irgendein Gesetz der Physik.

Das Führungsprinzip wandte ich nun an, indem ich mir einfach vorstellte, der Ingenieur sage zu mir: »Denken Sie bloß, ich habe eine tolle Stellung mit ausgezeichnetem Gehalt gekriegt. Wie aus heiterem Himmel.« Etwa drei bis vier Minuten lang gab ich mich nach dem Telefongespräch dieser Vorstellung hin, dann dachte ich nicht mehr an den Ingenieur. Ich glaubte zutiefst an eine Reaktion. Auch er hatte mir seinerseits versprochen, zutiefst an die Erfüllung seines Herzenswunsches zu glauben.

Schon am nächsten Tag rief er wieder an und eröffnete mir, er habe »wie aus heiterem Himmel« ein gutes Angebot bei einer anderen Konstruktionsfirma erhalten.

Es gibt nur einen einzigen universellen, göttlichen Geist, und was ich mir subjektiv vorstellte und als wahr empfand, geschah im Leben des Ingenieurs. Wenn Sie zutiefst überzeugt glauben, daß etwas geschehen wird, geschieht es auch.

Persönliche Führung zum richtigen Platz im Leben

Machen Sie sich bewußt, daß Gott unendliches Leben ist und daß Sie sichtbar gewordenes ewiges Leben – Geist vom Geist Gottes – sind, denn damit bauen Sie in sich Vertrauen zu der Ihnen innewohnenden unendlichen Kraft auf. Das höchste, göttliche Lebensprinzip versucht sich durch Sie auszudrücken. Sie sind einmalig und ganz anders als jeder andere Mensch. Sie denken, sprechen und handeln anders. Niemand auf Erden ist genauso wie Sie – der Mensch gewordene göttliche Geist wiederholt sich nicht. Erkennen und glauben Sie, daß Sie besondere, einzigartige Fähigkeiten und Gaben haben. Sie können irgend etwas auf ganz spezielle, urpersönliche Weise tun, wie niemand sonst auf Erden, weil Sie eben Sie sind. Sie sind hier auf der Erde, um sich voll und ganz zu verwirklichen, um das zu tun, was Sie gerne tun möchten, und dadurch Ihr Schicksal in diesem Leben zu erfüllen. Sie sind wichtig. Sie sind ein Ausdruck Gottes. Gott braucht Sie, und zwar dort, wo Sie sind – sonst wären Sie nicht dort. Gott ist allgegenwärtig, also auch in Ihnen gegenwärtig. Gottgegebene Eigenschaften, Qualitäten und Kräfte liegen in Ihnen bereit. Sie haben Glauben, Phantasie und die Macht, zu wählen durch das, was Sie denken und glauben. Sie formen, gestalten und schaffen schöpferisch Ihr Schicksal selbst durch den Inhalt dessen, was Sie denken und glauben.

Innere Führung rettete ihn

Dr. Harry Gaze, ein inzwischen verstorbener Autor, den ich gut kannte, ließ sich in allen seinen Unternehmungen von seiner inneren Führung leiten. Einmal wollte er ein Flugzeug besteigen, da sagte ihm eine innere Stimme, er solle es nicht tun. Sein Gepäck befand sich bereits an Bord, doch er ließ es wieder holen und verzichtete auf den Flug. Er folgte seiner Intuition. Dies rettete ihm das Leben, denn die Maschine stürzte ab, und alle Insassen fanden den Tod.

Seine Lieblings-Bibelstelle lautete: *Denn er hat seinen Engeln befohlen über dir, daß sie dich behüten auf allen deinen Wegen, daß sie dich auf den Händen tragen und du deinen Fuß nicht an einen Stein stoßest* (Psalm 91, 11–12).

Richtiges Handeln aufgrund innerer Führung

Göttliche Führung erlangen Sie aufgrund richtiger Motivation und des ehrlichen Wunsches, richtig zu handeln. Wenn Sie richtig denken, das heißt, wenn Ihr Denken der goldenen Regel und dem Gesetz wohlwollender Freundlichkeit gegenüber allen Menschen entspricht, werden Ihnen innerer Frieden und harmonische Ausgeglichenheit zuteil. Dieses Gefühl der Ausgeglichenheit, der Gelassenheit und Gleichmütigkeit wird dazu führen, daß Sie in allen Lebenslagen das Richtige tun. Indem Sie anderen aufrichtig dasselbe wünschen, was Sie sich selbst wünschen – die goldene Regel –, praktizieren Sie Liebe und Wohlwollen. So erfüllen Sie die Voraussetzung für Gesundheit, Glück, Erfolg und inneren Frieden.

Ein vielbeschäftigter Bauunternehmer, mit dem ich mich inzwischen angefreundet habe, sagte zu mir: »Das Baugeschäft geht angeblich schlecht, aber ich kann gar nicht alle Bauwilligen empfangen, die bei mir vorsprechen.« Er fügte hinzu, daß er in der Vergangenheit viele Fehler gemacht und zweimal bei unglücklichen Spekulationen ein kleines Vermögen verloren habe. Vor sechs Jahren aber sei ihm mein (bereits zitiertes) Buch *Die Macht Ihres Unterbewußtseins* in die Hände gekommen; er habe sich gleich hingesetzt, das Buch durchgearbeitet und die darin beschriebenen Prinzipien angewandt. Der Bauunternehmer zeigte mir sein tägliches Gebet, das er sauber und ordentlich auf eine Briefkarte getippt hatte und immer bei sich trug. Es lautete wie folgt:

»Ich verzeihe mir alle früheren Fehler und mache niemandem Vorwürfe. Alle diese Fehler waren Trittsteine zu meinem Erfolg und Gedeihen. Ich glaube ausdrücklich, daß Gott mich allezeit führt und daß alles richtig ist, was ich tue. Ich fühle, glaube und weiß, daß ich auf allen Wegen geführt, geleitet, gestützt und geschützt werde, daß ich emporgehoben und vorankommen werde. Ich handle richtig, denke richtig und weiß, daß meinem Unterbewußtsein eine unendliche Weisheit innewohnt, die mir antwortet. Ich gebe meinen Kunden das Beste. Mir wird innere Führung zuteil, so daß ich den richtigen, angemessenen Preis mache. Ich erkenne, was zu tun ist, und tue es auch. Ich ziehe die richtigen Menschen an, die mit mir harmonieren. Ich weiß, daß diese Gedanken sich meinem Unterbewußtsein einprägen, wo sie ein subjektives Verhaltensmuster bilden. Ich glaube fest, daß seitens meines Unterbewußtseins automatisch das verwirklicht werden wird, was dem Inhalt meiner Denkgewohnheiten entspricht.«

Dieses Gebet spricht der Bauunternehmer täglich, und er wird »wie von selbst« zum Guten geführt. Ihm scheint sich alles in Gold zu verwandeln wie einst Midas. Seit sechs Jahren hat er keine schwerwiegenden Fehler mehr gemacht, hat er keine Verluste mehr erlitten und mit keinerlei Arbeitskämpfen mehr fertig werden müssen. Er wird tatsächlich automatisch geführt – und dieselbe Führung können auch Sie sich zunutze machen!

Denken Sie daran, Ihr Unterbewußtsein reagiert gemäß Ihrer bewußten Denk- und Vorstellungsinhalte.

Göttliche Führung offenbarte seine wahren Talente

Ein junger Mann, der als Musiker, Schauspieler und auch Geschäftsmann gescheitert war, klagte voll Bitterkeit: »Mir mißlingt einfach alles.«

Ich erklärte ihm, daß die Lösung für sein Problem in ihm selbst liege, daß er zu einer wahren Selbstverwirklichung finden könne und glücklich und erfolgreich sein werde, wenn er das tue, was er im Grunde seines Herzens gern tun wollte.

Auf meinen Vorschlag betete er folgendermaßen:

»Ich verfüge über die Kraft, im Leben höher zu steigen. Ich habe jetzt die feste Überzeugung, daß ich dazu geboren wurde, ein triumphierendes, schöpferisches und erfolgreiches Leben zu führen, und daß der Königsweg zum Erfolg sich jetzt vor mir auftut. Die mir innewohnende unendliche Weisheit offenbart meine verborgenen Talente, und ich achte auf den Fingerzeig, der in mein Bewußtsein tritt; ich erkenne ihn klar. Erfolg ist mir jetzt beschieden. Wohlstand ist mir beschieden. Ich tue, was ich gern tun wollte, und ich diene der Menschheit auf eine höchst nützliche Weise. Ich glaube an meine innere Führung, und ich weiß, daß die Antwort kommen wird; mir widerfährt, was ich glaube!«

Ein paar Wochen später empfand der junge Mann den starken Wunsch, Geisteswissenschaften zu studieren und einen geistlichen Beruf auszuüben. Heute – Jahre später – ist er als Lehrer, Geistlicher und Berater zahlloser Menschen überaus erfolgreich, und seine Arbeit macht ihn glücklich. Er hat ein unendliches Führungsprinzip kennengelernt, das um seine inneren Talente wußte und ihm diese gemäß seinem Glauben enthüllte.

Eine achtzigjährige Frau wurde Erfinderin

Unlängst führte ich ein höchst interessantes Gespräch mit einer achtzigjährigen Frau, die geistig sehr lebendig und klug ist und deren ganzes Wesen von Gott beseelt wird. Sie erzählte mir, daß sie sich mehrere Wochen hindurch vor dem Einschlafen suggeriert habe: »Mein höheres Ich offenbart mir mit Gottes Hilfe eine neue Idee, die ich vollständig im Geist habe und mir bildlich genau vorstellen kann. Diese Idee gereicht allen Menschen zum Segen.« Sie bekam das exakte geistige Modell einer Erfindung offenbart, fertigte eine Zeichnung von ihrem neuartigen Reinigungsgerät an und gab sie ihrem Sohn, der Ingenieur ist. Der Sohn steuerte die Beschreibungen bei und ging zu einem Patentanwalt, und dieser ließ die Erfindung patentieren. Eine Firma bot der alten Dame fünfzigtausend Dollar für das Patent, dazu eine Beteiligung am Verkaufserlös.

Sie hatte daran geglaubt, daß die gottgegebene unendliche Weisheit sie führen und ihr das genaue geistige Bild einer Erfindung liefern würde. Ihr Gebet war erhört worden, wie sie es erwartet, sich vorgestellt und geplant hatte.

Welchen Beruf Sie auch ausüben oder welcher Beschäftigung Sie nachgehen, Sie haben die Macht, Ihren Geist ruhigzustellen, die unendliche Weisheit Ihres Unterbewußtseins anzurufen und um eine neue Idee zu bitten, die Ihnen und der ganzen Welt zum

Segen gereicht. Sie müssen fest glauben, daß Sie Antwort erhalten werden, dann wird diese kommen. *Ehe sie rufen, will ich antworten; wenn sie noch reden, will ich hören* (Jesaja 65, 24). Sie tragen die Antwort auf alle Fragen bereits in sich; jede Antwort ist seit Anbeginn da, denn Gott wohnt in Ihnen, und Gott kennt die Antwort.

Innere Führung spürte einen Verschollenen auf

Eine gute Bekannte schrieb mir aus Irland, daß ihr Bruder, der 1922 nach Amerika gegangen und von dem nie mehr Nachricht gekommen war, den Bauernhof eines Onkels geerbt habe. Sie erkundigte sich, ob es möglich sei, ihn zu finden und Verbindung mit ihm aufzunehmen. Meine Bekannte, die nicht einmal ein Foto von ihrem Bruder besaß, hatte in Irland einen Anwalt beauftragt, den Bruder zu suchen; doch der hatte nicht die geringste Spur entdeckt.

Ich setzte mich am Abend hin, stellte meinen Geist ruhig, las Psalm dreiundzwanzig, den wunderbarsten Psalm für Ruhe, Gelassenheit und inneren Frieden. Dieser Psalm sagt uns, David habe verkündet, daß der Herr sein Hirte sei, ihn auf einer grünen Aue weide und ihn zu frischem Wasser führe; damit ist gemeint, daß göttliche innere Führung dem Menschen Antworten enthüllt und ihn in friedliche, glückbringende, freudvolle Situationen führt. David glaubte an diese Führung, und ihm geschah gemäß seinem Glauben.

Ich meditierte über die Weisheit dieses Psalms und gab mich folgenden Gedanken hin:

»Die unendliche Weisheit, die alle Planeten auf ihren Bahnen lenkt, die die Sonne scheinen läßt und den ganzen Kosmos beherrscht, habe auch ich in mir. Sie weiß alles und sieht alles. Diese göttliche Weisheit weiß, wo sich der Mann befindet, und enthüllt die Antwort. Er setzt sich sofort mit seiner Schwester in Verbindung. Es gibt nur einen Geist, und im Geist gibt es keine Trennung. Auch gibt es im Geist weder Zeit noch Raum. Ich beschließe jetzt, daß sein Aufenthaltsort sofort seiner Schwester und ihrem Anwalt in Irland offenbart wird. Im Geiste liegt bereits beschlossen, wie dies bewerkstelligt und mein Wunsch erfüllt werden kann. Ich glaube dies, akzeptiere es und danke dafür, daß es jetzt geschieht.«

Was sich in diesem Fall abspielte, ist sehr aufschlußreich, ja geradezu begeisternd. Nach ein paar Wochen erhielt ich einen Luftpostbrief aus Irland. Meine Bekannte schrieb, ihr Bruder habe telegrafiert, er sei auf dem Weg nach Irland, um sie zu besuchen. Das war die erste Nachricht von ihm seit April 1922! Doch hierbei handelt es sich keineswegs um Zufall oder einen puren »Glücksfall«. Wir leben in einer Welt, in der Recht und Ordnung herrschen, wo nichts aus Zufall geschieht. Wie R. W. Emerson sagte: »Alles wird von hinten geschoben.« Es gibt ein kosmisches, universelles Gesetz von Ursache und Wirkung. Mein Denken ging in das universelle Unterbewußtsein ein, an dem wir alle teilhaben und in dem wir mit unserem Sein wurzeln, von dem der gesamte Kosmos durchdrungen ist. Über das universelle Unterbewußtsein nahm das Unterbewußtsein des vermißten Mannes meine Gedanken auf und bestimmte ihn, sich mit seiner Schwester in Verbindung zu setzen.

In einem späteren Brief schrieb mir die Schwester, ihr Bruder habe ihr erzählt, daß er eines Nachts nicht habe schlafen können und einen hartnäckigen, bohrenden, nicht nachlassenden Drang verspürt habe, die alte Heimat und seine Schwester zu besuchen. Auf diesen psychischen Drang reagierte er am Morgen sofort, indem er ihr ein Telegramm schickte und einen Flug nach Irland buchte. Bei der Ankunft in der alten Heimat erfuhr er, daß die intuitiven Eingebungen und Antriebe ein Segen für ihn waren, denn er hatte nicht nur einen schönen Bauernhof, sondern auch eine behagliche Wohnstatt geerbt.

Man kann nie im voraus sagen, wie die Antwort auf ein Gebet erfolgen wird. In der Bibel heißt es: ... *soviel der Himmel höher ist denn die Erde, so sind auch meine Wege höher denn eure Wege, und meine Gedanken denn eure Gedanken* (Jesaja 55, 9).

Zusammenfassung

1. Sie können aus Ihren Fehlern lernen. Erkennen Sie, daß Fehler nur Trittsteine zum Erfolg sind. Es gibt ein kosmisches Führungsprinzip, das für Sie wirkt, wenn Sie daran glauben.

2. Dieses Prinzip können Sie auch zur Führung eines anderen Menschen einsetzen, wenn Ihnen klar ist, daß es nur einen einzigen Geist gibt und daß die unendliche Weisheit, die alle Planeten auf ihren Bahnen lenkt, auch diese andere Person lenkt und ihr die richtige Antwort zuleiten wird. Der anderen Person, für die Sie beten, wird Ihr Glaube sofort übermittelt, und sie wird die Freude erleben, Antwort zu erhalten. Was Sie glauben, das trifft ein.

3. Ihre verborgenen Talente und Ihren wahren Platz im Leben können Sie aufspüren, indem Sie Ihrer inneren Führung vertrauen und voll Überzeugung erklären: »Göttliche Weisheit enthüllt mir meine Talente und öffnet mir den Weg zu deren bestmöglicher Nutzung. Ich achte sorgfältig auf den Führungshinweis, der klar und deutlich in mein Bewußtsein tritt.«

4. Innere Führung vermag Sie zu schützen und vor drohender Gefahr zu warnen. Der mittlerweile verstorbene Dr. Harry Gaze meditierte regelmäßig über Verse des Psalms 91 (die Verse 11 und 12), und ihm wurde göttlicher Schutz zuteil, der ihn vor einem Flugzeugabsturz bewahrte.

5. Richtiges Tun wird Ihnen gelingen, wenn Ihre Motive stimmen und wenn Sie wirklich wünschen, gemäß der goldenen Regel und den Gesetzen der Liebe zu handeln.

6. Viele Menschen erhalten automatische Führung, weil sie überzeugt sind, immer zu richtigem Tun angeleitet zu werden; ihr Unterbewußtsein reagiert darum entsprechend. Behaupten, glauben, fühlen und wissen auch Sie, daß Sie allezeit geführt, geleitet und gesegnet werden; wenn Sie diese Wahrheit beharrlich bekräftigen, erhalten Sie ebenfalls automatische Führung.

7. Sagen Sie sich voller Überzeugung, daß Sie dazu geboren sind, ein konstruktives, triumphierendes Leben zu führen. Bekräftigen und glauben Sie, daß der Königsweg zum Erfolg jetzt offen vor Ihnen liegt, und das kosmische Führungsprinzip wird dafür sorgen, daß Sie zu großartigen Erfolgen geführt werden.

8. In der Schatzkammer Ihres Geistes ist ein Vermögen verborgen. Wenden Sie sich an die Ihnen innewohnende unendliche Weisheit, daß Ihnen eine schöpferische neue Idee enthüllt werde, die sich für Sie selbst und die ganze Menschheit segensreich auswirkt. Behaupten Sie, daß diese Idee klar in Ihr Bewußtsein tritt, dann wird Ihnen ein klares Bild davon erscheinen. Die Antwort wird kommen. Sie müssen es nur glauben. Gemäß Ihrem Glauben wird Ihnen geschehen.

9. Wenn Sie einen verschollenen Freund oder Verwandten suchen, sollten Sie sich klarmachen, daß Gott alles weiß und alles sieht. Bekräftigen Sie voll Überzeugung und Glauben, daß Sie Antwort erhalten werden: »Die kosmische Weisheit offenbart mir seinen Aufenthaltsort in göttlicher Fügung. Ich präge diesen Gedanken meinem Unterbewußtsein ein, und dieses wird auf seine eigene Weise reagieren.« Wenn Sie so meditieren, wird Ihnen die Freude beschieden sein, daß Ihr Gebet Erhörung findet. *Gedenke an ihn in allen deinen Wegen, so wird er dich recht führen* (Sprüche 3, 6).

KAPITEL 14

Heilung durch die unendliche Kraft

Sie tragen eine unendliche Heilgegenwart in sich, die um alle Prozesse und Funktionen Ihres Körpers weiß. Wenn Sie sich auf diese unendliche Kraft einstimmen, wird sie aktiv und wirksam. In der Bibel heißt es: *Ich bin der Herr, dein Arzt* (2. Mose 15, 26).

Es ist Ihr göttliches Geburtsrecht, gesund und vital zu sein, kräftig und dynamisch. Dieses Kapitel wird Ihnen auf lebendige Weise veranschaulichen, welche Schritte Sie unternehmen können, um ein strahlend gesunder Mensch zu werden und zu bleiben. Ich empfehle Ihnen sehr, die beschriebenen Methoden und Techniken regelmäßig anzuwenden, denn sie erschließen den Weg zu Gesundheit, Harmonie und Heiterkeit.

Beständige Gesundheit dank konstruktiven Denkens

Ein weiser Spruch lautet: Wie man im innersten Herzen denkt, so ist man. Mit dem Herzen ist hier das Unterbewußtsein gemeint. Die Gedanken, Meinungen und Überzeugungen, die Sie Ihrem Unterbewußtsein einpflanzen, werden in Ihrem Körper, Ihrem Berufsleben und in sämtlichen anderen Lebensbereichen sichtbar gemacht. Die Art, in der Sie den ganzen Tag lang denken, kontrolliert weitgehend Ihre Gesundheit. Wenn Sie Ihren Geist auf Gedanken der Unversehrtheit, Schönheit, Vollkommenheit und Vitalität lenken, wird bald ein Gefühl des Wohlbefindens Sie erfüllen. Doch wenn Sie sich Gedanken der Sorge, der Angst, des Hasses, der Eifersucht, Niedergeschlagenheit und Betrübtheit hingeben, werden Sie an Leib und Seele erkranken, und auch sonst wird es Ihnen schlecht ergehen. Sie sind, was Sie den ganzen Tag lang denken.

Wie Sie die unendliche Heilkraft freisetzen können

Eine junge Frau, die an chronischen Halsschmerzen und ständigem Fieber litt, suchte auf meine Empfehlung einen Arzt auf, mit dem ich befreundet bin. Er diagnostizierte eine Streptokokkeninfektion, gab ihr Antibiotika und eine Lösung zum Gurgeln. Sie sprach jedoch weder auf die Antibiotika noch auf ein zusätzliches fiebersenkendes Mittel an. Dem Arzt war es ein Rätsel, warum die Behandlung nicht wirkte. Ich bat die junge Frau noch einmal zu mir und fragte sie, ob sie mir etwas verheimliche. Wenn dem so sei, sagte ich, müsse sie offen darüber reden, dann werde sie vermutlich genesen.

Daraufhin stieß sie hervor: »Ich hasse meine Mutter und mein Zuhause. Sie ist tyrannisch und anspruchsvoll; sie will mein ganzes Leben beherrschen und mich zwingen, den Mann zu heiraten, den sie für richtig hält.«

Der Gemütszustand dieser jungen Frau, ihre Feindseligkeit und das Schuldgefühl wegen des Hasses gegenüber der Mutter verursachten die fiebrige Halsentzündung. Ich erklärte ihr, zweifellos sei ihre Ambivalenz, das heißt ihr ständiges Schwanken zwischen Liebe und Haß in der Beziehung zur Mutter, die Ursache ihrer Krankheit. Sie wollte den von der Mutter ausgesuchten Mann nicht heiraten, also tat ihr Unterbewußtsein ihr den Gefallen, eine fiebrige Halsentzündung auszulösen. Damit sagte es zu ihrem Bewußtsein: »Du kannst ihn nicht heiraten, solange du krank bist.« Auf diese Weise entsprach ihr Körper ihrem unterbewußten Wunsch.

Auf meinen Rat sagte die junge Frau ihrer Mutter klipp und klar, daß sie den Mann nicht heiraten würde, weil sie ihn nicht liebte. Außerdem nahm sie sich eine eigene Wohnung und beschloß, künftig selbst über ihr Leben zu entscheiden. Ich konnte mit der Mutter reden und ihr begreiflich machen, daß es grundfalsch sei, auf einer Heirat zwischen der Tochter und einem Mann zu bestehen, den die Tochter nicht liebte, und daß eine Eheschließung aus einem anderen Grund als aus Liebe nichts anderes als Betrug, eine Farce und üble Maskerade sei.

Die Mutter zeigte sich einsichtig. Sie sprach sich mit der Tochter aus, sicherte ihr zu, daß sie heiraten könne, wen sie wolle, und daß sie von nun an in ihren Entscheidungen völlig frei sei. Die Beziehung zwischen den beiden Frauen änderte sich, Versöhnlichkeit, Liebe und Güte prägten nun ihr gegenseitiges Verhältnis. Die Tochter genas sofort und hatte seither keine gesundheitlichen Probleme mehr.

Ein Bankkaufmann befreite sich von seiner Grippe

Vor einiger Zeit unterhielt ich mich mit einem jungen Bankkaufmann, der mir sehr nervös und zappelig vorkam. Ganz offensichtlich war er körperlich und seelisch krank. Auf meine Frage nach seinem Ergehen antwortete er: »Ich habe den asiatischen Virus aufgeschnappt. Diese Grippe macht mich ganz fertig.« Ich schrieb ihm ein seelisch-geistiges Rezept auf und betonte, wenn er die Formel beharrlich wiederhole, voll Glauben und Erwartung, werde die Vorstellung von Gesundheit, Unversehrtheit und Kraft in sein Unterbewußtsein sinken und er könne mit phantastischen Ergebnissen rechnen.

Hier die Formel, die ich ihm verordnete: »Ich bin stark, von Kraft, Liebe und Harmonie erfüllt. Ich bin vital, dynamisch, fröhlich und glücklich.« Er wiederholte sie drei- oder viermal täglich fünf Minuten lang, in der festen Überzeugung, daß er alles würde, was er an sein »Ich bin . . .« anhängte.

Nach etwa einer Woche rief er mich an und sagte: »Die geistige Medizin, die Sie mir verordnet haben, hat ein Wunder bewirkt. Von jetzt an werde ich aufpassen wie ein Luchs, damit auch alles, was ich an die Wörtchen ›Ich bin‹ anfüge, gottgefällig und positiv ist.« Er hatte Ergebnisse erwartet und an die Verwirklichung seines neuen Persönlichkeitsbildes geglaubt.

Die unendliche Heilkraft des Unterbewußtseins

Eine Mutter kam mit ihrem asthmakranken zehnjährigen Sohn zu mir. Sie berichtete, es träten, wenn der Junge während der Sommerferien bei den Großeltern in San Francisco sei, niemals Anfälle auf, aber wenn er nach Hause komme, erleide er unweigerlich einen Rückfall und müsse wieder die vom Arzt verschriebenen Medikamente nehmen, die ihm wenigstens Linderung verschafften.

Als ich mit dem Jungen allein sprach, bekam ich heraus, daß seine Eltern ständig stritten, daß er fürchtete, beide zu verlieren und bald kein Elternhaus mehr zu haben. Der Junge war in jeder Hinsicht normal; das Übel lag in der gespannten, unguten häuslichen Atmosphäre. Bei einer anschließenden Unterredung mit der Mutter erfuhr ich, daß sie gegenüber ihrem Mann große Feindseligkeit und unterdrückte Wut empfand. Sie bekannte, daß sie ihm schon des öfteren Geschirr nachgeworfen und andererseits er sie zweimal verprügelt hatte. Der Junge, in diesem emotionalen Kreuzfeuer gefangen, hatte natürlich Angst und war zutiefst verunsichert.

Es gelang mir, die Eltern zu einem gemeinsamen Gespräch zu bewegen. Ich erklärte ihnen, daß Kinder unter einem schlechten geistigen und emotionalen Klima im Elternhaus leiden. Da sie den Jungen, den sie zweifellos beide liebten, in die Welt gesetzt hätten, sei es ihre moralische Pflicht, zu Hause ein Klima der Liebe, des Friedens und der Harmonie zu schaffen; außerdem sollten sie den Jungen merken lassen, daß er erwünscht war und geliebt wurde. Ich wies sie darauf hin, daß Kinder nach einem Gefühl der Sicherheit und Geborgenheit verlangen. Wenn zwischen ihnen beiden wieder Liebe und Harmonie herrschten, so sagte ich, würde das Asthma nach meiner Überzeugung verschwinden. Es sei lediglich ein Symptom seiner Besorgnis und Angst.

Ich schrieb den Eltern ein Gebet auf, das sie abends und morgens abwechselnd sprechen sollten, in dem tiefen Glauben, daß durch solches Beten aller angestaute Haß und jedwede Feindseligkeit in göttlicher Liebe aufgelöst würden. Das Gebet lautete:

»Uns beide verbindet das Wissen, daß Gott uns innewohnt und seine unendliche Heilkraft durch jeden von uns strömt. Jeder von uns strahlt gegenüber dem anderen Liebe, Frieden und Freundlichkeit aus. Jeder von uns sieht im anderen die Gegenwart Gottes, und wir sprechen gütig und liebevoll miteinander. Wir erhöhen uns gegenseitig geistig und seelisch, weil wir wissen, daß jeder von uns das Licht, die Liebe und die Freude Gottes jeden Tag deutlicher zum Ausdruck bringen wird. Jeder von uns preist das Göttliche im anderen, und unsere Ehe wird jeden Tag schöner und glücklicher. Unser Sohn ist für unsere liebevollen Gedanken empfänglich und offen. Er lebt und bewegt sich in Gott, er atmet den reinen Atem des göttlichen Geistes ein. Seine Bronchien, seine Lungen und sein ganzer Atemapparat werden von der belebenden, harmonisierenden unendlichen Heilkraft durchdrungen, so daß er künftig frei, leicht und mühelos atmen kann.«

Jeden Morgen und jeden Abend wiederholten sie dieses Gebet drei- oder viermal, am Morgen der Mann und am Abend die Frau.

Der Sohn betete jeden Abend: »Ich liebe meine Eltern. Gott liebt sie und sorgt für sie. Sie sind glücklich miteinander. Ich atme den Frieden Gottes ein und atme die Liebe Gottes aus. Ich schlafe in Frieden und erwache in Freude.«

Die Eltern glaubten an die wunderwirkende Kraft ihres Unterbewußtseins. Nach etwa zwei Wochen hörten die schrecklichen Anfälle ihres Sohnes auf, und er brauchte keine Medikamente mehr. Der Junge erzählte mir, er habe in der siebenten Nacht einen Traum gehabt. Ein bärtiger Mann sei ihm erschienen und habe gesagt: »Söhnchen, du wirst jetzt gesund.« Er sei aufgewacht, habe den Eltern seinen Traum berichtet und hinzugefügt: »Ich weiß, daß ich bald geheilt sein werde.«

Als die Eltern füreinander und für ihren Sohn zu beten begannen, empfing das aufnahmebereite Gemüt des Jungen ihre heilenden Schwingungen des Friedens, der Harmonie und Liebe. Diese erweckten die seinem Unterbewußtsein innewohnende Unversehrtheit, Harmonie und Vollkommenheit zu neuem Leben. Die Eltern glaubten an die unendliche Heilkraft; sie glaubten an das, was sie taten, und wußten genau, warum sie es taten. Das Gebet des Sohnes beschleunigte den Heilvorgang. Als der Junge sein Gemüt mit Vertrauen zur Heilkraft Gottes und mit Liebe zu seinen Eltern füllte, dramatisierte sein Unterbewußtsein die fortschreitende Genesung in einem lebhaften Traum. In der Bibel sagt der Herr, *ich will mich kundmachen in einem Gesicht, oder will . . . reden in einem Traum* (4. Mose 12, 6)

Eine geänderte Geisteshaltung verändert das Leben wunderbar

Ende des neunzehnten Jahrhunderts traf William James, den man als Vater der amerikanischen Psychologie bezeichnet, die Feststellung: »Die größte Entdeckung meiner Generation ist, daß

Menschen ihr Leben durch Änderung ihrer Geisteshaltung zu ändern vermögen.« Dies bedeutet, daß Sie mehr Gesundheit, Vitalität, Spannkraft und Lebensfreude erlangen können, wenn Sie Ihr Unterbewußtsein mit lebensspendenden Denkmustern »speisen«, die Harmonie und Freude, Energie, Begeisterung und Erfolg beinhalten.

Letztes Jahr sprach ich in Las Vegas vor fünfzehnhundert Menschen über das Thema »Wie entwickelt man sein Heilbewußtsein«. Nach dem Vortrag kam ein junger Arzt zu mir und schilderte mir ein interessantes, erhebendes Erlebnis. Er war eines Abends zu einem kranken Mädchen gerufen worden, dessen Eltern weder an Krankheit noch an Ärzte irgendeiner Schule glaubten. Der Vater hatte zu ihm gesagt: »Meine Tochter Maria ist von Angst beherrscht und fürchtet, sterben zu müssen.« Der Arzt hatte das Mädchen untersucht und ihm erklärt, es habe zwar fast vierzig Grad Fieber, aber es werde gesund, ihm fehle nichts Ernstes, und es schwebe keineswegs in Lebensgefahr. Das Mädchen hatte ihn aufgefordert, mit ihm zu beten, und da er sehr religiös war, hatte er leise den 23. Psalm mit ihm gesprochen. Maria hatte keine Medizin nehmen wollen, weil dies gegen ihre Überzeugung verstieß.

Der Arzt versicherte mir, er habe fest an ihre Genesung geglaubt und sie sich als unversehrten, vollkommenen Menschen vorgestellt.

Einen Monat später war der Bruder des Mädchens, ein sehr erfolgreicher Arzt und Chirurg, der sich von seiner Familie gelöst hatte, weil ihm die religiöse Überzeugung von Eltern und Schwester nichts gab, zu dem jungen Arzt gekommen und hatte gefragt, welche Therapie der Kollege bei seiner Schwester angewandt habe. Das junge Mädchen habe bisher regelmäßig zwei oder drei schwere epileptische Anfälle pro Woche gehabt, sei jetzt aber völlig frei von allen Symptomen. Er selbst habe jahrelang vergeblich versucht, sie zu bewegen, die zur Verfügung stehenden Arzneimittel gegen Epilepsie zu nehmen. Der junge Arzt antwortete dem Bruder der Patientin, er habe keinerlei Therapie angewandt, sondern dem Mädchen lediglich suggeriert, es würde gesund, es bestehe keine Lebensgefahr, und die Genesung setze sofort ein.

Beide Ärzte brauchten eine Zeitlang, um ihrer Verblüffung Herr zu werden. Der Bruder des Mädchens brach schließlich das

Schweigen: »Also haben Sie ihr lediglich eine ›Glaubenstransfusion‹ verabreicht, ihr nämlich Glauben an die Heilkraft Gottes eingeflößt. Die positiven Suggestionen haben den Weg ins Unterbewußtsein meiner Schwester gefunden, und das Unterbewußtsein hat sie geheilt.«

Der junge Arzt sagte zu mir: »Hätte ich gewußt, daß sie epileptisch ist, wäre meine Haltung sicher nicht so positiv und zuversichtlich gewesen. Ich begreife jetzt, daß meine Vorstellung von vollkommener Gesundheit und mein unbedingter Glaube an ihre Genesung in ihr Unterbewußtsein gelangten und daß meine Überzeugung und die neue, veränderte Haltung des Mädchens die Heilung bewirkten. Inzwischen ist ein Jahr vergangen. Maria bekam keinen einzigen Anfall mehr, hat inzwischen geheiratet und fährt sogar selbst Auto.«

Eine Änderung der Einstellung kann alles zum Guten wenden!

Die Bibel sagt dazu: ... *dein Glaube hat dir Heilung gebracht; gehe hin in Frieden!* (Lukas 8, 48).

ZUSAMMENFASSUNG

1. Die kosmische Heilgegenwart wohnt Ihnen inne und weiß um Ihren Körper, seine Funktionen und Prozesse und auch, wie Sie zu heilen sind.
2. Ihr Gesundheitszustand entspricht Ihrem Denken. Konzentrieren Sie Ihre Gedanken auf Gesundheit, Unversehrtheit, Vitalität, Kraft, Stärke und Harmonie, füllen Sie Ihren Geist mit solchen Denkinhalten. Ihr Körper wird Ihre Denkgewohnheit widerspiegeln.
3. Negative Emotionen können viele Krankheiten verursachen. Alle destruktiven Empfindungen setzen sich in Ihrem Unterbewußtsein fest, und weil sie negativ sind, müssen sie auch einen negativen Ausdruck finden. Dies geschieht in Form verschiedenster organischer Störungen.
4. Sobald Sie einen klaren Entschluß fassen, ist jeder geistig-seelische Konflikt gelöst. Wenn Sie beschließen, sich nicht mehr von anderen beherrschen zu lassen, sondern künftig Ihr eigenes Leben zu führen und alle Entscheidungen selbst zu treffen, wenn Sie dazuhin noch Versöhnlichkeit und Wohlwollen gegenüber Ihren Mitmenschen entwickeln, kann Ihre Krankheit – sei sie körperlicher oder seelischer Natur – sehr rasch verschwinden.
5. Was immer Sie in Gedanken an die beiden Wörtchen »Ich bin« anfügen, das werden Sie. Wenn Sie sich strahlende Gesundheit wünschen, sollten Sie häufig bekräftigen: »Ich bin stark und glücklich, vital und fröhlich und kerngesund.« Machen Sie sich solches Denken zur Gewohnheit, und Sie werden geradezu wunderbare Ergebnisse erzielen.
6. Das geistige und emotionale Klima in einer Familie hat Einfluß auf die Gesundheit und die allgemeine Verfassung der Kinder. Eltern sollten bedenken, daß sich ihre Kinder gemäß dem zwischen ihnen vorherrschenden Klima entwickeln. Jeder Elternteil sollte im anderen Gott preisen, und jeder sollte gegenüber dem anderen Liebe, Frieden und Freundlichkeit ausstrahlen. Wenn Vater und Mutter zusammen um Gesundheit, Harmonie und Frieden beten, wenn sie ihre Kinder in das Licht der Liebe, Wahrheit und Schönheit hüllen, wird die friedliche, glückliche Atmosphäre zu Hause im Leben der Kinder zu Gesundheit und Heiterkeit führen.
7. Asthma kann bei jüngeren Kindern von Gefühlskonflikten verursacht sein, etwa infolge Uneinigkeit und Streit zwischen den Eltern. Solche Konflikte äußern sich bei einem Kind im allgemeinen als Besorgnis und Angst, deren Folge häufig asthmatische Anfälle oder andere psychosomatische Leiden sind.

8. Ein wunderbares Gebet gegen Asthma lautet: »Ich atme den Frieden Gottes ein und atme die Liebe Gottes aus.« Wiederholen Sie es, wenn Sie unter Asthma leiden, möglichst oft voll tiefem Gefühl und glauben Sie an Gottes Heilkraft.

9. Das Unterbewußtsein kann Ihnen durch einen lebhaften Traum enthüllen, daß Ihre Heilung erfolgen wird. Gleichzeitig werden Sie auch das subjektive, innere Wissen haben, daß Sie gesunden.

10. Ihre Vorstellung von vollkommener Gesundheit wird dem Kranken, den Sie unversehrt vor sich sehen, übermittelt und in seinem Unterbewußtsein das Wiedererwachen von Vitalität und Unversehrtheit auslösen.

11. Ändern Sie Ihre Einstellung, und Sie verändern Ihr Leben. Eine geänderte Haltung kann alles zum Guten wenden! Ihnen widerfährt das, was Sie glauben.

KAPITEL 15

Die unendliche Kraft der Liebe

Gott ist Leben, und das Leben möchte sich durch jeden von uns als ein Niederschlag von Harmonie, Gesundheit, Frieden, Freude, Wohlstand, Schönheit und rechtes Handeln äußern, mit anderen Worten, durch ein materiell und seelisch-geistig reiches, erfülltes Dasein. Jeder von uns trägt etwas in sich, das ihn an seinen Ursprung erinnert und zur Quelle zurücklenkt. Unsere Aufgabe, ja unser Daseinszweck ist es, dieses Erinnerungsfünkchen zu einer Flamme anzufachen, weil wir dann unser Einssein mit Gott, der Quelle allen Lebens, spüren und empfinden. Jeder von uns hat tiefinnerlichen Hunger und Durst nach der Vereinigung mit der unendlichen Quelle des Lebens, mit dem Schöpfer.

Als Sie zur Welt kamen, weinten Sie, wenn Sie hungrig waren. Als Sie älter wurden, erkannten Sie, daß Sie zur körperlichen Nahrung auch geistig-seelische Nahrung brauchten: Inspiration, Führung, Weisheit und Kraft aus der unendlichen Quelle aller Wohltaten und Segnungen. Das unendliche Lebensprinzip versucht sich durch Sie und in Ihnen auszudrücken, und Ihre Liebe zu Gott äußert sich als Wunsch nach geistiger und seelischer Vereinigung mit der unendlichen Quelle.

Vergegenwärtigen Sie sich das, was Sie lieben und schätzen. Doch lieben Sie auch Ihre Denkmuster und Vorstellungsbilder, diese werden dann in Ihrem Leben zur Geltung kommen. Wenn Sie einen Gedanken oder Wunsch mit tiefem Gefühl erfüllen und als wahr empfinden, prägt er sich subjektiv Ihrem Unterbewußtsein ein und wird dann in Ihrer Welt objektiv sichtbar werden.

Lesen Sie dieses Kapitel mit ganz besonderer Aufmerksamkeit und Hingabe. Prägen Sie es sich ein, als wollten Sie eine geistige Kopie davon anfertigen. Gehen Sie es immer wieder systematisch durch, dann wird Ihre geistige Kopie schließlich auch von Gefühl getragen sein, ihr Inhalt wird Ihr Unterbewußtsein sinken und in Ihrem Leben sichtbaren Ausdruck finden. Was Sie lieben, das werden Sie.

Stellen Sie sich tagsüber in bestimmten Zeitabständen vor, was Sie gern sein, gern tun oder haben möchten. Legen Sie viel Liebe und Gefühl in diese Vorstellung. Versuchen Sie jedoch nicht, Zwang auszuüben, sondern reichen Sie Ihr geistiges Bild vertrauensvoll an Ihr Unterbewußtsein weiter, einfach von dem Wissen und Glauben erfüllt, daß es Wirklichkeit werden wird.

Eine Frau brachte Liebe in ihr Leben

»Was ist bloß los mit mir?« fragte mich eine junge Frau. »Ich weiß, daß ich eine gute Schulbildung habe, ich bin leitende Angestellte und eine gewandte Gesprächspartnerin, und viele finden mich attraktiv. Aber ich ziehe nur verheiratete Männer oder Trinker an, und die anderen machen mir lediglich unseriöse Anträge.«

Sie ist kein Einzelfall: so wie ihr ergeht es vielen charmanten, lebhaften, gut aussehenden Frauen, die einen einwandfreien Charakter haben, sich jedoch selbst nicht mögen. Auch diese junge Frau lehnte sich selbst innerlich ab. Sie war die Tochter eines despotischen, tyrannischen Mannes, der ihr kaum je Aufmerksamkeit oder Liebe geschenkt hatte. Er war ein grausamer Puritaner und hatte ihr als Kind an Sonntagen nicht erlaubt, mit anderen Kindern oder auch allein zu spielen; statt dessen hatte er sie gezwungen, dreimal in die Kirche zu gehen. Auch hatte er ständig mit ihrer Mutter gestritten. Seit ihrer Kindheit fühlte sich die junge Frau von ihm zurückgewiesen, hatte er doch keinerlei Interesse für ihre schulischen Leistungen, ihren beruflichen Werdegang oder ihr allgemeines Ergehen gezeigt.

Obwohl er nicht mehr lebte, haßte sie ihn noch immer unterschwellig, was in ihr ein Schuldgefühl erzeugte. Und aus diesem Schuldgefühl heraus meinte sie, irgendwie gehöre sie bestraft. Aus den Tiefen ihres Unterbewußtseins stieg ständig das Gefühl auf, sie werde abgelehnt, sei keiner Liebe würdig und nicht sehr attraktiv.

Gleich und gleich gesellt sich gern – so lautet ein bekanntes Sprichwort, das uns auf das geheimnisvolle Gesetz der Anziehung hinweist.

Da das Gefühl, abgelehnt zu werden und bestraft zu gehören, bei der jungen Frau tief verwurzelt war und durch ihr Denken ständig genährt wurde, zog sie automatisch frustrierte, neurotische, gehemmte Männer an. Das Gesetz der geistigen Anziehung wirkt gemäß dem Denkmuster oder den erhaltenen Prägungen des Unterbewußtseins: sind diese negativ, reagiert es negativ, sind sie positiv, reagiert es positiv.

Die junge Frau beschloß, ihr Unterbewußtsein zu »reinigen«. Auf meinen Rat schrieb sie sich nachstehende Wahrheiten auf, die sie sich jeden Morgen, Nachmittag und Abend jeweils fünf bis zehn Minuten lang vergegenwärtigen wollte:

»Ich weiß, daß göttliche Liebe alles auflöst, was ihr nicht gleicht. Ich weiß und glaube, daß meinem Unterbewußtsein alles eingeprägt wird, worüber ich bewußt meditiere, und daß dies dann in meinem Leben Ausdruck findet. Mein Ich ist Geist, Geist vom Geiste Gottes. Ich ehre, preise und liebe das Göttliche in mir. Wenn ich dazu neige, mich anzuzweifeln oder Fehler bei mir zu finden, werde ich sofort sagen: ›Ich preise Gott in meiner Mitte.‹ Ich verzeihe mir, daß ich gegenüber meinem Vater Gedanken der Feindseligkeit und des Hasses hatte, und wünsche ihm Gottes reichsten Segen. Wenn ich an meinen Vater denke, der jetzt in der nächsten Dimension ist, segne ich ihn. Dies tue ich, bis auch der letzte schmerzende Stachel aus meinem Geist und Gemüt verschwunden ist. Gottes Liebe durchströmt mich jetzt. Ich bin von Gottes Frieden umhüllt. Göttliche Liebe schließt mich ganz ein. Diese unendliche Liebe ist in mein Herz geschrieben, in mein ganzes Inneres. Ich strahle gegenüber allen Menschen Liebe aus. Göttliche Liebe heilt mich jetzt. Sie ist ein Führungsprinzip in mir und bringt vollkommen harmonische Beziehungen in mein Leben. ›Gott ist Liebe; und wer in der Liebe bleibt, der bleibt in Gott und Gott in ihm.‹«

Dieses Gebet betete die junge Frau einen Monat lang getreulich, dann kam sie wieder zu mir. Ein völlig veränderter Mensch trat mir gegenüber; in ihrer geistigen Einstellung zu sich selbst und zur

Welt im allgemeinen hatte sich ein erstaunlicher Wandel vollzogen.

Die junge Frau lehnte sich nicht mehr ab und hatte auch ihre negative Haltung überwunden, die, würde sich ihr früher eine Heiratsmöglichkeit geboten haben, ihre Ehe zweifellos zerrüttet hätte. Nun war sie soweit, daß sie sich auf eine Heirat vorbereiten konnte. Ich empfahl ihr eine anderes Gebet.

»Ich glaube, daß ich den idealen Ehepartner finden kann. Ich weiß, daß eine Ehe ein gegenseitiger Vertrag ist. Mein Mann empfängt von mir Treue, Hingabe, Ehrlichkeit, Würde, Glück und Erfüllung; ich empfange von ihm Treue, Glauben, Vertrauen, Liebe und Erfüllung. Gottes unendliche Weisheit weiß, wo sich der ideale Partner befindet, und führt ihn zu mir. Ich werde gebraucht, das fühle ich deutlich, und der Mann, den göttliche Weisheit für mich ausgewählt hat, sehnt sich nach mir. Zwischen uns herrschen Harmonie und Frieden, Liebe und Verständnis. Göttliche Liebe verbindet uns, und wir harmonieren geistig, seelisch und körperlich vollkommen miteinander. Ich befreie mich von allen Ängsten und Spannungen, baue darauf und glaube daran, daß göttliche Führung uns zusammenbringt. Ich weiß, wir werden uns erkennen, wenn wir einander begegnen. Er liebt mich, und ich liebe ihn. Diese meine Gedanken anvertraue ich dem Göttlichen in mir, und ich danke dem universellen Gesetz der Liebe für die Verwirklichung meines Wunsches.«

Jeden Abend und jeden Morgen sprach sie dieses Gebet voll tiefem Gefühl. Sie wußte und glaubte, daß die Gebetswahrheiten alle Winkel ihres Unterbewußtseins durchdringen würden.

Zwei Monate verstrichen. Die junge Frau hatte mehrere Verabredungen, aber keine davon nahm eine romantische Wendung. Kamen ihr Zweifel, dachte sie sofort an die Wahrheiten ihres Gebetes. Eines Tages dann flog sie geschäftlich nach New York. Neben ihr saß ein großer, gutaussehender Geistlicher, der sie in ein Gespräch verwickelte. Die beiden unterhielten sich über verschiedene Religionen und stellten fest, daß ihre religiösen Überzeugungen und auch ihre politischen Ansichten übereinstimmten. In New York besuchte die junge Frau den Gottesdienst des Geistlichen, und eine Woche später waren sie verlobt. Inzwischen sind sie verheiratet und führen eine schöne Ehe, in der höchste Harmonie herrscht.

Ein Mann überwand Eifersucht im Geschäftsleben

Liebe vereint, Eifersucht oder Neid trennt. Milton sagte: »Eifersucht ist die Hölle des verletzten Liebenden.« Und Shakespeare läßt Jago zu Othello sagen: »O hütet, Herr, Euch vor der Eifersucht, dem grüngeaugten Scheusal, das besudelt die Speise, die es nährt.« Mit anderen Worten: Ein eifersüchtiger Mensch vergiftet sein eigenes Mahl und ißt es dann.

Als Beispiel möchte ich hier einen Mann anführen, der krankhaft eifersüchtig auf einen Geschäftskollegen war, so daß er diesen um seine Erfolge, seine Leistungen und Beliebtheit beneidete und ihn deswegen sogar haßte. Ich wies den Mann darauf hin, daß das tödliche Gift der Eifersucht buchstäblich seine ganzen lebenswichtigen Organe zerfresse, denn er hatte Geschwüre und litt unter Hämorrhoiden und viel zu hohem Blutdruck. Das Gift der Eifersucht, das er in sich erzeugte, hatte seine früher gesunde Gesichtsfarbe in kränkliche Blässe verwandelt und ihm jede Lebensfreude genommen. Nicht umsonst sagt man von jemandem, er sei krank vor Eifersucht.

Da die Erklärung oft schon die Heilung bringt, machte ich dem Mann folgendes klar: »Gottes unendliche Kraft ist eins und unteilbar. Einen Wettstreit kann es nicht geben, da sie nicht mit sich selbst zu konkurrieren vermag. Es gibt nichts, was sich ihr entgegenstellen oder ihr entgegenarbeiten könnte, da sie die einzige Gegenwart, Substanz und Ursache ist. Gottes unendliche Kraft, das Lebensprinzip in allen Menschen, versucht sich durch jeden einzelnen von uns zu äußern, und zwar auf einmalige, ungewöhnliche Weise. Auf der Erde gibt es Milliarden Menschen, und durch jeden einzelnen strömt Leben aus dieser unerschöpflichen Quelle. Jeder Mensch kann erhalten, was er ersehnt, denn der göttliche Geiststrom fließt in jedem von uns. Durch Ihr Denken, Ihr Fühlen, Ihre Überzeugung stellen Sie eine direkte Verbindung zur unerschöpflichen Lebensquelle Gottes her. Und nur Sie selbst können sich dieser Verbindung durch mangelnden Glauben und mangelndes Vertrauen berauben.«

Ich riet dem Mann, in sich zu gehen und Gutes, wie Erfolg, Inspiration, Liebe oder etwas anderes, das er sich zutiefst wünschte, zu erbitten. Wenn er die Verwirklichung erwarte und an diese glaube, sagte ich, werde der unendliche Kraftstrom zu seinem Wohle fließen. »Wünschen Sie sich aber nicht«, so fügte ich hinzu, »was der andere hat. Freuen Sie sich über dessen Erfolg. Durch richtiges Denken, Fühlen und Glauben können Sie alles bekommen, was Sie für sich haben möchten. Mit anderen Worten: Wenn Sie ein geistiges Bild des Gewünschten schaffen, werden Sie reichen Lohn ernten. Wer eifersüchtig ist und einem anderen seine Talente, Erfolge, Leistungen oder Reichtümer neidet, der erniedrigt nur sich selbst und zieht immer mehr Verluste, Entbehrungen und Einschränkungen an. Wer denkt: ›Dieser Mensch kriegt alles und hat Erfolg, und ich kriege nichts‹, der schneidet sich von der göttlichen Quelle alles Guten ab. Wer so denkt, ist ein Ignorant und beraubt sich selber des Erfolgs und der Beförderung. Wir müssen begreifen, daß wir andere Menschen nur dann wirklich lieben, wenn wir ihnen aufrichtig das Recht auf Leben und Freiheit, auf Glück und Gottes reichsten Segen zuerkennen. Das Praktizieren von Liebe und wohlwollender Freundlichkeit bedeutet die Erfüllung des göttlichen Gesetzes, das ein Garant für Erfolg, Glück und Seelenfrieden ist.«

Diese einfache Erläuterung der Gesetze des Denkens und Glaubens eröffnete dem Mann eine völlig neue Lebensperspektive: er sah das Leben jetzt ganz anders. Nie mehr, so versicherte er, werde er eifersüchtig auf einen anderen Mann sein oder ihn um Leistungen und Erfolge beneiden; statt dessen wolle er sich freuen, wenn jemand vorankomme und aufsteige.

Folgendes Gebet schrieb ich dem Mann auf:

»Ich weiß und glaube, daß es Gott gibt, die unendliche Quelle des Lebens, Gott, der Geist und unser aller Vater ist. Darum sind alle Menschen Brüder. Ich grüße das Göttliche in jedem Menschen. Ich weiß, daß ich durch das geprägt werde, was ich liebe. Da ich den Menschen Liebe und Freundlichkeit entgegenbringe, wird mein Unterbewußtsein völlig von Eifersucht, Neid, Angst und Feindseligkeit gereinigt werden. Ich freue mich über die Erfolge, Leistungen, Fortschritte und das Glück aller Menschen in meiner Umgebung und wo immer. Der Strom der Liebe und des Lebens durchfließt mich, ich bin gereinigt und mit mir und allen Menschen im Frieden.«

Sobald er eine Regung von Eifersucht oder Neid verspürte, dachte er mit Nachdruck: »Ich freue mich über seinen Erfolg. Ich strahle ihm gegenüber Liebe und Freundlichkeit aus.« Solches Denken machte er sich zur Gewohnheit.

Heute ist er überaus erfolgreich; er besitzt sogar ein eigenes Unternehmen. Das Erstaunlichste an dem Fall jedoch ist, daß der Kollege, auf den dieser Mann einst so eifersüchtig war, sein Partner wurde und die beiden sehr gedeihlich zusammenarbeiten.

Wie Sie die Kraft der Liebe konstruktiv nutzen

Vor einiger Zeit fragte mich eine Frau, die sich verliebt hatte: »Wie kann ich es erreichen, daß der Mann mir einen Antrag macht und mich heiratet?« Wer das Gesetz der Liebe derart anwenden will, mißbraucht es. Solches Vorgehen wäre eine Umkehrung der Liebe und verrät den Wunsch, geistigen Zwang auf den anderen Menschen auszuüben, ihn zu bewegen, etwas zu tun, was er nicht tun will. Es wäre eine Verletzung des von Gott gegebenen Privilegs des anderen Menschen, selbst zu wählen und zu entscheiden.

Wenn Sie jemanden geistig dahingehend zu beeinflussen versuchen, daß er etwas tut, was Sie wollen, spricht man von schwarzer Magie. Damit wird beispielsweise in Indien viel gearbeitet, aber – wie in diesem Buch anhand der Kahunas von Hawaii bereits gezeigt wurde – nicht nur dort. Ich erklärte der Frau, wenn sie einen Mann auf solche Weise gewinne, werde ihr Tun als Bumerang auf sie zurückkommen, und sie werde sich wünschen, nicht so gehandelt zu haben.

Ich empfahl ihr ein besonderes Gebet um richtiges Handeln:

»Das Göttliche in mir kennt meinen sehnlichen Wunsch zu heiraten. Es weiß auch, wo sich der richtige Mann für mich befindet. Er liebt mich so, wie ich bin, und wir fühlen uns zueinander hingezogen. Ich habe beim Beten keinen bestimmten Mann im Auge; ich weiß nur, daß der unendliche Geist uns in göttlicher Fügung zusammenführt. Der Mann kommt ganz von sich aus und ungezwungen; zwischen uns herrschen Liebe, Achtung und Ausgeglichenheit. Ich weiß und glaube, daß ›der

Richtige‹ kommen wird. Liebe kennt keinen Wettstreit. Ich danke dafür, daß rechtes Handeln jetzt mein Leben steuert, und ich weiß, daß dies so bleiben wird.«

Sie legte tiefe Überzeugung in ihr Gebet und glaubte die Worte, die sie sprach. Einige Wochen später machte der Chef, für den sie seit fünf Jahren arbeitete, ihr einen Heiratsantrag. Die beiden paßten geradezu ideal zusammen. Nach der Trauung meinte die Frau: »Ist es nicht fast unglaublich, wie das Beten wirkt? Fünf Jahre lang habe ich in seinem Büro gesessen, und er schien trotz meiner Verliebtheit nie persönlichen Anteil an mir zu nehmen. Und jetzt sind wir verheiratet.«

Die Liebe als »des Gesetzes Erfüllung«

Dieser Frau empfahl ich – und ich möchte es auch Ihnen dringend ans Herz legen –, jeden Morgen und Abend über einige uralte biblische Wahrheiten nachzudenken.

Gott ist Liebe; und wer in der Liebe bleibt, der bleibt in Gott und Gott in ihm (1. Johannes 4, 16). *Alle eure Dinge lasset in der Liebe geschehen* (1. Korinther 16, 14). *Wandelt in der Liebe* (Epheser 5, 2). *Du sollst deinen Nächsten lieben wie dich selbst* (3. Mose 19, 18). *Denn das ist die Botschaft, die ihr gehört habt von Anfang, daß wir uns untereinander lieben sollen* (1. Johannes 3, 11). *Habt euch untereinander inbrünstig lieb und aus reinem Herzen* (1. Petrus 1, 22). *Die Liebe tut dem Nächsten nichts Böses. So ist nun die Liebe des Gesetzes Erfüllung* (Römer 13, 10). *Ihr Lieben, lasset uns untereinander liebhaben; denn die Liebe ist von Gott, und wer liebhat, der ist von Gott geboren und kennt Gott. Wer nicht liebhat, der kennt Gott nicht; denn Gott ist Liebe* (1. Johannes 4, 7-8).

Zusammenfassung

1. Gott ist Leben, und das Leben möchte sich von Natur aus als ein Niederschlag von Harmonie und Gesundheit, von Freude, Frieden und Wohlstand ausdrücken. Mit anderen Worten: Es ist Gottes Wille, daß Sie hier und jetzt ein geistig-seelisch und materiell reiches, erfülltes Leben führen.
2. Denkmuster und bildhafte Vorstellungen werden durch Liebe, das heißt gefühlsmäßige Bindung an die Inhalte Ihres Denkens und Vorstellens, in Ihrem Leben sichtbar gemacht: Gedanken, in die Sie tiefes Gefühl legen, verwirklichen sich.
3. Hören Sie auf, sich selbst abzulehnen, denn gleich und gleich gesellt sich gern – was bedeutet, daß Sie durch Selbstablehnung nur Negatives anziehen können. Erkennen Sie, daß göttliche Liebe alles auflöst, was ihr nicht gleicht.
4. Den idealen Ehepartner ziehen Sie an, indem Sie sich vorstellen und glauben, daß kosmische Weisheit jetzt den Menschen zu Ihnen führt, der in jeder Weise vollkommen mit Ihnen harmoniert. Ihr tieferer Geist wird Ihre Vorstellung in göttlicher Fügung verwirklichen.
5. Eifersucht und Neid sind geistige Gifte, die Verlust, Mangel und Elend über Sie bringen. Überwinden können Sie Ihre Eifersucht und Ihren Neid, indem Sie sich klarmachen, daß Liebe keinen Wettstreit kennt. Liebe vertreibt Eifersucht und Neid. Alles, was Sie sich wünschen, können Sie geistig erbitten, und die Gottesgegenwart wird es Ihnen gemäß Ihrem Glauben in Liebe geben.
6. Liebe ist ein Ausgreifen des Herzens. Sie bedeutet Freundlichkeit und Güte. Wenn Sie anderen aufrichtig Freundlichkeit bezeigen, segnen Sie sich selbst. Denn in Ihrer Welt sind Sie der einzige Denker: was Sie über andere denken, wird in Ihrem Leben sichtbar. Liebe ist die Erfüllung des Gesetzes der Gesundheit, des Seelenfriedens und höchsten Glücks.
7. Wenn Ihnen ein Gedanke der Eifersucht oder des Neides kommt, sollten Sie ihn sofort durch folgenden Gedanken ersetzen: »Ich freue mich über das Glück und den Erfolg dieses Menschen.« Machen Sie sich das zur Gewohnheit, dann werden in Ihrem Leben Wunder geschehen.
8. Versuchen Sie nie, einen anderen Menschen geistig zu manipulieren oder zu zwingen, etwas zu tun, was er nicht will. Dies wäre eine Umkehrung des Gesetzes der Liebe. Solches Handeln kommt als Bumerang auf Sie zurück und bringt Leiden und Elend in Ihr Leben. Wer einen Mitmenschen verletzt, verletzt sich selbst.

9. Ihnen wird alles gegeben, was Sie erbitten, wenn Sie das Gute als wirklich empfinden und an das Gute glauben. Der kosmische Geist besitzt Milliarden Kanäle, durch die er seine unendlichen Segnungen ausgießen kann. Sie sind ein Kanal Gottes. Akzeptieren Sie jetzt das Gute, das Ihrer harrt.

10. *Wer in der Liebe bleibt, der bleibt in Gott* (1. Johannes 4, 16).

KAPITEL 16

Die unendliche Kraft des Glaubens macht »Unmögliches« möglich

In der Bibel heißt es: *Darum sage ich euch: Alles, was ihr bittet in eurem Gebet, glaubet nur, daß ihr's empfangen werdet, so wird's euch werden* (Markus 11, 24). Und: *Jesus aber sprach zu ihm: Wenn du könntest glauben! Alle Dinge sind möglich dem, der da glaubt* (Markus 9, 23).

Als Alexander der Große, der wohl berühmteste Herrscher und Heerführer der Antike, noch ein leicht zu beeindruckender kleiner Junge gewesen war, hatte seine Mutter Olympia zu ihm gesagt, seine Natur sei göttlich und er sei anders als alle übrigen Jungen, weil sie das Zeichen des Gottes Zeus an ihm gesehen habe; deshalb werde er, sagte sie, alle Einschränkungen überwinden, denen durchschnittliche Jungen unterlägen. Der Knabe glaubte fest an die Worte seiner Mutter. Wie wir wissen, führte Alexander der Große einen Feldzug nach dem anderen und errang glorreiche Siege, die über das Verständnis des Durchschnittsmenschen hinausgingen. Ständig vollbrachte er Unmögliches und Unvorhersagbares, er wurde zum sagenumwobenen Eroberer und Kulturheros.

Der Überlieferung zufolge schlang der junge Alexander einmal einem ungezähmten, feurigen Hengst die Arme um den Hals, schwang sich hinauf, und das Tier, das weder Sattel noch Zaumzeug trug, wurde sofort lammfromm. Alexanders Vater (Philipp von Makedonien) und der Pferdeknecht wagten nicht, den Hengst auch nur anzufassen. Alexander jedoch glaubte, göttlich zu sein, und hatte darum Macht über die Tiere. Er eroberte die Welt, soweit sie damals bekannt war, und gründete das größte Weltreich der Antike.

Ich habe sein Leben kurz gestreift, um Ihnen die Kraft des Glaubens zu veranschaulichen, die auch Sie befähigt, das sogenannte Unmögliche möglich zu machen. *Bei Gott sind alle Dinge möglich* (Matthäus 19, 26). Alexander dramatisierte seinen Glauben für sich selbst und machte dessen unendliche Kraft auf seine Weise in Geist, Körper und Leistung sichtbar.

Warum Sie wissen müssen, daß Sie göttlich sind

Sie sind ein Kind des lebendigen Gottes. In der Bibel heißt es: *Und sollt niemand Vater heißen auf Erden; denn einer ist euer Vater, der im Himmel ist* (Matthäus 23, 9). Sie sind Geist vom Geiste Gottes und deshalb göttlich. Sie haben die Kraft und die Fähigkeit, Gottes Werke zu tun. *Ich habe wohl gesagt: Ihr seid Götter und allzumal Kinder des Höchsten* (Psalm 82, 6).

Denken Sie an all die wunderbaren Dinge, die Sie vollbringen können, wenn Sie die Ihnen innewohnende unendliche Kraft des Geistes nutzen. Ihr Glaube, daß Sie ein Kind Gottes sind, wird alle falschen Überzeugungen ausräumen und Sie befähigen, hier und jetzt Gottes Werke zu tun.

Bekräftigen Sie diese Wahrheiten möglichst oft, indem Sie regelmäßig beten:

»Ich weiß und glaube, daß ich ein Kind Gottes bin und daß ich mit göttlichen Eigenschaften und Kräften ausgestattet bin. Ich glaube ausdrücklich an meine göttliche Natur und akzeptiere mein göttliches Geburtsrecht. Ich bin nach dem Bilde Gottes gemacht. Ich habe die Herrschaft erhalten, mein Leben zu gestalten. Ich kann aufgrund der durch mich wirkenden unendlichen Kraft Gottes alle Probleme überwinden und mit allen Herausforderungen fertig werden. Jedes meiner Probleme wird in göttlicher Fügung gelöst. Ich bin sicher, daß ich die unendliche Heilkraft zur Linderung von Leiden bei mir selbst und bei anderen Menschen freisetzen kann. Ich werde vom Himmel inspiriert und erleuchtet. Ich bringe täglich mehr von Gottes Liebe, Wahrheit und Schönheit zum Ausdruck. Gott ist mein Vater, und ich weiß, daß mit Gott alle Dinge möglich sind. Ich erkläre jetzt, daß das Licht Gottes in mir leuchtet und daß die Glorie Gottes, meines Vaters, über mir aufgeht. Dank der Gotteskraft, die mich stärkt, kann ich alles tun.«

Wiederholen Sie dieses Gebet, bis Sie sich die darin enthaltenen Wahrheiten subjektiv vollkommen einverleibt haben, und in Ihrem Leben werden Wunder geschehen.

Ein Geistlicher bewies sich selbst die Kraft des Glaubens

Ein Geistlicher, mit dem ich sehr interessante Gespräche führte, erzählte mir, vor einem Jahr habe ihm sein Bruder, der Internist und ein hervorragender Diagnostiker ist, eröffnet: »Tom, du hast Krebs.« Das sei zunächst ein großer Schock für ihn gewesen.

Er fuhr fort: »Ich begann dann an das zu denken, was ich in meinen Predigten verkünde, daß nämlich Gott Liebe ist und daß der Glaube Berge versetzt. ›Wenn das wahr ist‹, so sagte ich mir, ›warum habe ich dann solche Angst? Könnte es sein, daß ich diese Wahrheiten nicht wirklich akzeptiere oder ihnen nur theoretisch zustimme?‹ Mir kam der Gedanke, daß ich, wenn ich wirklich glaubte, diese biblischen Wahrheiten leben würde, und zwar aufrichtig. Ich unterzog mich der Behandlung, die mein Bruder angeraten hatte. Die Schmerzen waren fürchterlich, doch ich sprach weder auf Bestrahlungen noch auf die medikamentöse Therapie an. Mein Zustand verschlechterte sich zusehends. Da wußte ich, daß ich nicht wirklich an die Heilkraft Gottes glaubte – daß sie für mich nur in Worten bestand. Ich schlug die Bibel auf und las: *Wahrlich, ich sage euch: Wer zu diesem Berge spräche: Hebe dich und wirf dich ins Meer! und zweifelte nicht in seinem Herzen, sondern glaubte, daß es geschehen würde, was er sagt, so wird's ihm geschehen, was er sagt* (Markus 11, 23).«

Der Kranke meditierte über diesen Bibelvers, anschließend betete er: »Ich glaube an die in diesem Vers enthaltenen Wahrheiten. Der Berg aus Angst, Sorge und Krankheit hebt sich und wirft sich in Vergessenheit. Die Krankheit verläßt mich jetzt. Ich glaube an die Heilkraft Gottes, an seine Güte und daran, daß er für mich sorgt. Ich weiß, daß meine körperliche Verfassung durch negative Gedanken der Angst verursacht wird, die sich in meinem Unterbewußtsein eingenistet haben. Ich weiß, daß Gottes heilende Liebe jetzt alle negativen Muster auflöst und auslöscht. Und ich danke Gott für die Heilung, die jetzt stattfindet, was ich fest glaube. Ich weigere mich strikt, dem Problem Macht zuzugestehen, und ich freue mich an der Wahrheit: *Ich bin der Herr, dein Arzt* (2. Mose 15, 26).«

Er betete laut, viele Male jeden Tag. Wenn ihn Angst und Zweifel erfassen wollten, bekräftigte er sofort: »Gott heilt mich jetzt.« Nach drei Monaten erbrachten alle Untersuchungen negative Befunde. Heute ist er krebsfrei; er predigt jeden Sonntag und Mittwoch in seiner Kirche, ein Bild vollkommener Gesundheit.

Und alles, was ihr bittet im Gebet, so ihr glaubet, werdet ihr's empfangen (Matthäus 21, 22).

Glauben an die unendliche Heilkraft und Heilung

Es gibt aus allen Zeiten Berichte über wundersame geistige Heilungen. Jesus heilte die Blinden und Lahmen. Indem er über die großen Wahrheiten Gottes meditierte und sich daran erquickte, entwickelte er ein Gefühl des Einsseins mit Gott. Er sagte zu den Menschen, die Dinge, die er tue, würden sie auch tun, sogar noch größere. *Die Zeichen aber, die da folgen werden denen, die da glauben, sind die: in meinem Namen werden sie Teufel austreiben, mit neuen Zungen reden ... auf die Kranken werden sie die Hände legen, so wird's besser mit ihnen werden* (Markus 16, 17–18).

Vor mehreren Wochen rief mich eine Frau aus Louisiana an, weil ihr Sohn mit einer schweren Gehirnblutung im Krankenhaus lag. Die Ärzte gaben ihm keine Überlebenschance, sie hielten seinen Fall für hoffnungslos. Dem Gespräch mit der Frau konnte ich entnehmen, daß sie tief religiös war. Ich fragte sie: »Glauben Sie, daß die unendliche Heilgegenwart, die den Geist und den Körper Ihres Sohnes erschaffen hat, ihn heilen und wiederherstellen kann?«

Sie antwortete: »Ich glaube, was in der Bibel steht: *Aber dich will ich wieder gesund machen und deine Wunden heilen, spricht der Herr* (Jeremia 30, 17).«

Wir beteten am Telefon zusammen und waren uns darin einig, daß die unendliche Heilkraft wisse, wie das Gehirn und die anderen Organe des jungen Mannes zu heilen und wiederherzustellen waren. Wir stellten uns als wirklich vor, daß eine Atmosphäre der Liebe, des Friedens und der Harmonie ihren Sohn umgebe und daß die Ärzte und Schwestern in jeder Weise göttlich geführt würden. Ich empfahl der Frau, sich möglichst lebhaft vorzustellen, sie sehe ihren Sohn zu Hause und höre ihn sagen: »Mutter, ein Wunder ist geschehen, ich bin vollständig geheilt.«

Die Mutter betete nach dem Anruf voll Glauben an die Heilkraft Gottes und stellte sich ihren Sohn vor, wie er lachend und glücklich durchs Haus ging. Wenn Angst oder Zweifel sie erfassen wollten, bekräftigte sie sofort: »Ich glaube, ich glaube, ich glaube an die unendliche Heilkraft, die jetzt ein Wunder wirkt.«

Ihr Sohn ist heute ein gesunder, kräftiger junger Mann!

Niemand weiß genau, wie die Heilgegenwart wirkt. Aber keiner von uns weiß auch genau, wie aus einem Samen ein Mammutbaum wächst. Die Frau aus Louisiana glaubte bedingungslos und machte so das »Unmögliche« möglich.

Prüfen Sie, was Sie glauben

Fragen Sie sich: Existiert das, was ich mir wünsche, für mich? Glauben Sie, daß Sie prächtige Freunde, den idealen Gefährten, die ideale Partnerin haben können? Glauben Sie, daß die Reichtümer, die Sie benötigen, im universellen Schema der Dinge für Sie der Möglichkeit nach vorhanden sind? Glauben Sie, daß Sie Ihren richtigen Platz im Leben finden können? Glauben Sie, daß Gott für Sie ein erfülltes, reiches Leben wünscht, ein Leben in Frieden, Freude, Prosperität, Gesundheit, Selbstverwirklichung und Glück?

Alle diese Fragen sollten Sie mit Ja beantworten. Sie sollten das Beste vom Leben erwarten und glauben, daß Ihnen das Beste zuteil werden wird. Dann wird genau dies geschehen.

Der falsche Glaube vieler Menschen über Wohlstand

Viele Menschen meinen, Wohlstand, Glück und Reichtum seien nicht für sie bestimmt, sondern nur für andere. Solcher Glaube erwächst aus dem Gefühl, minderwertig zu sein oder abgelehnt zu werden. Es gibt keinen minderwertigen oder höherwertigen Menschen! Jeder Mensch ist ein Gott, wenn auch nur im Keim: *Ihr seid Götter und allzumal Kinder des Höchsten* (Psalm 82, 6).

Niemand unterliegt einer Einschränkung infolge Herkunft, Rasse oder früher Konditionierung. Tausende von Menschen lösten sich aus ihrer Umgebung und erhoben ihre Häupter über die Menge, obwohl sie wahrlich nicht mit einem goldenen Löffel im Mund zur Welt gekommen waren: Abraham Lincoln, Amerikas größter Präsident, erblickte das Licht der Welt in einem Blockhaus, und der große Landwirtschaftsreformer und Forscher George Carver stammte von Negersklaven ab. Gottes universale Gaben werden über alle ausgegossen, ohne Ansehen der Rasse, der Hautfarbe oder des Glaubens.

Euch geschehe nach eurem Glauben (Matthäus 9, 29). Wenn Sie nicht glauben, daß Sie berechtigten Anspruch auf Ihren Herzenswunsch haben, wenn Sie nicht wissen, daß Ihr Leben von Ihrem Glauben gestaltet wird, dann können Sie nicht glauben, daß Ihr Wunsch in Erfüllung gehen wird!

Sie haben das Recht, an ein reiches, fröhliches Leben zu glauben

Gott gab Ihnen reichlich von allem Guten, damit Sie sich daran erfreuen. Und Sie sind auf der Erde, um Gott zu verherrlichen und sich allezeit an ihm zu erfreuen. Sie haben das unanfechtbare Recht, Gutes in Ihr Leben zu bringen, vorausgesetzt, Ihr Motiv ist nicht egoistisch und Sie wünschen auch jedem anderen Menschen, was Sie sich selbst wünschen. Ihr Wunsch nach Gesundheit, Glück, Frieden, Liebe und Wohlstand kann grundsätzlich niemanden schädigen. Sie haben ein Anrecht auf eine glänzende Stellung und ein großartiges Einkommen, aber Sie dürfen nicht den Platz oder Posten eines anderen Menschen begehren. Dank richtigen Denkens und Glaubens werden Sie von selbst zur richtigen Stellung geführt, die mit Ihrer Ehrlichkeit und Aufrichtigkeit im Einklang steht.

Glauben Sie, daß Sie ein Anrecht auf das Gute haben, das Sie erstreben! Tun Sie alles, was Ihnen im Rahmen Ihrer Kenntnisse möglich ist, um es zu verwirklichen, dann wird es Wirklichkeit. Wünschen Sie sich nichts, woran ein anderer Mensch sich freut: versuchen Sie nicht, jemand anderem etwas wegzunehmen. Gottes Reichtümer sind unerschöpflich, für alle gleichermaßen da, so daß keiner dem anderen etwas zu neiden braucht.

Sie bekommen, was Sie glauben

Ihre Erlebnisse, Erfahrungen und Lebensumstände erwachsen aus Ihrem Glauben. Ursache und Wirkung sind unlöslich miteinander verbunden. Ihr gewohnheitsmäßiges Denken findet in allen Ihren Lebensphasen Ausdruck. Glauben Sie an Ihre göttliche Führung, die vor Ihnen eine Tür offenhält, die kein Mensch zu schließen vermag. Leben Sie in freudiger Erwartung des Besten, dann wird Ihnen unweigerlich das Beste zuteil werden.

Bekräftigen Sie jeden Morgen nach dem Aufwachen ruhig und liebevoll: »Dies ist der Tag, den der Herr macht. Ich will mich an diesem Tag freuen und fröhlich sein. Wunder werden heute in meinem Leben geschehen. Ich werde phantastische Kontakte knüpfen, prächtige und sehr interessante Menschen kennenlernen. Meine Aufgaben werde ich sorgfältig erledigen, und ich werde heute Großes leisten. Mein Unterbewußtsein offenbart mir neue, bessere Wege zur Bewältigung aller Dinge. Ich glaube, daß Gott mich über meine kühnsten Erwartungen hinaus gedeihen läßt. Ich weiß und glaube: *Alle Dinge sind möglich dem, der da glaubt* (Markus 9, 23).«

Ein zahlungsunfähiger Mann machte sein Glück

Vor einiger Zeit beriet ich einen Mann, der Bankrott gemacht hatte. Er war deprimiert und völlig mutlos. Zu allem hin hatte seine Frau die Scheidung eingereicht, und seine Kinder wollten nichts mehr von ihm wissen, weil die Mutter sie angeblich gegen ihn aufgehetzt hatte. Er sagte, daß er endgültig erledigt sei; an Gott glaube er schon lange nicht mehr.

Ich machte ihm klar, die Welt sei rund, auch wenn er glaube, sie sei flach, und jeder Mensch trage Geist vom Geist Gottes in sich, ob er dies nun glaube oder nicht. Dann schlug ich ihm vor, zehn Tage lang eine Formel anzuwenden und anschließend wieder zu mir zu kommen. Folgende Gebetsformel schrieb ich ihm auf:

»Ich glaube, daß es Gott gibt und daß Gott die unendliche Kraft ist, welche die Welt bewegt und alle Dinge erschaffen hat. Ich glaube, daß Gott allgegenwärtig ist, also auch mir innewohnt. Ich glaube, daß Gott mich jetzt führt. Ich glaube, daß Gottes Reichtümer mir im Überfluß zuströmen. Ich glaube, daß Gottes Liebe mein Herz füllt und ebenso die Seelen und Herzen meiner beiden Söhne. Ich glaube, daß Bande der Liebe und des Friedens uns verbinden. Ich glaube, daß ich ungeheuer erfolgreich bin. Ich glaube, daß ich heiter, glücklich und frei bin. Ich glaube, daß Gott immer gegenwärtig ist und daß ich, weil Gott mir innewohnt, über die Maßen erfolgreich bin. Ich glaube, ich glaube, ich glaube.«

Diese Wahrheiten sollte er jeden Morgen, Nachmittag und Abend fünf Minuten lang bekräftigen, und zwar laut. Der Mann willigte ein und ging.

Am zweiten Tag jedoch rief er an und sagte: »Ich glaube kein Wort von dem, was ich bekräftige. Es ist alles rein mechanisch und bedeutungslos.«

Ich empfahl ihm, mit seinem geistigen Training beharrlich fortzufahren: »Die Tatsache, daß Sie mit der Anwendung Ihrer geistigen Formel überhaupt angefangen haben, zeigt doch, daß Sie jenes Senfkorn Glauben besitzen, von dem die Bibel spricht. Und wenn Sie weitermachen, wird der Berg aus Angst, Zweifel und Enttäuschung sich hinwegheben.«

Nach den zehn Tagen kam er wieder, strahlend und glücklich. Seine beiden Söhne hatten ihn besucht, es hatte eine fröhliche Wiedervereinigung gegeben. Dank seines neuen Denkmusters hatte er beim Pferderennen ein kleines Vermögen gewonnen, das ihm geschäftlich wieder auf die Beine half. Er hatte entdeckt, daß aus göttlicher Quelle die unendliche Kraft für ein erfülltes Leben auch für ihn floß.

Denn wahrlich, ich sage euch: So ihr Glauben habt wie ein Senfkorn, so mögt ihr sagen zu diesem Berge: hebe dich von hinnen dorthin! so wird er sich heben; und euch wird nichts unmöglich sein (Matthäus 17, 20).

Zusammenfassung

1. In der Bibel heißt es: *Wenn du könntest glauben! Alle Dinge sind möglich dem, der da glaubt* (Markus 9, 23).

2. Glauben bedeutet, etwas als wahr zu akzeptieren. Wenn Sie etwas Falsches glauben, werden Sie entsprechend Ihrem Glauben leiden und Elend in Ihr Leben bringen.

3. Alexander der Große bekam von seiner Mutter gesagt, der Gott Zeus habe ihn gezeichnet. Deshalb glaubte Alexander an seine göttliche Natur und vollbrachte Großes.

4. Glauben Sie, daß Sie ein Kind des lebendigen Gottes sind und Ihnen deshalb unendliche Kraft innewohnt. Halten Sie an diesem Glauben fest, dann werden Sie in Ihrem Leben Wunder wirken. Glauben Sie, daß Sie durch Gottes Kraft, die sie stärkt, alles tun können.

5. Wenn Sie zu dem Berg (dem Hindernis, der Schwierigkeit, dem Problem) sagen: Hebe dich hinweg und wirf dich ins Meer der Vergessenheit, und wenn Sie glauben, daß die unendliche Kraft Gottes solches vermag, dann wird es geschehen.

6. Wählen Sie ein Bibelzitat wie *Ich bin der Herr, dein Arzt* (2. Mose 15, 26). Wiederholen Sie diese Wahrheit in Gedanken regelmäßig und glauben Sie an die unendliche Heilgegenwart, dann wird eine Heilung erfolgen. Ihnen geschieht, was Sie glauben.

7. Glauben Sie, daß mit Hilfe der unendlichen Heilkraft die Überwindung jeder Krankheit möglich ist. *Aber dich will ich wieder gesund machen und deine Wunden heilen, spricht der Herr* (Jeremia 30, 17). Wenn Sie sich diese Wahrheit immer wieder vorsagen, werden Sie inneren Frieden und Heilung erlangen.

8. Blicken Sie hinter den äußeren Schein und erleben Sie im Geist die Wirklichkeit des erfüllten Wunsches, dann werden Sie das Unmögliche möglich machen.

9. Prüfen Sie Ihre Überzeugungen und ändern Sie sie notfalls. Glauben Sie an die Güte Gottes, an göttliche Führung und an ein erfülltes, materiell und geistig-seelisch reiches Leben.

10. Sie haben ein göttliches Anrecht auf alle Reichtümer des Lebens. Gott ist der Gebende und die Gabe selbst, und alle Dinge liegen für den bereit, in dessen Geist sie Wirklichkeit sind. Akzeptieren Sie das Gute, das Ihnen zukommt, und leben Sie in fröhlicher Erwartung des Besten. Sie unterliegen keinerlei Einschränkung infolge Herkunft, Rasse oder Erziehung.

11. Gott gab Ihnen reichlich von den Dingen, damit Sie sich daran erfreuen. Sie sind hier auf Erden, um Gott zu verherrlichen und sich allezeit an ihm zu erfreuen. Gottes unerschöpfliche Reichtümer sind allen zugänglich.

12. Alle Ihre Erlebnisse, Lebensumstände und Erfahrungen erwachsen aus Ihrem Glauben. Selbst wenn Ihr Glauben so winzig wie ein Senfkorn ist, wird das Senfkorn wachsen und gedeihen, sofern Sie die universellen Wahrheiten Gottes wiederholen und Ihrem Geist einverleiben. Und Sie werden feststellen, daß der Glaube in Ihrem Leben Wunder wirkt.

KAPITEL 17

Unendliche Kraft für die Harmonisierung Ihrer Beziehungen zu Mitmenschen

Dieses Kapitel habe ich auf der schönen Insel Maui geschrieben, die zur Inselkette des amerikanischen Bundesstaates Hawaii gehört. Die Menschen dort sagen: »Man hat nicht gelebt, bevor man Hawaii nicht gesehen hat.« Einer der größten Anziehungspunkte auf Maui ist der über dreitausend Meter hohe erloschene Vulkan Haleakala, was »Haus der Sonne« bedeutet. Er bietet einen atemberaubenden Anblick. Und zu seinen Füßen spielt sich das ruhige Leben der Eingeborenen ab. Die Hawaii-Insulaner bearbeiten ihre kleinen Taro-Felder immer noch nach Art ihrer Vorfahren, der Fisch ist immer noch ihre Hauptnahrung.

Auf den Hawaii-Inseln begegnet man Menschen vieler Volksgruppen und unterschiedlicher religiöser Überzeugungen. Aber alle leben friedlich zusammen und genießen die Sonne der gesegneten Insel. Der Eingeborene, der mich vom Flugplatz ins Hotel fuhr, erzählte mir, seine Vorfahren seien Iren, Portugiesen, Deutsche, Japaner und Chinesen gewesen; seit vielen Generationen hätten Angehörige verschiedener Völker geheiratet, und Rassenprobleme seien unbekannt.

Wie man mit anderen zurechtkommt

Einer der Hauptgründe, warum viele Menschen im Leben nicht vorankommen, liegt darin, daß sie mit ihren Mitmenschen nicht zurechtkommen. Sie scheinen andere fast zwangsläufig zu verärgern oder vor den Kopf zu stoßen. Oft ist ihre Haltung großspurig, taktlos und kränkend.

Der beste Weg zu einer harmonischen Beziehung mit anderen Menschen besteht darin, das Göttliche in ihnen zu preisen und sich klarzumachen, daß jeder Mann und jede Frau ein Inbegriff oder Beispiel der gesamten Menschenrasse ist. Jeder Mensch, der auf Erden wandelt, ist ein Kind des lebendigen Gottes; und wenn wir das Göttliche in uns selbst achten und ehren, werden wir automatisch auch die göttliche Gegenwart in anderen Menschen achten und ehren.

Ein Kellner brachte sich selbst voran

In einem Hotel an der Koanapali-Bucht auf der Insel Maui führte ich ein höchst aufschlußreiches Gespräch mit einem Kellner. Er erzählte mir, daß seit Jahren ein exzentrischer amerikanischer Millionär die Insel besuchte, ein gräßlicher Mensch, der keinem Ober oder Pagen Trinkgeld geben mochte. Nicht nur geizig war dieser Gast, sondern dazu griesgrämig, grob und ungehobelt. Nichts stellte ihn zufrieden, ständig beschwerte er sich über das Essen und den Service, und er fauchte jeden Kellner an, der ihn bediente. »Ich erkannte«, sagte der Kellner zu mir, »daß der Mann krank war. Unser Kahuna (hawaiischer Eingeborenenpriester) behauptet, wenn ein Mensch so sei, fresse ihn innerlich etwas auf. Ich beschloß darum, ihn durch Freundlichkeit zu besiegen.«

Der Kellner behandelte den Mann stets mit ausgesuchter Höflichkeit, freundlich und respektvoll. Dabei dachte er: »Gott liebt ihn. Ich sehe das Göttliche in ihm, und er sieht das Göttliche in mir.«

Diese Technik wandte er etwa einen Monat an. Eines schönen Tages dann begrüßte ihn der exzentrische Millionär: »Guten Morgen, Toni. Wie ist das Wetter? Sie sind der beste Kellner, der mich je bedient hat.«

Toni gestand mir: »Ich wäre fast in Ohnmacht gefallen. Da hatte ich einen Anschnauzer erwartet und statt dessen ein Kompliment geerntet. Er gab mir einen Fünfhundertdollarschein.« Dies war das Abschiedsgeschenk des schwierigen Gastes, der es außerdem einrichtete, daß Toni demnächst stellvertretender Geschäftsführer eines großen Hotels in Honolulu wird, an welchem der Millionär finanziell beteiligt ist.

... und ein Wort zu seiner Zeit ist sehr lieblich (Sprüche 15, 23). Ein Wort ist ein ausgedrückter Gedanke. Die Worte (Gedanken)

dieses Kellners waren alle an die Seele (das Unterbewußtsein) des launischen, zänkischen Gastes gerichtet gewesen, sie hatten das Eis in seinem Herzen zum Schmelzen gebracht, und er hatte mit Freundlichkeit reagiert. Toni bewies, daß man, wenn man im anderen Menschen die Gegenwart Gottes sieht, in einer zwischenmenschlichen Beziehung auch reichen materiellen Lohn ernten kann.

Alles verstehen heißt, alles verzeihen

Dieses alte aphoristische Wort enthält eine tiefe Wahrheit. In einem der Hotels hier auf Maui unterhielt ich mich darüber mit einer jungen Dame, die Unterhaltungen und Ausflüge für die Gäste arrangiert. Sie erzählte mir, wenn sie sage: »Ein wunderbarer Tag heute«, erwidere der so angesprochene Gast manchmal: »Was nützt mir das schon? Ich verabscheue das Wetter hier, mir gefällt hier überhaupt nichts.« In einem solchen Fall wisse sie sofort, daß der Gast emotional gestört sei, daß ihn irrationale, vernunftwidrige Gefühle quälten.

Sie hatte in Honolulu Psychologie studiert und erinnerte sich noch genau an die Ausführungen eines bestimmten Professors. Dieser hatte erklärt, gegenüber einem Menschen mit sichtbarem körperlichen Gebrechen, beispielsweise einem Buckel, reagiere niemand ungehalten oder ärgerlich, und genauso dürfe man sich nicht reizen oder ärgern lassen, wenn Menschen seelische Gebrechen oder eine gestörte, verdrehte Denkweise hätten. Man solle vielmehr Mitleid mit ihnen haben. Sei man sich ihres chaotischen Gemütszustands bewußt, könne man diesen leicht übersehen und ihnen verzeihen.

Die junge Dame ist anmutig, charmant, freundlich und liebenswürdig; scheinbar vermag nichts sie aus der Ruhe zu bringen. Sie hat sich eine Art privilegierte Immunität geschaffen und weiß, daß einzig sie selbst sich wehtun kann. Das heißt, sie besitzt – wie jeder Mensch – die Freiheit, andere Menschen zu segnen oder sich über andere Menschen zu ärgern, und sie hat sich zu ersterem entschlossen. Ihr ist klar, daß man sich nur durch die Richtung des eigenen Denkens verletzt und daß dieses Denken vollkommen ihrer eigenen Kontrolle unterliegt.

Das Unterbewußtsein eines Musikers wirkte Wunder für ihn

Ein junger Musiker, der abends Baßgeige in einer Hotelband spielt, um sein Studium an der Hawaii-Universität zu finanzieren, gestand mir, daß er eine Auseinandersetzung mit einem Professor gehabt habe und daß ihn seither bei mündlichen sowie schriftlichen Prüfungen sein Gedächtnis im Stich lasse. Er war voller Groll und wirkte sehr verkrampft. Ich erklärte ihm, sein Unterbewußtsein habe ein perfektes Gedächtnis für alles, was er lese und höre, doch wenn sein Bewußtsein übermäßig angespannt sei, könne die Weisheit des Unterbewußtseins nicht an die Oberfläche steigen und nicht in sein Bewußtsein gelangen.

Auf meine Empfehlung betete er fortan jeden Morgen und Abend: »Die unendliche Weisheit, die meinem Unterbewußtsein innewohnt, enthüllt mir alles, was ich wissen muß, und ich werde in meinem Studium göttlich geführt. Ich strahle gegenüber meinen Professoren Liebe und Freundlichkeit aus und habe meinen Frieden mit ihnen gemacht. Ich bestehe alle Prüfungen in göttlicher Fügung.«

Nach drei Wochen bekam ich von ihm einen Brief, worin er schrieb, daß er sein wichtigstes Examen glänzend bestanden und jetzt ein ausgezeichnetes Verhältnis zu seinen Professoren habe.

Ihm war es gelungen, durch Wiederholung des Gebets, das ich ihm genannt hatte, die Vorstellung von einem perfekten Gedächtnis in sein Unterbewußtsein zu senken. Die Liebe und Freundlichkeit, die er nun ausstrahlte, war von seinen Professoren unterbewußt empfangen worden und hatte zu harmonischen Beziehungen geführt.

Ein Arzt heilte sich von krankmachendem Ärger

Der mehr als dreitausend Meter hohe Haleakala ist der erkaltete, kegelförmige Überrest eines einst feuerspeienden, todbringenden Vulkans. Ich fuhr mit einer Gruppe Menschen dorthin, die aus so verschiedenen Gegenden wie Pittsburgh, Tokio, Stockholm und Australien kamen. Während der Fahrt saß ich neben einem australischen Arzt und seiner Frau. Der Arzt erzählte, in seinem

Leben habe es Ausbrüche mit ähnlich verheerenden Folgen wie bei den Eruptionen des Berges hier gegeben, weil er die Gewohnheit gehabt habe, seine Mitmenschen zu hart zu beurteilen.

Er war oft vor Wut über das explodiert, was die Journalisten in den Zeitungen veröffentlichten. An Parlamentsabgeordnete, Gewerkschaftsbosse und andere bedeutende Männer hatte er immer wieder giftige, beleidigende Briefe geschrieben. Sein inneres Brodeln hatte zu drei körperlichen »Eruptionen« in Form zweier schwerer Herzattacken und eines leichten Schlaganfalls geführt. Er hatte sich jedesmal wieder erholt, und schließlich war ihm klargeworden, daß er die Anfälle selbst über sich gebracht hatte. Im Krankenhaus hatte ihm eine Schwester gesagt, er solle Psalm 91 lesen, dieser sei die wichtigste Medizin, die er brauche. Der Arzt hatte es tatsächlich getan, und der Sinn des Psalms war mit der Zeit in seine Seele (sein Unterbewußtsein) gesunken.

Inzwischen hat er, wie er sagte, längst gelernt, sich auf andere Menschen einzustellen. Er hat erkannt, daß unsere Welt eine Welt unterschiedlich konditionierter, unvollkommener Menschen ist, die göttliche Vollkommenheit nur anstreben können. Er hat gelernt, dem Göttlichen in seinem Inneren treu zu sein und das Göttliche in anderen Menschen zu achten. Er weiß nun: Alles verstehen heißt alles verzeihen.

Die Medizin für einen Mann, der Gott grollte

An einem schönen Morgen ging ich von meinem Hotel auf Maui mit einem Mann zum Meer, um zu schwimmen. Der Mann brummte: »Ich bin hier, um allem zu entrinnen.« Er kritisierte die Leute in seiner Firma, dann schimpfte er auf die Regierung. Sogar gegen Gott schien er Groll zu empfinden. Er sagte doch tatsächlich, nach seinem Gefühl käme er besser durchs Leben, wenn Gott ihn nur in Ruhe ließe. Schließlich fragte er: »Was kann ich tun, um meine Beziehungen zu diesen bösartigen Leuten zu verbessern und mit ihnen auszukommen?«

Ich antwortete, wie die Wissenschaft bewiesen habe, seien Schwierigkeiten in zwischenmenschlichen Beziehungen oft darauf zurückzuführen, daß der Mensch, der mit solchen Problemen kämpfte, sich strikt weigere, die Ursache bei sich selbst zu suchen.

Der erste Schritt bestehe darin, mit dem eigenen schwierigen Ich fertig zu werden. Ich machte dem Mann klar, daß seine Probleme mit Kollegen und Angestellten in ihm selbst wurzelten und die anderen Menschen bestenfalls als zweitrangige Ursachen bezeichnet werden könnten.

Er gab zu, voller versteckter Wut und Feindseligkeit zu sein und in Hinblick auf seine ehrgeizigen Pläne für sein Leben tiefe Enttäuschung zu empfinden. Nach meinen Erklärungen sah er ein, daß seine unterdrückte Wut bei den Menschen seiner Umgebung latente Feindseligkeit gegen ihn erzeugen mußte. Ihm wurde bewußt, daß sich in dem, was er als Feindseligkeit und Haß seiner Kollegen und Angestellten bezeichnete, im Grunde nur seine eigene Enttäuschung und Feindseligkeit spiegelte.

Ich schrieb ihm ein geistiges Rezept auf, das er regelmäßig und systematisch anwenden sollte:

»Es gibt ein Gesetz von Ursache und Wirkung, das weiß ich. Und die Stimmung, die ich erzeuge, die Einstellung, die ich habe, wird mir in den Reaktionen meiner Mitmenschen zurückgegeben. Mir ist klar, daß meine innere Aufgewühltheit und Wut bei Menschen und auch bei Tieren Zorn und Bösartigkeit auslösen. Ich weiß, daß alles, was ich erlebe, ein bewußtes oder unbewußtes geistiges Pendant haben muß: Wie ich denke und fühle, so bin ich, so drücke ich mich aus, so benehme ich mich, so sind meine Erfahrungen.

Ich verabreiche mir diese geistig-seelische Medizin viele Male jeden Tag. Ich denke, spreche und handle jetzt vom göttlichen Mittelpunkt in meinem Inneren aus. Für alle Menschen meiner Umgebung und anderswo empfinde ich Liebe und Freundlichkeit. Das Unendliche ruht lächelnd in mir. Friede ist die Kraft Gottes, und Gottes Friedensstrom überflutet meinen Geist, mein Herz, mein ganzes Wesen. Ich bin eins mit dem unendlichen Frieden Gottes. Mein Geist ist Geist vom Geist Gottes.

Ich erkenne und weiß, daß kein Mensch, kein Umstand und keine Tatsache der Welt die Macht hat, mich ohne meine geistige Einwilligung zu reizen, zu ärgern oder zu beunruhigen. Mein Denken ist schöpferisch; ganz bewußt und wissentlich weise ich alle negativen Gedanken, alle negativen Suggestionen von mir. Ich bekräftige, daß Gott mich führt und über mich wacht. Ich weiß, daß Gott mein eigentlicher Arbeitgeber ist und ich für ihn arbeite.

Mein wahres Ich ist göttlich, und dieses Ich kann nicht verletzt, behindert oder beeinträchtigt werden. Mir ist klar, daß ich mich selber durch meine Selbstverurteilung und Selbstverunglimpfung verletzt habe. Ich strahle gegenüber allen Menschen Liebe und Freude aus, und ich weiß, daß Güte, Wahrheit und Schönheit mir während aller Tage meines Lebens auf dem Fuße folgen werden, denn ich lebe ewiglich im Hause des Herrn.«

Drei Wochen verstrichen, dann erhielt ich von dem Mann einen Brief. Er schrieb, daß er durch Anwendung dieser geistig-seelischen Medizin seinen chaotischen, »siedenden« Gemütszustand durch Heiterkeit, Ruhe und Gelassenheit ersetzt habe.

Eine segensreiche philosophische Haltung gegenüber anderen

Ein japanischer Geschäftsmann, dem ich auf Hawaii begegnete, hatte seine eigene Privatphilosophie. Er erläuterte sie mir: »Seit fünfzig Jahren stehe ich nun im Geschäftsleben, und ich bin viel gereist. Ich habe die Erfahrung gemacht, daß die Menschen im Grunde anständig und ehrlich sind. Sie unterscheiden sich sehr voneinander, haben eine sehr unterschiedliche Ausbildung durchlaufen, wurden unterschiedlich konditioniert und sind das Produkt ihrer Erziehung, Schulung und Denkgewohnheiten. Außerdem haben sie unterschiedliche Bräuche und religiöse Überzeugungen. Ich nehme die Menschen, wie sie sind. Weil ich weiß, daß man Kunden nicht ändert, wenn man böse auf sie ist, lasse ich mich von ihnen nicht aus der Ruhe bringen. Ich lehne es strikt ab, mich von jemandem ärgern zu lassen. Ich wünsche allen Gutes und gehe meines Weges.«

Der Japaner zeigte mir eine Liste mit den Namen von zehn Kunden, die ihm hohe Geldbeträge schuldeten und auf seine mehrmalige Mahnung nicht reagiert hatten. Er sagte: »Ich bete morgens und abends für sie alle darum, daß Gott sie in jeder Weise vorankommen läßt und das Gute für sie multipliziert. Ich bete darum, daß jeder seine Rechnungen bereitwillig bezahlt, daß sie alle ehrlich, aufrichtig und in jeder Weise begünstigt sind. Vor zwei Monaten habe ich damit angefangen. Inzwischen haben acht bezahlt und sich wegen der Verzögerung entschuldigt. Nur zwei sind noch übrig, aber ich weiß, daß auch sie bezahlen werden.«

Dieser Geschäftsmann hatte herausgefunden, daß seine säumigen Kunden, wenn er seine Einstellung zu ihnen änderte, sich ebenfalls änderten.

Der Schlüssel zu guten zwischenmenschlichen Beziehungen

Behandeln Sie die Menschen mit Achtung. Ehren und grüßen Sie das Göttliche in ihnen. Strahlen Sie gegenüber allen Mitmenschen Liebe und Freundlichkeit aus. Machen Sie sich klar, daß niemand, der gut angepaßt ist, in einer feindseligen, gehässigen, zänkischen oder mürrischen Weise reagiert. Wer es tut, der leidet an irgendeinem geistigen oder seelischen Konflikt. Wie der Kahuna sagte: »Etwas frißt ihn innerlich auf.« Seelischer Schmerz quält einen solchen Menschen, seien Sie sich dessen bewußt.

Ihr wahres Ich ist göttlicher Natur. Es kann in keiner Weise verletzt, behindert oder belästigt werden. Wenn Sie einen Mitmenschen als schwierig empfinden, geben Sie ihn Gott anheim, erklären Sie, daß Sie Freiheit in Gott besitzen und vertrauen Sie diesen Menschen Gottes Obhut an. Dann werden Sie auf einer grünen Aue und am frischen Wasser sein.

ZUSAMMENFASSUNG

1. Einer der Hauptgründe, warum Menschen es im täglichen Leben zu nichts bringen, liegt in ihrer Unfähigkeit, mit anderen auszukommen.
2. Machen Sie sich klar, daß jeder Mensch als Kind Gottes auf Erden wandelt. Wenn Sie das Göttliche in Ihnen ehren und achten, werden Sie automatisch auch die Gottesgegenwart im Mitmenschen ehren.
3. Ein Kellner, der einen launischen, ungehobelten und nie zufriedenen Gast bedienen mußte, behandelte diesen voll Freundlichkeit, Höflichkeit und Achtung, weil er erkannt hatte, daß der Mann gemütskrank war. Wenn er dem Mann gegenübertrat, bekräftigte er stets: »Gott liebt ihn.« Die Haltung des Kellners schmolz das Eis im Herzen dieses Gastes und trug dem Kellner reichen ideellen und auch materiellen Lohn ein.
4. Alles verstehen heißt alles verzeihen. Wenn Sie die Ursache der inneren Zerrissenheit eines anderen Menschen verstehen, werden Sie mehr Mitleid und Verständnis für ihn aufbringen. Sie wissen, daß der andere so handelt, wie er handelt, weil er entsprechend erzogen und konditioniert worden ist.
5. Machen Sie sich klar, daß niemand Ihre Gefühle verletzen oder Sie reizen und ärgern kann, es sei denn über den Weg Ihres eigenen Denkens. Doch dieses unterliegt völlig Ihrer Kontrolle.
6. Reibungen, innerer Aufruhr und Zorn wirken sich nachteilig auf Ihre Studien und Ihr Gedächtnis aus, weil die Weisheit des tieferen Geistes nicht an die Oberfläche des Bewußtseins steigt, wenn Sie angespannt und feindselig sind. Gießen Sie Liebe und Freundlichkeit über andere aus, bis Sie, wenn Sie ihnen im Geiste begegnen, vollkommenen Frieden empfinden.
7. Große Verärgerung und Wut können Herzanfälle und andere schwerwiegende Leiden verursachen. Lesen Sie, um solche schädliche Gefühle zu neutralisieren, Psalm 91. Meditieren Sie über die darin enthaltenen Wahrheiten und lassen Sie diese in Ihr Unterbewußtsein sinken. Damit verbannen Sie jedwede Feindseligkeit und unterdrückte Wut. Bleiben Sie den Wahrheiten Gottes in Ihrem Inneren treu, und Sie werden in Freude leben.
8. Der erste Schritt zur Herstellung guter Beziehungen mit anderen Menschen besteht darin, in sich zu gehen und sich zu fragen: Wäre es möglich, daß die Ablehnung und Feindschaft, mit der mir andere begegnen, weitgehend meine eigene Enttäuschung und Feindseligkeit widerspiegeln? Ändern Sie sich, dann ändern sich auch Ihre Beziehungen zu Ihren Mitmenschen.

9. Es gibt ein Gesetz von Ursache und Wirkung, das immer und überall funktioniert. Die Stimmung, die Sie erzeugen, die Einstellung, die Sie haben, erhalten Sie in den Reaktionen der Menschen zurück.

10. Lernen Sie, die Menschen so zu nehmen, wie sie sind, und versuchen Sie nicht, andere zu ändern. Die Menschen handeln entsprechend ihrer Erziehung, Konditionierung und ihren Denkgewohnheiten. Segnen Sie die anderen und kümmern Sie sich um Ihre eigenen Angelegenheiten.

11. Wenn Ihnen andere Menschen Geld schulden, sollten Sie um das Wohlergehen, den Erfolg und das Glück dieser Menschen beten. Sagen Sie sich, daß jeder einzelne von ihnen ehrlich und aufrichtig ist und seine Schulden in göttlicher Fügung bezahlen wird.

12. Der Schlüssel zu harmonischen Beziehungen mit anderen Menschen liegt in einer gesunden, aufrichtigen Achtung für das Göttliche in Ihnen selbst und in Ihren Mitmenschen.

13. Ist ein Mensch sehr wenig umgänglich, sollten Sie ihn vollkommen Gott anvertrauen und erklären, daß Sie frei sind in Gott. Das Unangenehme und Unerfreuliche wird dann aus Ihren Erfahrungen mit diesem Menschen verschwinden. *Was du wirst vornehmen, wird er dir lassen gelingen* ... (Hiob 22, 28).

KAPITEL 18

Reisen mit Gott ist segensreiches Reisen

Als ich zu meiner letzten Vortragsreise durch Europa aufbrach, die mich nach Portugal, Frankreich, England und Irland führen sollte, traf ich auf dem Flugplatz von New York meinen alten Freund Jack Treadwell, den Verfasser eines vielgelesenen Buches über geistigen Magnetismus. Er erzählte mir einen Fall, den ich Ihnen nicht vorenthalten möchte.

Ein älterer Mann, der im gleichen Hotel gewohnt hatte wie er, war infolge Arthritis buchstäblich ein Krüppel. Mein Freund hatte ihm vorgeschlagen, es doch einmal mit einer Gebetstherapie zu versuchen, und ihm ein besonderes Gebet genannt: »Gottes heilende Liebe verwandelt jetzt jedes Atom meines Körpers in göttliche Unversehrtheit, Schönheit und Vollkommenheit.« Der Mann hatte diese Wahrheiten jeden Tag zehn bis fünfzehn Minuten lang bekräftigt. Nach zwei Monaten hatte er unbehindert gehen können. Alle Kalkablagerungen – bekanntlich verursachen sie Arthritis – waren verschwunden. Er hatte beschlossen, geistig, seelisch und körperlich mit Gott zu reisen und zu wandeln.

An der Heilung ist nichts Wunderbares. Die unendliche Heilgegenwart, die seinem Körper innewohnt, war und ist immer in ihm, aber er hatte sie zuvor nicht genutzt. Jack Treadwell hatte ihn gelehrt, wie er die Gottesgabe in seinem Inneren erwecken und einsetzen konnte. Dies meint die Bibel mit den Worten: *Um solcher Ursache willen erinnere ich dich, daß du erweckest die Gabe Gottes, die in dir ist . . .* (2. Timotheus 1, 6). Wenn Sie mit Gott wandeln, sprechen und reisen, wird in Ihrem Geist, Ihrer Seele, Ihrem Körper und Ihren Lebensumständen alles aufgelöst, was Gott nicht ähnlich ist.

Wie Sie mit Gott reisen

Wenn ich auf eine Vortrags- oder eine Privatreise gehe, bete ich immer: »Meine Reise steht unter Gottes Schutz, alle meine Wege sind Freude, und alle meine Pfade sind Frieden. Ich reise unter Gottes Führung, geleitet vom heiligen Geist. Meine Straße ist der Königsweg der Alten, der mittlere Pfad Buddhas, die enge Pforte Jesu, die Triumphstraße der Herrscher, denn ich herrsche über mein Denken und Fühlen. Ich sende alle meine Boten, die da heißen Gottes Liebe, Frieden, Licht und Schönheit, vor mir her, damit sie meinen Weg eben, mich und die Mitmenschen freudig und glücklich machen. Ich reise allezeit mit Gott, begegne seinen Boten des Friedens und der Freude, wo immer ich bin. Ich weiß, wenn mein Blick auf Gott gerichtet bleibt, wird es auf meinem Weg nichts Übles geben. Wenn ich mit einem Flugzeug, Zug, Bus oder Wagen reise oder zu Fuß gehe, umgibt mich immer Gottes Schutz, und ich gelange fröhlich, frei und freudig von einem Ort zum anderen. Der Geist Gottes ist mit mir, er macht alle Wege in der Luft und auf der Erde zu seinen Triumphstraßen. Es ist wunderbar!«

Dieses Gebet habe ich unzähligen Menschen genannt, die viel reisen und vor allem viel fliegen. Tatsächlich scheinen sie wie durch Zauber geschützt zu sein. Sie haben Geist und Herz mit der Wahrheit göttlichen Schutzes gesättigt und ihr Unterbewußtsein so geprägt, daß ihr Reisen gefahrlos ist. *Dein Glaube hat dir geholfen; gehe hin im Frieden!* (Lukas 7, 50).

Glauben Sie an Wunder?

Mein erstes Ziel nach dem Abflug in New York war Lissabon. Portugal ist ein Land der rauhen Gebirge und weiten Ebenen, der Korkfarmen und Dörfer aus dem dreizehnten oder vierzehnten Jahrhundert. In Lissabon mietete ich einen Wagen mit Fahrer und machte mich in Begleitung meiner dort lebenden Nichte auf den Weg zu dem Wallfahrtsort Fátima. Der Fahrer erzählte uns die Geschichte von Fátima.

Drei Hirtenkindern mit Namen Lucia, Francisco und Jacinta war am 13. Mai 1917 die Muttergottes erschienen. Ein plötzlicher

Lichtstrahl hatte die Kinder umgeben, und als sie zu dem Baum aufgeschaut hatten, bei dem sie sich befanden, hatten sie dort eine Frauengestalt erblickt, die wie Maria aussah und heller war als die Sonne. Lucia hatte die Gestalt gefragt, wer sie sei, und diese hatte geantwortet: »Ich komme vom Himmel. Kehrt sechsmal um dieselbe Stunde hierher zurück, am dreizehnten Tag jedes Monats.«

Als die Kinder das Ereignis berichtet hatten, waren sie von einigen Menschen der Lüge bezichtigt worden, doch viele hatten ihnen geglaubt. In den nachfolgenden Monaten hatten Tausende von Pilgern die Kinder jeweils am Dreizehnten zu dem Baum begleitet. Nur die Kinder hatten die Muttergottes sehen können, aber zahllose Kranke waren auf wunderbare Weise geheilt worden.

Zum letztenmal war die Muttergottes am dreizehnten Oktober erschienen, einem regnerischen Tag. Ein Lichtstrahl hatte den Versammelten ihre Anwesenheit angezeigt. Sie hatte unter anderem prophezeit, daß der Krieg, der seit mehr als drei Jahren tobte, bald enden würde. Wie unser Fahrer erzählte, hatten an jenem Tag vierzigtausend Menschen das Sonnenwunder beobachtet, ein Sichdrehen der Sonne. Der Regen hatte unvermittelt aufgehört. Die Menschen waren auf die Knie gesunken, und plötzlich hatte sich die von einer leuchtenden Krone umgebene Sonne gleich einem Feuerrad gedreht.

Wir besuchten die Kapelle, die am Ort der Erscheinungen errichtet worden ist. Unser Fahrer machte uns auf eine Frau aufmerksam, die an Krücken ging, weil ihr rechtes Bein gelähmt war. Ihr Sohn begleitete sie. Das portugiesische Gebet der Frau übersetzte uns der Fahrer folgendermaßen: »Wenn ich dort niederknie, wo die Muttergottes erschienen ist, werde ich geheilt sein; Gott sei gelobt.«

Wir beobachteten, wie sie sich mühsam niederkniete, einen Rosenkranz in der Hand. Sie betete inbrünstig zur Muttergottes, und nach etwa fünfzehn Minuten sahen wir sie aufstehen. Geheilt, ohne Krücken, ging sie aus der Kapelle, weinend vor Freude. In der Bibel heißt es: *Wenn du könntest glauben! Alle Dinge sind möglich dem, der da glaubt* (Markus 9, 23).

Die Bedeutung eines Wunders

Ein Wunder ist keine Verletzung der Naturgesetze. Ein Wunder beweist nichts Unmögliches, sondern – im Gegenteil – das, was möglich ist. Ein Wunder ist etwas, das geschieht, wenn wir uns der uns innewohnenden unendlichen Kraft anvertrauen.

Die Frau, von der vorhin die Rede war, hatte sich durch ihren Glauben und ihre Erwartung geheilt. Sie hatte geglaubt, daß sie, wenn sie an die Stelle gelange, an der nach ihrer Überzeugung die Muttergottes erschienen war, geheilt werde. Ihr Glaube hatte die göttliche Heilkraft ihres eigenen Unterbewußtseins freigesetzt! Das entscheidende Gesetz des Lebens ist das Gesetz des Glaubens. Und Glauben könnte man zusammenfassend als das Denken im Geiste bezeichnen. Glauben bedeutet, etwas als wahr zu akzeptieren. Was Ihr bewußter, überlegender Verstand als wahr akzeptiert, ruft eine entsprechende Reaktion Ihres Unterbewußtseins hervor, das eins ist mit der unendlichen Weisheit in Ihnen, das Geist vom Geiste Gottes ist. Die Frau war durch ihren tiefen absoluten Glauben geheilt worden.

Die unendliche Heilkraft und wie man sie nutzt

Die von mir vertretene seelisch-geistige Heilmethode hat nichts mit Magie zu tun, hat nichts mit dem Berühren von Reliquien, dem Baden in bestimmtem Wasser, dem Küssen der Gebeine von Heiligen oder dem Aufsuchen bestimmter Orte zu tun. Ihr liegt vielmehr die gesetzmäßige geistig-seelische Reaktion des Menschen auf die Vergegenwärtigung der ihm innewohnenden unendlichen Heilgegenwart, die alles auf der Welt zu heilen und zu ändern vermag, zugrunde.

Geistig-seelische Heilung ist nicht gleichzusetzen mit Heilung kraft blinden Glaubens. Ein Glaubensheiler kann jeder Mensch sein, der ohne Kenntnis oder wissenschaftliches Verständnis der Kräfte von Bewußtsein und Unterbewußtsein heilt. Er kann behaupten, daß er eine »magische Heilgabe« oder »Satans Macht« besitze, und der blinde Glaube eines Kranken an diese Gabe kann Ergebnisse zeitigen.

Der geistig-seelisch geschulte Therapeut muß wissen, was er tut und warum er es tut. Er weiß um die Gesetze des Geistes und um das Göttliche im Menschen. Vertraut er darauf, ist die unendliche Heilkraft immer wirksam.

Die Jungfrau Maria und ihre Bedeutung

Die Muttergottes wird auch Jungfrau Maria genannt. Das Wort »Jungfrau« bedeutet rein, und das lateinische Wort »mare« bedeutet Meer. Mit dem «reinen Meer« ist der weibliche Aspekt Gottes gemeint. Die Symbolsprache der Antike bezeichnete diesen weiblichen Aspekt Gottes oder das Unterbewußtsein als Isis, deren Schleier kein Mensch lüften kann; bei den Persern wurde er Sophia genannt, bei den Ephesern Diana; außerdem trägt er die Namen Astarte, Mylitta und Maja, die Buddhas Mutter war. Wenn wir uns des symbolischen Ausdrucks der Muttergottes bedienen, müssen wir uns natürlich darüber klar sein, daß Gott weder einen leiblichen Vater noch eine leibliche Mutter hatte. Gott ist Geist, das Lebensprinzip schlechthin. Mit der Muttergottes ist »bemuttern« gemeint, also Nachdenken über das, was in unserem Geist das Gute ist, und dieses nähren; eine Geisteshaltung ist damit gemeint. Die »Muttergottes« oder »Madonna« oder »Unsere liebe Frau« ist ein reiner Mythos, eine wenngleich grandiose, projizierte psychologische Wahrheit, die Liebe, Schönheit, Ordnung bedeutet, jener Geist, der Gott oder alles Gute gebiert.

Waren die Erscheinungen in Fátima oder in Lourdes also nur subjektive Geistesprodukte?

Wenn ich Sie hypnotisierte und Ihnen im hypnotischen Trancezustand suggerierte, daß Sie nach dem Erwachen aus der Trance Ihre verstorbene Großmutter sähen, mit ihr sprächen und die Großmutter Ihnen Prophezeiungen über Ihr Leben und das Geschehen in unserer Welt mache, würde Ihr Unterbewußtsein das Bild Ihrer Großmutter projizieren, Sie würden sie sehen und mit ihr sprechen. Ihr Unterbewußtsein würde sich gemäß der Natur derartiger Suggestionen in Bildern und Prognosen äußern. Denken Sie daran: Ihr Unterbewußtsein verfügt über ein Gedächtnisbild von Ihrer Großmutter. Natürlich würden Sie nicht Ihre wirkliche Großmutter sehen, die zweifellos längst in der anderen Welt weilt, sondern lediglich eine subjektive Halluzination erleben. Die anderen Anwesenden in dem Raum, in dem Sie hypnotisiert würden, könnten Ihre Großmutter nicht sehen; einzig Sie wären fähig, Ihr projiziertes Gedankenbild zu sehen. In Fátima sahen nur die drei Kinder, nicht aber die zahllosen anderen anwesenden Menschen die Muttergottes.

Und in Lourdes hatte einzig die junge Bernadette Visionen. Bernadettes Kindheit soll sehr einsam gewesen sein. Das Mädchen litt an Asthma und war emotional gehemmt. Ihre Erregtheit und die geistig-seelische Erwartung, daß sie »Unsere liebe Frau« sehen werde, wirkten als autohypnotische Suggestion. Als Folge davon projizierte ihr Unterbewußtsein das Bild einer Frau, die der Marienstatue in Bernadettes Kirche oder der Maria in ihrem Gebetbuch gleichsah. Die Erlebnisse des Mädchens sind Projektionen seines eigenen Geistes. Wünscht jemand sich inbrünstig, ein heiliges Wesen zu sehen, so kann er sein Unterbewußtsein konditionieren und wird dann das heilige Wesen entsprechend seiner persönlichen Auffassung sehen, die er sich anhand von Abbildungen von Statuen oder Gemälden geschaffen hat.

Warum die Prophezeiungen eintrafen

Die Muttergottes in Fátima prophezeite, Jacinta und Francisco würden an Influenza sterben, und Lucia werde Nonne. Dies geschah auch.

Denken Sie daran, Ihre Zukunft liegt bereits jetzt in Ihrem Geist vorbereitet, und ein fähiger Seher, ein gutes Medium, könnte Ihnen mit ziemlicher Genauigkeit sagen, was Ihnen bevorsteht. Ihre Zukunft ist Ihr sichtbar werdendes jetziges Denken. Doch durch Beten können Sie die Zukunft ändern, wenn Sie vom Standpunkt der universellen Wahrheiten aus denken. Ändern Sie Ihr Denken und Glauben, so daß es den Kriterien von Harmonie und Gesundheit, von Frieden, Liebe und richtigem Tun innerhalb göttlichen Rechts und göttlicher Ordnung entspricht, dann werden alle Ihre Wege freudig und alle Ihre Pfade friedlich sein. Und dann kann eine negative Vorhersage nicht eintreffen.

Die drei Kinder aus Fátima wurden von ihrem eigenen Unterbewußtsein so geführt, daß die Vorhersagen, an die sie felsenfest glaubten, eintrafen.

Die Macht Ihres Unterbewußtseins bewährt sich überall

Während meiner Reise nach Paris herrschten in Frankreich Streiks und ziemliche Unruhen. Doch ich kam gut an und fand sehr freundliche Aufnahme bei Dr. Mary Sterling, die viele meiner Bücher ins Französische übersetzt und in Paris die »Unité universelle« ins Leben gerufen hat. Ihre Mitglieder erreichen erstaunliche Heilungen. Meine Vorträge vor großem Publikum waren ein denkwürdiger Erfolg für mich.

Nach einem der Vorträge kam eine junge Frau zu mir ins Hotel, um mich wegen eines emotionalen Problems zu konsultieren. Sie berichtete mir, sie habe, als sie aus der Provinz nach Paris übersiedelt sei, zunächst als Näherin gearbeitet. Ihre Brotgeber seien gemein und schäbig zu ihr gewesen, sie habe sie zutiefst gehaßt. Bald habe sie feststellen müssen, daß ihre Sehfähigkeit nachließ. Sie sei zu einem Augenarzt gegangen, der habe ihr geraten, die Näherei aufzugeben und aufs Land zurückzukehren. Beides habe sie im Hinblick auf die Notwendigkeit ihres Verdienstes abgelehnt, und ihre Augen seien immer schlechter geworden. Ein praktischer Arzt, den sie dann aufsuchte, habe ihr erklärt, sie müsse die Stellung wechseln, weil sie unbewußt versuche, die unangenehme Umgebung und die gemeinen Brotgeber nicht mehr zu sehen. Sie habe den Rat des Arztes befolgt. In der neuen Stellung sei sie glücklich, und ihr Augenlicht habe sich wieder ganz gebessert.

Die junge Frau hatte tatsächlich den Anblick ihrer früheren Arbeitgeber gehaßt. Natürlich hatte da ihr Unterbewußtsein entsprechend reagiert und dafür gesorgt, daß sie diese Menschen und ihre Umgebung nicht mehr sehen mußte. Sie hatte schließlich gelernt, ihre ehemaligen Arbeitgeber zu segnen und ihres Weges zu gehen. Damit war ihr emotionales Problem eigentlich schon gelöst.

Wenn Ihre Sehfähigkeit rapide nachläßt, sollten Sie sich fragen, ob Sie unbewußt Ihre Augen zum Sündenbock machen. Was wollen Sie aus Ihrem Leben oder, genauer, aus Ihrem Blickfeld ausschließen? Die Antwort liegt in Ihnen – und natürlich auch die Lösung.

Vom Pariser Flughafen Orly hatte mich, weil die Taxifahrer streikten, eine französische Journalistin abgeholt, die ich schon lange kenne. Sie wendet vor und während Reisen das gleiche (eingangs dieses Kapitels angeführte) Gebet an wie ich und sagte, es gehöre inzwischen zu ihr »wie beispielsweise ihre Hand«.

Nicht lange vor meinem Besuch, so erzählte sie, habe sie eine Flugreise nach Nordafrika, Griechenland und in mehrere andere Mittelmeerländer geplant. Da sei ich ihr eines Nachts im Traum erschienen und hätte gesagt: »Warten Sie – verschieben Sie die Reise, dem Flugzeug wird Unheil zustoßen.«

Sie habe die Reise annulliert, und tatsächlich sei die Maschine, mit der sie habe fliegen wollen, abgestürzt. Die Journalistin wußte, wie ihr tieferer Geist arbeitet; ihr Unterbewußtsein hatte ihr das Bild eines Menschen projiziert, dem sie vertraute und auf den sie hörte. Die Gottesgegenwart in ihr hatte sie geschützt. ... *dem will ich mich kundmachen in einem Gesicht, oder will mit ihm reden in einem Traum* (4. Mose 12, 6).

Ein Pariser erzählte mir anschließend an meinen Vortrag, er besitze die französische Ausgabe meines Buches *Die Macht Ihres Unterbewußtseins** und habe mit den darin empfohlenen Techniken ein Vermögen gemacht. Jeden Abend vor dem Einschlafen hatte der Mann etwa zehn Minuten lang bekräftigt, Reichtum sei jetzt sein. Mit diesen Worten hatte er sich regelmäßig in den Schlaf gelullt. Dank beharrlicher Wiederholung war es ihm gelungen, sein Unterbewußtsein zu prägen, und bald war er sich wie der Perserkönig Midas vorgekommen: was er anfaßte, wurde zu Gold. Einmal gewann er bei der Staatslotterie zweihunderttausend Francs. Sein Unternehmen hat in den letzten Jahren regelmäßig den Umsatz verdoppelt, obwohl die Textilbranche im allgemeinen nicht gerade Blütezeiten kennt.

---

* *La puissance de votre subconscient,* erschienen im Ariston Verlag, Genf.

Es gibt immer eine Lösung

Von Paris flog ich weiter nach London, denn ich sollte in der britischen Hauptstadt und im südenglischen Seebad Bournemouth Vorträge halten. Neben mir saß eine junge Französin, die unvermittelt sagte: »Ich fliege nach London, um mir nochmals Ihre Vorträge anzuhören. Ihr Vortrag in Paris hat mich zutiefst beeindruckt.« Ich dankte ihr, und im Zuge des anschließenden Gesprächs gestand sie mir: »Wissen Sie, in einem Ihrer Pariser Vorträge haben Sie erklärt, daß das, was man seinem Unterbewußtsein einprägt, im Leben zum Ausdruck kommen und erfüllt werde. Darum habe ich in Gedanken verfügt: ›Ich werde in göttlicher Ordnung nach London reisen, um mir die Vorträge von Dr. Murphy anzuhören, und mein Unterbewußtsein wird es ermöglichen.‹«

Nicht zufällig hatte sie daraufhin mit ihrem Bruder, einem angesehenen Pariser Arzt, über ihr Interesse an geistig-seelischen Prozessen und die »immense Macht des Unterbewußtseins« gesprochen. Er hatte gemeint: »Schwesterherz, warum fliegst du nicht nach London und hörst dir diese Vorträge an?« Dann hatte er ihr zweitausend Francs in die Hand gedrückt, womit sie die Reise gut finanzieren konnte. Und sie hatte immer gedacht, ihr Bruder hätte als Mediziner keinerlei Verständnis für ein solches Anliegen.

Die Wege Ihres Unterbewußtseins sind unerforschlich. Dieses junge Mädchen hat – gleich vielen tausend anderen Menschen – entdeckt, daß es immer eine Lösung gibt. *... suchet, so werdet ihr finden; klopfet an, so wird euch aufgetan* (Matthäus 7, 7). Ich sollte vielleicht ergänzen, daß das Mädchen noch zur Schule ging und kein eigenes Geld besaß.

In London, wo ich viele Freunde habe, halte ich seit mehr als zwei Jahrzehnten jedes zweite Jahr Vorträge. Dieses Mal sprach mich ein junger Mann an: »Hoffentlich sind Sie nicht der Ansicht, daß ich unmoralisch handle. Ich beginne nämlich immer drei Monate vor dem jährlichen Derby damit, jeden Abend im Bett nachdrücklich zu bekräftigen: ›Der Sieger im Derby.‹ Mit dem Wort ›Sieger‹ schlafe ich ein, und ich weiß, daß mir mein Unterbewußtsein die Antwort enthüllen wird.«

In drei aufeinanderfolgenden Jahren sah er während der Nacht vor dem Rennen den Sieger im Traum. Voriges Jahr wettete er tausend Pfund und gewann eine erkleckliche Summe. Sein Vorhersehen des Siegers ist einfach, wie in diesem Buch bereits erklärt wurde, als Vorauswissen (Präkognition) eine Fähigkeit des menschlichen Geistes.

Ich erklärte ihm, daß das Unterbewußtsein keine Moral kenne; es funktioniert gesetzmäßig, und die Gesetze sind weder gut noch schlecht, man kann sie nur gut oder schlecht anwenden. Zweifellos ist nichts Unrechtes daran, den Sieger in einem Pferderennen vorauszusehen; genau wie nichts Unrechtes daran ist, Prüfungsfragen vorauszusehen, bevor man die betreffende Prüfung macht.

Und alles, was ihr bittet im Gebet, so ihr glaubet, werdet ihr's empfangen (Matthäus 21, 22).

Der Abbau von Schuldgefühlen heilte ihn

Nach meinem Vortrag über das Thema »Warum Sie geheilt werden können« kam ein jüngerer Chirurg zu mir. Er zeigte mir seinen Arm, der über und über mit Geschwüren bedeckt und völlig vereitert war. Die Geschwüre sprachen auf keine Behandlung an. Ich sagte zu dem Mann, er müsse mit seiner rechten Hand etwas getan haben, das Schuldgefühle in ihm erzeuge. Voller Aufrichtigkeit und Trauer bekannte er: »Als Assistenzarzt habe ich aus finanziellen Gründen einige Abtreibungen vorgenommen. Nach meiner religiösen Überzeugung ist das Mord; ich fühle mich schuldig und bereue es zutiefst.« Auf meine Frage, ob er auch jetzt noch so etwas tun würde, sagte er: »Natürlich nicht. Jetzt helfe ich den Menschen, gesund zu werden.«

Ich machte ihm klar, daß er sich selbst bestrafe, daß der Mensch, der die Abtreibungen vorgenommen hatte, nicht mehr existiere. Nicht nur, so sagte ich ihm, weil jedes Atom seines Körpers sich nach elf Monaten ändere, sondern auch, weil er sich geistig-seelisch geändert habe, so daß er tatsächlich einen unschuldigen Menschen verurteile. Gott verurteilt niemanden, und wenn wir uns selbst verzeihen, wird uns verziehen. Selbstverurteilung ist die Hölle, Selbstvergebung der Frieden des Himmels.

Der Chirurg verstand mich sofort. Die Vergangenheit war tot. Er bewährte sich als der Mensch, der er jetzt war. Am Ende meiner Vortragswoche zeigte er mir seinen Arm noch einmal: die Geschwüre waren abgeheilt.

Paulus schrieb: *Ich vergesse, was dahinten ist, und strecke mich zu dem, was vorne ist, und jage – nach dem vorgesteckten Ziel...* (Philipper 3, 13-14).

Wie »wunderbare« Heilungen möglich werden

Die irische Klostersiedlung Glendalough in den Wicklow Mountains ist bekannt als die Stadt der »Sieben Kirchen«. Gegründet wurde sie von dem heiligen Kevin, einem Eremiten, der im sechsten nachchristlichen Jahrhundert lebte und dort vier Jahre in größter Armut hauste, sich von Gräsern, Wurzeln und Beeren ernährte. Er wird »Saint Kevin of the Miracles« genannt, weil er viele Wunder wirkte.

Ein Bauer aus der Gegend war versehentlich von einem Stein am Auge getroffen worden. Er hatte gräßliche Schmerzen gehabt und auf dem Auge nichts mehr gesehen. Der heilige Kevin hatte unter inbrünstiger Anrufung Gottes das verletzte Auge berührt. Sofort war die Wunde geheilt, das Blut hatte aufgehört zu fließen, und die Schmerzen waren verflogen. Der Bauer hatte wieder normal gesehen. Dieses Wunder hatten angeblich viele Leute miterlebt und sich scharenweise zum Christentum bekehrt.

Wichtiger Bestandteil jeder Pilgerfahrt nach dem Wallfahrtsort Glendalough ist der Besuch von Saint Kevins Bett in seiner Klosterzelle: einer Höhle, etwa zehn Meter über einem der beiden Seen, an denen der Ort liegt. Wem es gelingt, in des heiligen Kevins Bett zu steigen, der bekommt laut der Überlieferung seinen innigsten Wunsch erfüllt. Und wer sich auf Kevins Stuhl setzt, dem wird ein weiterer Wunsch erfüllt.

Auf der Pilgerfahrt begleitete mich meine Schwester. Wir unterhielten uns mit einer Wallfahrerin, die aus Killarny stammte. Vor fünf Jahren hatte sie Krebs in weit fortgeschrittenem Stadium gehabt. Mit Hilfe eines Führers war es ihr gelungen, in das Felsenbett des heiligen Kevin zu steigen, und dort hatte sie zu dem Heiligen gebetet. Wenige Tage danach hatte sie sich geheilt gefühlt. Ihre Ärzte hatten eine Probeexzision und Röntgenaufnahmen gemacht und keine Krebsspur mehr entdeckt. Seither war die Frau gesund und kräftig.

Bei einem Brunnen auf dem Klosterareal stand eine Touristengruppe. Der Führer machte sie auf fünf Fingerabdrücke in dem Brunnenstein aufmerksam, die angeblich vom heiligen Kevin stammen. Er forderte die Besucher auf, eine Hand (die linke) genau in die Vertiefungen zu legen, sie dann ins Brunnenwasser zu halten und eine Bitte zu äußern oder um etwas zu beten. Der Überlieferung zufolge wird diese Bitte erhört.

Neben dem Stein stand ein älterer Mann. Er berichtete, daß seine Hände vor drei Jahren von Arthritis verkrüppelt und völlig deformiert gewesen seien. Er sei damals hierher gepilgert, habe die Anweisungen des Führers befolgt und den heiligen Kevin gebeten, ihn zu heilen. »Und ich wurde geheilt. Schauen Sie meine Hände jetzt an.« Sie waren unversehrt.

Wie erfolgen solche Wunderheilungen?

Der Philosoph R. W. Emerson sagte dazu, es gebe nur einen einzigen Geist, der Gemeingut aller Menschen sei. Jeder Mensch biete Einlaß für dieses Universalbewußtsein, und zwar für das gesamte. Wer sich ihm öffne, verfüge ganz über es, könne denken, was Platon gedacht habe, könne fühlen, was ein Heiliger gefühlt habe, könne verstehen, was irgendeinem Menschen zu irgendeiner Zeit widerfahren sei. Wer sich den Zugang zu diesem universellen Geist erschließe, vermöge an allem teilhaben, was getan wurde oder getan werden könne. Durch unser Unterbewußtsein haben wir am Universalbewußtsein Anteil.

Als die krebskranke Irin zum heiligen Kevin betete, war ihre Vorstellungskraft angeregt und ihr Bewußtsein von erhebendem Glauben und von Erwartung erfüllt. Ihr Gebet wirkte, weil ihr alles umfassender tiefer Glaube und ihre sehnliche Erwartung sich ihrem Unterbewußtsein einprägten, das die Heilung veranlaßte. Dies ist die unendliche Kraft im Menschen, Geist vom Geist Gottes, des universellen kosmischen Geistes.

In der Bibel heißt es: *Und alles, was ihr bittet im Gebet, so ihr glaubt, werdet ihr's empfangen* (Matthäus 21, 22). *Jesus aber sprach zu ihm: Wenn du könntest glauben! Alle Dinge sind möglich dem, der da glaubt* (Markus 9, 23).

Zusammenfassung

1. Gottes heilende Liebe kann buchstäblich alles auflösen, was ihr nicht gleicht, sei es in Ihrem Geist, Ihrer Seele oder Ihrem Körper. Liebe ist das Universalheilmittel schlechthin. Die Gottesliebe äußert sich im besonderen in der unendlichen Heilgegenwart, der einzigen Heilkraft, die es gibt.

2. Sie reisen mit Gott, indem Sie erklären, daß Frieden, Liebe, Licht und Schönheit Ihnen vorausgehen und Ihren Weg ebnen und diesen heiter und glücklich gestalten. Seien Sie überzeugt, daß Gottes Liebe Sie umgibt und schützt.

3. Bei der Erscheinung der Muttergottes in Fátima handelt es sich um die Dramatisierung des Unterbewußtseins der drei Kinder: diese sahen die weißgekleidete Madonna in einem Baum. Maria ist ein weltweites Symbol für den weiblichen Aspekt Gottes oder für göttliche Liebe.

4. An Wallfahrtsorten – wie den berühmten Schinto- oder Buddha-Schreinen, in Lourdes oder Fátima – werden immer wieder Menschen geheilt. Nicht der Schrein, das Wasser, die Reliquie oder ein anderer Gegenstand bewirken das sogenannte Wunder, sondern fester Glaube und leidenschaftliche Erwartung; konzentriert man Glauben und Erwartung über einen längeren Zeitraum auf den Wunsch nach Genesung, wird das Unterbewußtsein geprägt und setzt unendliche Heilkraft frei, die einzige Heilkraft, die es gibt.

5. Ein Wunder ist kein Verstoß gegen das Naturgesetz. Ein Wunder beweist nichts »Unmögliches«, sondern vielmehr das Mögliche. Es demonstriert die Macht des Denkens und Glaubens.

6. Geistig-seelische Heilung unterscheidet sich von der Heilung durch blinden Glauben. Bei der zweitgenannten kann beispielsweise alles, was den Menschen von der Angst weg und zum Glauben hin wendet – Gebeine Heiliger, Reliquien, heiliges Wasser usw., an deren Kraft geglaubt wird –, eine Heilung bewirken. Bei der geistig-seelischen Heilung handelt es sich, wissenschaftlich ausgedrückt, um die Interaktion von Bewußtsein und Unterbewußtsein. Nicht etwas, an das man glaubt (wie ein Schrein, eine Reliquie usw.), sondern der Glaube als solcher bewirkt die Heilung.

7. Die Zukunft – auch die eines ganzen Volkes – liegt bereits jetzt in unserem Geist vorbereitet, geradezu »vorfabriziert«, und kann hellseherisch wahrgenommen werden. Doch wenn der Mensch lernt zu beten, vermag er jedes negative Ereignis, das jetzt in seinem Geist vorbereitet ist, abzuwenden. Die Zukunft ist der sichtbar werdende

Inhalt Ihres gegenwärtigen Denkens. Ändern Sie Ihr Denken, und Sie ändern Ihr Schicksal.

8. Wenn Ihre Sehfähigkeit rapide nachläßt, sollten Sie sich fragen, warum Ihr Unterbewußtsein Ihre Augen zum Sündenbock macht. Was wollen Sie Ihrer Sicht entziehen, was aus Ihrer Welt ausschließen? Schaffen Sie sofort Abhilfe, und die Heilung wird erfolgen.

9. Wenn Sie jeden Abend mit den Worten »Reichtum ist mir jetzt beschieden« einschlafen, werden in Ihrem Leben Wunder geschehen, und Sie werden feststellen, daß Ihr Glaube an die unendliche Kraft Ihres Unterbewußtseins Ihr größtes, Ihr wirkliches Vermögen darstellt.

10. Wenn Sie um Führung und rechtes Handeln beten, von dem Gefühl und Wissen erfüllt, daß Gottes Liebe Sie allezeit umgibt, können Sie im Traum eine Warnung erhalten. Es ist ratsam, das innere Gesicht zu beachten. Sie sehen ein Ereignis, bevor es geschieht, und können es vermeiden.

11. Das Unterbewußtsein kennt die Antwort immer. Wenn Sie einen Wunsch haben, stellen Sie sich das Gewünschte bildhaft vor und akzeptieren Sie es als wahr, dann wird es Wirklichkeit.

12. Ein mit Geschwüren bedeckter, vereiterter Arm heilte erst, als der Betroffene, selber Arzt, beschloß, sich selbst zu verzeihen und sich von der Vergangenheit zu lösen. Als er aufhörte, sich selbst zu verurteilen, erfolgte die Heilung auf dem Fuße.

13. Es gibt einen universellen Geist. Durch unser Unterbewußtsein haben wir an dem Universalbewußtsein Anteil. Dies ist die unendliche Kraft in uns, Geist vom Geist Gottes, man braucht sich nur auf diese Kraft einzustimmen. Die Antwort auf Ihr Gebet wird kommen. *Und ich, wenn ich erhöht werde von der Erde, so will ich sie alle zu mir ziehen* (Johannes 12, 32).